강경한 외교를 반성하는 중국

이 도서의 국립중앙도서관 출판예정도서목록(CIP)은 서지정보유통지원시스템 홈페이지(http://seoji.nl.go.kr)와
국가자료종합목록 구축시스템(http://kolis-net.nl.go.kr)에서 이용하실 수 있습니다.
CIP제어번호 : CIP2019039906(양장), CIP2019039903(무선)

강경한 외교를 반성하는 중국

미야모토 유지 지음 | 이용빈 옮김

한울
아카데미

옮긴이 서문

2019년에 우리는 중화인민공화국 건국 70주년을 성대히 경축하게 됩니다. …… 2019년에는 기회와 도전이 공존하고 있습니다. …… 세계 평화를 수호하고 공동 발전을 촉진하려는 중국의 성의(誠意)와 선의(善意)는 변하지 않을 것입니다. …… 우리는 계속하여 '인류 운명 공동체'의 구축을 추진해 나아갈 것이며, 더욱 번영되고 아름다운 세계를 건설하기 위해 끊임없는 노력을 경주할 것입니다. …… 중국을 축복합니다! 세계를 축복합니다! 여러분 감사합니다!

—중국 시진핑(習近平) 국가주석의 2019년 '신년사' 중에서

이 책은 미야모토 유지(宮本雄二) 전임 주중 일본 대사 및 전임 일본 외무성 고문(顧問)이 최근 중국 외교의 거시적인 흐름을 분석하고 미래상을 전망한 것으로, 중국의 시진핑 지도부가 기존의 강경한 외교를 반성하며 새로운 형태의 외교를 지향하고 있음을 다양한 자료와 입체적 분석을 통해 밝히고 있다.

구체적으로 이 책은 중국이 강경한 대외 자세를 한동안 취할 수밖

에 없었던 이유를 종합적으로 분석하고, 중국의 외교 방침이 최근 들어 전환될 수밖에 없었던 배경을 다각적으로 설명하며, 시진핑 지도부가 추진하고 있는 신외교(新外交)의 지향점에 대해서 거시적으로 전망하고 있다.[1)]

이 책의 저자 미야모토 유지는 1969년부터 일본 외무성에서 업무를 시작했고, 주중 일본 공사(1997) 및 주중 일본 대사(2006~2010)로서 소임을 수행한 바가 있으며, 또한 일본 외무성 고문(2010~2011)으로 활동하며 다양한 정책 제언을 행해 왔던 일본 외교의 산증인이다. 아울러 이 책의 저자는 현재 일본 중일관계학회(日中關係學會) 회장(2010~), 중일우호회관(日中友好會館) 부회장(2012~) 등을 맡으며 중일 양국 간의 학술적, 정책적, 문화적 가교 역할을 거시적인 차원에서 수행하고 있으며, 그야말로 일본 최고의 중국통(中國通) 가운데 한 명이라고 할 수 있다.

한편 미국의 '리먼 쇼크'로 촉발된 글로벌 금융 위기가 아직 완전히 해결되지 못한 상황에서, 미중 양국 간의 치열한 '전략적 경쟁'이 경제 분야는 물론이고 다양한 형태로 국제사회에 영향을 미치고 있다. 특히 북핵 리스크로 인한 불확실성과 유동성이 지속되고 있는 한반도의 견지에서 볼 때, 미중 관계의 향배와 한반도의 안전보장이 상호 결부되어 있다는 것은 자명한 사실이다. 이러한 맥락에서 중국의 외교가 시진핑 시대에 접어들어 어떻게 변화하고 있고, 무엇을 지향하고 있으며, 미중 관계 및 중일 관계의 큰 틀 속에서 한반도에 어떻게 투사될 것

1) '시진핑 외교'(習近平外交)의 이념, 형성 과정, 기본 정책에 대한 최근 논의로는 다음을 참고하기 바란다. 益尾知佐子 外, 『中國外交史』(東京大學出版會, 2017); 毛里和子, 『現代中國外交』(岩波書店, 2018); 趙宏偉, 『中國外交論』(明石書店, 2019).

인지를 이 책을 통해 살펴보는 것은 학술적, 정책적으로 매우 중요한 함의가 있다고 할 수 있다.

무엇보다 이 책을 번역하는 과정에서는 표기의 정확성을 중시하면서도 독자들이 명료하고 쉽게 이해할 수 있도록 용어 선택에 최대한 노력을 기울였다. 아울러 부연 설명이 필요한 부분이나 최근의 인사 변동 사항에 대해서는 '옮긴이 주'를 추가해 명기함으로써 독자들의 이해를 돕고자 했다.

어려운 여건 속에서도 이 책이 세상에 나올 수 있도록 지원해 준 한울엠플러스(주)의 김종수 사장님을 비롯한 모든 분께 진심으로 감사의 말씀을 전한다. 아울러 이 책의 번역·출간은 국제정치 및 중국 정치 연구에 천착하고 있는 필자가 미국과 일본 등의 연구자들로부터 많은 도움과 격려를 받았기에 가능했음을 밝혀둔다. 특히 '동아시아 공동체'의 상호 존중과 협력 및 공생을 강조하며 그동안 필자에게 많은 격려와 가르침을 전해주었던 고쿠분 료세이(國分良成) 게이오대학 명예교수, 모리 가즈코(毛里和子) 와세다대학 명예교수를 비롯한 일본 도쿄대학, 게이오대학, 와세다대학, 교토대학, 오사카대학, 아이치대학, 류큐대학 등의 여러 교수와 지인에게 감사의 말씀을 전하고자 한다.

2019년 10월

이용빈

머리말

외교는 세계의 어느 곳에서도 내정(內政) 그 자체다. 중국도 예외가 아니다.

2017년 10월 18일, 중국공산당 제19차 당대회가 개최되었다. 5년에 한 차례 열리는 당대회는 당의 앞으로의 방침과 체제를 결정하는 매우 중요한 회의다. 모두에서 시진핑은 중국공산당 총서기로서 18기 중앙위원회를 대표해 보고를 행했다. 이 보고는 당내에서 몇 차례나 의논을 거친 것으로 현재 시점에서의 중국공산당의 총의라고 할 수 있다.

거기에서 중국의 외교를 '중국 특색의 대국 외교(大國外交)'라고 부르고 그것에 "평화적 발전의 길을 견지하며 인류 운명 공동체의 구축을 추진 한다"고 하는 제목을 붙였다. 대부분의 예상과 반대로 이 보고의 그 어디에도 대외적으로 강경한 자세를 시사하는 언급은 없었다.

이 책의 본문에서 상세하게 논하지만, 2009년부터 2016년까지 계속된 중국의 대외 강경 자세는 여기에 이르러 궤도가 수정되었다고 보아도 좋을 것이다. 이 전환은 어떻게 해서 일어났을까?

필자는 이제까지의 중국의 대외 강경 외교에 커다란 위화감을 느꼈다. 왜냐하면 현재의 커다란 국제적인 조류 중에서 중국의 행동은 결국 자신의 머리를 옥죄게 되며, 애당초 중국이 스스로 표방하고 있는 '평화적 발전'에도 부합되지 않기 때문이다.

일부 중국인의 언동은 사실 제2차 세계대전 이전의 일본을 방불케 하는 것이었다. 전전(戰前)의 일본은 세계의 조류를 놓쳐버리고 낙관적인 계산, 그리고 있을 수 없는 장래의 예견을 기초로 해 실패가 결정되어 있었던 전쟁을 어리석게 시작했었다.

혹은 제1차 세계대전 발발 전야의 광경을 동아시아에서 보는 세계의 많은 식자(識者)도 있었다. 1914년 6월 오스트리아 황태자 부부가 사라예보에서 세르비아인 청년에게 암살되었다. 이 사건이 대국을 휘말려들게 하는 전례가 없는 대규모 전쟁이 될 것이라고 예상했던 사람은 희박했다. 전쟁이 시작되었어도 다수의 사람들은 곧 종료될 것이라고 생각했다. 하지만 4년 동안이나 계속되며 1000만 명 이상의 사망자가 발생한 실로 비참한 전쟁이 되어버렸다. 이 역사의 각인(刻印)은 오늘날에 이르러서도 유럽인들의 마음에 깊게 새겨져 있다. 센카쿠열도(尖閣列島)/댜오위다오(釣魚島)를 둘러싼 중일 간의 예측 불가능한 사태가 다른 강대국과 세계를 휘말려들게 해 대규모의 전쟁이 발발하지는 않을까? 세계의 사람들은 이것을 실제로 우려했다. 그럴 정도로 중국과 일본 간의 관계는 긴장되었던 것이다.

어떻게 해서 이렇게 되었을까? 중국 측은 일본에 책임이 있다고 말하고 있는데 객관적으로 보아 크게 바뀐 것은 일본이 아니라 중국 쪽이다. 힘을 배경으로 물리적인 현상 변경(現狀變更)을 지향하는 움직임을 보였기 때문이다. 확실히 필자의 피부로 체감한 중국 외교는 2009년 무렵에 변했다고 느꼈다. 왜 중국은 그처럼 자기주장을 강화하는 행동에 나섰던 것일까? 향후에도 이러한 대외 자세를 계속할 것인가? 과연 중국은 세계의 움직임과 미국·일본의 의도를 정확하게 읽어냈을까? 미국·일본도 어느 정도로 중국의 의도를 정확하게 파악할 수 있었을까? 이 사이의 사건에서 우리는 무엇을 배우고 향후 어떻게 하면 좋을 것인가? 질문은 계속 이어진다. 최대한 이러한 것에 대답하고자 하는 것이 이 책의 목적이다.

특히 도널드 트럼프(Donald Trump) 대통령이 탄생해, 미국 자체가 스스로 중심이 되어 만들어내고 밑받침해 왔던 제2차 세계대전 이후 국제 질서를 혼란시키는 요인마저 되고 있다. 그리고 유럽에서도 '자국 제일주의'가 힘을 얻어왔다. 자신의 이익을 제일로 생각하는 것 자체는 국제정치에서 언제나 그러했던 것으로 놀랄 필요는 없지만, 문제는 그 핵심이다. 자국의 '이익'을 협소하고 단기적인 것으로 파악할 것인가, 아니면 넓고 중장기적인 것으로 파악할 것인가에서 결정적인 차이가 발생한다. 경제의 자유주의와 정치의 자유민주주의에 의해 밑받침되었던 전후 국제 질서는 후자, 즉 넓고 중장기적인 시야에 입각한 대국적(大局的, 거시적)인 국익관을 기초로 하고 있다.

미국과 유럽 모두 국내 문제에 눈을 빼앗겨 오늘내일의 이익을 추구하기 시작했던 것처럼 보인다. 다만 장기적인 시각에서 보자면, 구미가 전후의 국제 질서에 부분적인 수정을 가하는 일이 있기는 했어도 그 근간을 파괴하는 일은 없었다고 할 수 있다. 따라서 이제 세계의 강대국이 된 중국이 현재의 국제 질서에 대해서 어떠한 자세를 취할 것인지가 세계의 미래를 좌우하는 최대 요인이 된다. 따라서 중국을 이해하고 중국에 대해서 영향력을 행사하며, 전후 국제 질서의 근간을 유지하는 방향에서 진력(盡力)하는 것 자체가 중국과 마주하고 있는 우리의 외교가 나아가야 할 길이라고 생각한다. 중국과의 관계에서 길지는 않지만 아직 시간은 남아 있으며, 한편으로 우리가 지니고 있는 소프트 파워가 질문받고 있다.

네덜란드의 안보 전문가인 롭 드 베이크(Rob De Wijk)는 많은 전쟁이 오해로 발생했다고 말하며, "불신은 상대의 의도에 관한 사실 오인의 결과다. 오해는 대단히 위험하며 잘못된 결론으로 유도한다. 따라서 상대를 정확하게 이해하는 것이 불가결해진다"라고 논했다.[2] 따라서 상대를 철저하게 파악하지 않으면 안 되는 것이다. 필자는 중일 양국 간에는 터무니없는 오해와 이해 부족이 존재하고 있음을 느껴왔다. 라일 골드스타인(Lyle Goldstein) 미국 해군대학 조교수도 "일본과 중국을 갈라지게 만드는 쟁점은 상당한 정도에 있어서 '상상된 것'이다"라고 쓰고 있다.[3]

역시 서로 상대를 안다고 하는 것은 중요한 것이다. 필자가 교토대학(京都大學) 4학년에 재학 중이던 시절, 아직 대학 내부의 분쟁이 해결되지 않는 가운데 뜻을 함께 하는 사람들을 모아서 당시 조교수였던 고사카 마사타카(高坂正堯) 선생님께 부탁해 사설(私設) 세미나를 열어 달라고 했던 적이 있다. 19세기 유럽의 국제정치에 대한 공부였는데, 매회 미리 읽어야 할 것으로 여러 권의 책이 지정되었다. 그중에는 기 드 모파상(Guy de Maupassant)의 『여자의 일생(Une Vie)』이 있었다. 모두 국제정치를 공부하는데 '왜 소설을 읽는가?'하고 기이하다는 표정을 짓고 있자, "국제정치가 각국의 정치사회와 떨어져서 존재하는 것으로

---

2) Rob De Wijk, *Power Politics: How China and Russia Reshape the World* (Amsterdam University Press, 2016), p.193.

3) Lyle Goldstein, *Meeting China Halfway: How to Defuse the Emerging US-China Rivalry* (Georgetown University Press, 2015), p.226.

생각하는가? 그 당시의 사회 분위기를 알아야 할 필요가 있으며, 그것을 위해서는 소설이 최적의 재료인 것이다"라고 하는 말을 들었던 것이 자주 회상된다.

국제정치, 즉 외교를 이해하기 위해서는 사회의 분위기까지 알아야 할 필요가 있는 것이다. 필자 자신도 고사카 마사타카 선생님의 가르침에 기반해 중국 외교를 내정 및 사회와 결부시켜 이해하고자 노력해 왔다.

사물(事物)의 진상은 시간이 흐르면서 서서히 판명된다. 중국과 관련된 일의 경우, 중국에서는 좀처럼 정보가 나오지 않기 때문에 그 시간은 더욱 늦어진다. 필자가 중국 외교의 전환점으로 보는 2009년에서 8년이 아직 경과하지 않고 있는 현재의 시점인데, 그 이래의 것을 모두 해명할 수 있을 정도의 자료는 아직 나오지 않고 있다. 그럼에도 연구자의 연구도 진전되고 있고 또한 그 이외의 자료도 일부이기는 하지만 나왔다. 거기에서 이러한 소재를 기초로 이제까지 현장에서 체득한 경험칙(經驗則)과 분석의 틀을 사용해 보완하고 전체상에 가까워지도록 해왔다고 생각한다.

필자의 이러한 검증 작업의 결과가 더욱 많은 분들께서 '외교'에 대해 친근하게 느끼고 함께 살펴보며, 또한 아시아 및 세계의 미래에 대해 치열하게 생각해 보는 기회가 될 수 있기를 바란다.

차례

'세계 제일'을 너무 좋아하는 중국

2016년 중국의 구이저우성(貴州省)과 윈난성(雲南省)을 잇는 '세계 제일'의 높이를 자랑하는 교량의 건설이 완료되었다는 뉴스가 보도되었다. 그것은 깊은 계곡 위에 세워진 '베이판장대교(北盤江大橋)'로 그 높이는 565m에 달한다고 한다. 그때까지의 '세계 제일'도 중국 후베이성(湖北省)의 '쓰두허대교(四渡河大橋, 495m)'였는데, 어쨌든 중국인은 '세계 제일' 혹은 '세계 최초'라는 것을 특히 좋아하는 사람들이다.

5, 6년 전에 필자는 상하이시(上海市)의 박물관을 참관했던 적이 있다. 젊은 중국인 가이드가 상하이시의 시가지 모형 앞에서 이것은 '세계 제일'의 큰 모형이라고 가슴을 활짝 펴며 설명했던 것이 생각난다. 그런가 하면 2008년의 베이징 올림픽 때는 고도의 건축 기술을 구사한 주경기장 '새 둥지(鳥巢)'를 비롯해, 이것저것 할 것 없이 '세계 제일'의 것으로 넘쳐났다. 한 블로거는 베이징 올림픽은 전부 11개나 되는 '세계 제일'을 갖고 있다고 으스대며 스스로 흥분했다.[1] 그리고 중국은 금메달 수에서도 결국 미국을 제치고 '세계 제일'이 되었다.

이 '세계 제일' 정신은 어디에서 유래한 것일까? 그것은 중국의 역사와 떼려야 뗄 수 없는 관계에 있다. 과거에 '세계 제일'의 국력, 인구, 문명을 과시하며 광대한 국토와 풍부한 자원을 지녔던 중국이 유럽보다 뒤처졌던 사실과 구미 및 일본 등에 국토가 할양되어 유린되었다고 하는 굴욕감 등 이러한 역사에 대한 기억과 역사가 만들어낸 긍지가

---

1) 齊一林, "北京奧運創造的'世界第一'", http://blog.sina.com.cn/s/blog_4aa327bf0100957p.html

중국인으로 하여금 '세계 제일'을 추구하게 만드는 것이다.

또한 중국공산당도 그와 같이 국민을 교육시켜 왔다. 그것이 중국 국민을 하나로 만들고 앞을 향해 밀고 나가는 강력한 원동력이 된다는 것을 그들 자신의 경험을 통해 잘 알고 있기 때문이다.

중국인은 낙관적인 확신으로 넘쳐나고 있다

이처럼 중국인의 마음의 밑바닥에는 그 역사의 굴욕을 용수철로 삼아 '세계 제일' 대국의 지위를 되찾고 싶다고 하는 바람이 줄곧 있었다. 그렇기 때문에 미국의 '등 모습'이 시야에 들어오게 되자, '중국 자신의 시대가 도래하지 않겠는가'라고 생각하게 되었다.

이 점이 일본인과 전혀 다른 부분이다. 일본인은 일본의 국력이 최대였을 때에도 미국을 추격한다고는 생각하지 않았으며, 실제로 추월한다고 하는 등의 생각을 보이지도 않았다. 세계를 리드하는 국가가 된다고 하는 생각도 없었다. 물론 버블 경제의 무렵에는, '세계 제일로서의 일본' 등으로 대단히 칭찬을 받았기에, 확실히 일시적으로 일본인도 다소 오만해졌던 느낌도 있다. 하지만 그럼에도 세계 제2위의 경제 대국으로서 더욱 국제사회에 공헌해야 한다고 하는 목소리도 별로 제기되지 않았으며, 그러한 목소리마저 일본 경제가 침체기에 접어들자 곧 미약해졌다.

그러나 중국인은 그렇지 않다. 어쨌든 '세계 제일'이 되고 싶은 것이다. 게다가 지금은 안 된다고 하더라도 언젠가 반드시 그렇게 될 것이라고 하는 굳은 확신을 갖고 있다.

지금은 아주 오래 전의 이야기가 되겠지만, 필자가 1970년대 초에 타이완에서 중국어를 공부했던 무렵의 일이다. 중국국민당(中國國民黨)의 종군기자를 했던 바이빙웨이(白兵衛)라고 하는 인물에게 중국어 작문을 배웠다. 그는 중일전쟁 시기에 중국국민당군(軍)과 일본군 간 전투의 최전선에 줄곧 있었는데, 아무리 전황이 불리하게 되더라도 "중국은 반드시 이기며 중국에서 일본을 쫓아낸다"라고 하는 확신에 약간의 동요도 없었다고 한다. 게다가 "일본이 이렇게 일찍 패배할 것이라고는 생각하지 못했다"라고 큰소리쳤다. 물론 중국의 역사에서 나온 자신감이겠지만, 이와 같은 미래에 대한 낙관적인 확신은 중국인에게 존재하는 독특한 것이라고 생각된다.

이러한 경향은 혁명가에게 특히 현저하다. 혁명이란 집권하고 있는 정부를 전복시킨다고 하는 엄청난 일이지만, 처음에 시작할 때에는 보통 힘이 없다. 현상에 대한 강렬한 불만, 높은 이상과 강력한 신념, 강인한 의지, 그것에 무엇보다도 낙천가가 아니라면 혁명가가 될 수 없다. 현실적인 이해득실을 따져보는 것만으로 혁명은 가능한 일이 아니다. 그래서 쑨원(孫文), 마오쩌둥(毛澤東), 덩샤오핑(鄧小平)은 현실주의자이지만, 이상주의자이기도 하며 낙천가인 것이다.

중국이 역사의 굴욕을 씻어내고 영광의 세계 대국이 되기 위해서는 풍요롭고 강하며 부강한 중국을 되찾을 필요가 있다. 분별 있는 중국인은 아무리 시간이 걸리더라도 반드시 그것을 실현할 수 있다고 하는 낙관적인 확신을 지녀온 것으로 여겨진다. 지금 바로 실현할 수 없더라도 언젠가 그날은 온다고 하는 확신이다. 메이지 시대(明治時代)의 일본도 부국강병이 국책이었는데, '부강'한 중국은 시진핑의 전매특허가 아니라 쑨원에서 시작되는 중국 혁명가들의 꿈이었다.

류제(劉傑) 와세다대학(早稲田大學) 교수는 "중국의 근대사는 국가 구상을 수정하면서 강국의 꿈을 추구하는 역사라고 해도 틀린 말이 아니다"라고 말하며 "중화민족의 위대한 부흥이라는 표현이 단적으로 보여주고 있는 바와 같이, 중국인의 강대국 추구 근저에는 역사에 대한 집착이 있다. 세계의 강국을 지향하는 것은 즉 근대사 중의 굴욕을 설욕하고 잃어버린 대국의 지위를 되찾는 것이다"라고 총괄하고 있다.[2]

마오쩌둥이 '부강의 꿈'을 추구하며 미국과의 관계가 복잡해지기 시작하다

확실히 마오쩌둥은 일본이 항복하기 전인 1945년 4월, "우리의 임무는 일본의 침략을 물리치고 중국공산당의 지도 아래 …… 독립된, 자유롭고, 민주적인, 통일된, 부강한 신(新)중국을 건설하기 위해 분투하는 것에 있다"라고 말했다.[3] 1949년에 중화인민공화국이 성립되어 국가 건설의 단계에 진입했음에도 불구하고 마오쩌둥은 그것에 실패했다. 마오쩌둥이 과도하게 정치 이데올로기를 중시하고 경제의 운영에 소홀했기 때문이었다. 진정한 의미에서의 국가 건설은 1978년의 덩샤오핑에 의한 개혁개방 정책의 도입까지 기다리지 않으면 안 되었다.

---

2) 劉傑, 『中國の强國構想』(筑磨選書, 2013), pp.13~14.

3) 毛澤東, "兩個中國之命運"(在中國共産黨第七次全國代表大會上的開幕詞, 1945年4月23日)[https://www.marxists.org/chinese/maozedong/marxist.org-chinese-mao-19450423.htm]. 다만 이 글은 『마오쩌둥 문집(毛澤東文集)』에 수록되어 있지 않다.

마오쩌둥의 이데올로기 중시는 미국과의 관계를 처음부터 긴장시켰다. 공산주의의 선도자는 소련이며, 중국공산당은 소련공산당 지배하에 있었던 코민테른(공산주의 인터내셔널)의 강한 영향을 받으면서 성장했다. 하지만 소련식의 혁명은 실패했고 마오쩌둥은 쭌이 회의(遵義會議, 1935년)에서 결국 주도권을 확립하고 노선을 전환했다. 중국공산당은 마오쩌둥을 최고 지도자로 받드는 체제가 되었다. 공산주의 '중국화'의 시작이기도 하다.

그 이후에도 소련공산당의 영향은 계속되었고, 중화인민공화국 성립 이후에도 마오쩌둥은 공산주의 국가들과의 연대를 중시했다. 제2차 세계대전 이후 곧 시작된 미소(美蘇) 대립에서 기인하는 동서 냉전은 아시아에도 커다란 그림자를 드리웠다. 1950년에 한국전쟁이 발발해 미국이 참전했다. 아시아에서 공산주의가 확대되는 것을 우려했던 미국은 제7함대를 파견해 타이완 해협을 봉쇄했다. 이에 따라 마오쩌둥은 북한을 지원하기로 결정했다.[4] 한국전쟁에 참전한 것은 중국공산당이 미국과 결정적으로 대립하는 것을 의미했으며 중국 국민의 세계관에도 엄청난 영향을 미쳤다.

'상실한 국토를 되찾고 다시 중국을 통일한다'. 이는 근대 중국의 숙원이었다. 중국국민당이 타이완으로 도주한 이후 타이완을 되찾는 것, 즉 '조국 통일'은 단순히 타이완으로 도망친 숙적 '중국국민당'을 완전히 물리치기 위한 것이 아니라 근대 중국의 숙원을 실현하기 위해서도 필요했다. 그것이 불가능하면 역사의 상처도 치유되지 않으며 '정통 정부'로서의 명분을 잃게 된다. 이리하여 타이완을 중국에 편입시

4) 沈志華 著, 朱建榮 譯, 『最後の'天朝'』, 上卷(岩波書店, 2016), p.158.

키는 것이 중국공산당이 이끄는 중국에 있어서 피할 수 없는 가장 중요한 과제의 하나가 되었던 것이다. 이것은 오늘날에도 변함없다.

그런데 중국은 1949년에 한 차례, 1950년대에 두 차례, 타이완의 무력 해방을 시도해 실패했다. 중국의 역부족도 있었지만 한국전쟁이라는 커다란 사건이 아시아의 전략 환경을 격변시켰던 결과이기도 하다. 1950년 미국은 한국전쟁을 아시아에서의 동서 냉전의 시작으로 간주하고 중국의 참전을 중대한 일로 간주했다. 타이완 방위는 미국의 우선 사항이 되었고, 그 때문에 중국은 결국 타이완 '해방'을 실현할 수 없었다. 이리하여 타이완 문제는 미중 관계, 나아가서는 중일 관계에 있어서의 걸림돌로 계속 남게 되었던 것이다.

타이완 문제에 대한 미국의 관여는 중국으로 하여금 '부강'해지는 것을 추구하도록 유도했고, 아울러 미국을 초월하는 것에 박차를 걸도록 만들었다. 마오쩌둥은 1955년에 다음과 같이 말한 바 있다.[5)]

> 우리의 목표는 미국을 따라잡는 것이며, 또한 추월하는 것이다. 미국은 1억여 명의 인구밖에 없지만 우리의 인구는 10억을 넘는다. 우리는 미국을 초월해야 한다. …… 최저 수십 년은 노력하고 적어도 50년, 아니 75년일지도 모르지만 5개년 계획을 15회 한 이후 미국을 따라잡고 미국을 초월해야만 비로소 기를 펼 수 있는 것이다.

---

5) 毛澤東, "在資本主義工商業社會主義改造問題座談會上的講話"(1955年10月29日), 『毛澤東文集』, 第6卷, p.500.

이러한 마오쩌둥의 발언은 한국전쟁 이후의 준엄한 대미(對美) 인식을 보여주고 있으며, 혁명가로서의 결심이기도 할 것이다. 그리고 그 말 그대로 중국을 비약시키기 위해서 1958년 '대약진' 정책을 시작한다. 농촌을 인민공사화하고 집단농장으로 바꾸어 공업 생산, 특히 철강 증산에 대중을 동원하고 게다가 전통적인 조악한 방식으로 추진하고자 했다. 하지만 경제 원칙을 무시한 이러한 방식은 처참한 결말을 맞이하며 수천만 명의 아사자를 냈던 것으로 알려져 있다.

'영원한 딜레마'로서의 이데올로기, 정치, 경제, 군사의 대항

이리하여 중국공산당은 혁명의 시대에서 정권당으로서의 통치 시대로 들어갔다. 마오쩌둥은 혁명의 시대에 이데올로기를 중시하면서 동시에 군사 면에서도 성공했다. 하지만 통치의 시대에 진입해 자신의 이데올로기에 집착해 경제에서 치명적인 오류를 범했다. 이데올로기와 경제의 양립에 실패했던 것이다.

정권당으로서 통치를 추진해 나아가는 가운데 '이데올로기', '정치', '경제', '군사' 영역에서의 저항이 시작되었다. 여기에 중국공산당의 '영원한 딜레마'가 만들어지게 되는 주요 행위자가 등장했던 것이다. 그리고 경제의 발전과 함께 민족주의에 마음이 움직이게 되었던 '민의(民意)'='사회'가 더욱 중요한 행위자로서 등장하게 되는데, 이와 관련된 이야기는 뒤에서 다루기로 하겠다.

마오쩌둥의 실패 이후 일의 뒤처리를 맡게 된 것이 류사오치(劉少奇)와 덩샤오핑 등이었다. 그들은 피폐해진 경제를 재건하기 위한 정책을 제기할 수밖에 없었다. 하지만 경제 정책을 제기하면 마오쩌둥에게 있어서는 이데올로기를 경시하고 있는 듯이 비추어진다. 마오쩌둥에게 있어서 그것은 중국 혁명의 근본을 망각해 버리는 움직임으로 간주되었으며, 자신이 장악한 정권을 찬탈하고자 하는 시도로도 보였다. 그래서 1966년에 문화대혁명을 발동하고 이데올로기를 전면에 내세우며 청소년을 동원해 류사오치와 덩샤오핑 등의 '실권파'를 타도했던 것이다. 이러한 흐름은 1976년까지 10년간이나 계속되었고, 중국은 물질적으로도 정신적으로도 황폐해졌다. 그리고 다시 많은 사람이 목숨을 잃었다.

대외적으로는 문화대혁명 중인 1970년대에 들어, 미중 관계는 개선되고 중일 간에도 국교가 정상화되었다. 1960년대에 표면화되었던 중소(中蘇) 대립은 1969년 군사 충돌에 이르게 되어 중국은 실로 자국의 생존을 위해 미국과의 관계 개선이 필요했기 때문이다. 미국도 소련이 북베트남을 활용해 동아시아에서 세력을 확대하려는 시도에 대항하고, 동시에 베트남 전쟁의 진흙탕에서 명예로운 철수를 실현하기 위해서는 중국과 협력하는 것이 필요했다.

지리적 요소를 중시하는 국제정치학을 '지정학(地政學)'이라고 한다. 이것은 권력정치(power politics) 및 군사안보와 깊게 결부된 개념이며, 국가의 안전을 어떻게 확보할 것인지가 최대의 관심 사항이다. 그러한 지정학적 고려에 입각하여 이데올로기를 초월해 미중 양국은 손을 잡았던 것이다.

1976년에 마오쩌둥이 사망했다. 그가 사망할 때까지 그 누구도 그의 오류를 지적할 용기가 없었다. 덩샤오핑이 세 번째 부활을 이루었던 것은 1977년의 일이었다. 문화대혁명을 주도했던 장칭(江靑, 마오쩌둥의 부인) 등 '4인방' 타도를 거쳐 '덩샤오핑 체제'가 확립되는 것은 그로부터 2년 후인 1978년의 일이었다.

부강한 중국의 재등장, 그리고 우(右)와 좌(左)의 마찰

덩샤오핑은 문화대혁명을 총괄한 이후, 그 위에 서서 개혁개방 정책을 결정한다.

필자는 1981년부터 2년간 베이징에 위치한 일본대사관의 정치부에 있었다. 당시 정치부장 아사이 모토후미(淺井基文) 참사관에게 많은 가르침을 받았다. 거기에서 도출된 필자의 결론은 덩샤오핑이 개혁개방 정책을 시작했던 근본적인 이유가 중국공산당을 구해내는 것 외에 다름 아니라는 것이었다. 그럴 정도로 문화대혁명이 가져온 참혹한 피해는 컸고 중국 국민의 마음은 중국공산당에서 떠났으며, 중국 국민의 중국공산당에 대한 신임은 땅에 떨어졌던 것이다.

국민의 신임을 다시 찾고 계속 유지하기 위해서는 국민의 생활을 향상시키는 수밖에 없다. 그것을 위한 유일한 방법이 경제 발전이며, 그 외에는 다른 수가 없다. 그것이 덩샤오핑 등의 결론이었다. 거기에서 경제 발전을 가장 중요한 기둥으로 삼는 덩샤오핑 이론(鄧小平理論)이 형성되는 것이다. 경제 정책뿐만 아니다. 외교 정책도 군사안보 정책도 '경제 발전'을 핵심으로 재구성되었다.

문화대혁명의 수습에 가장 커다란 공을 세웠던 것이 인민해방군(人民解放軍)이다. 하지만 군은 시대에 뒤처져 있었고 많은 문제를 안고 있었다. 덩샤오핑의 당 내부에서의 비중, 군 내부에서의 성망(聲望)은 군대를 정돈하고 군사 예산을 축소하는 것을 가능케 했다. 물론 그 전제로서 세계정세에 대한 인식은 마오쩌둥의 세계전쟁 불가피론에서 기본적으로 세계 평화는 계속된다(대국 간의 전쟁은 없다)고 하는 것으로 변경되었다.[6)]

이러한 이치가 정리되지 않으면, 군 병력 삭감 등의 구체적 정책에 손을 댈 수 없는 것이 중국공산당인 것이다. 어쨌든 이치라고 하든지, 이데올로기라고 하든지 그들이 말하는 '이론'은 매우 중요한 것이다.

외교도 경제 발전을 가능케 하는 외부 환경의 정비라고 하는 방향으로 수렴되어 간다. 그리고 안에서는 힘을 축적하며 밖에서는 조용히 드러내지 않는 '도광양회(韜光養晦)' 정책이 된다.

덩샤오핑의 심중에 세계 대국으로서 중국의 부흥이라는 대목표가 없었을 리가 없다. 그런데 적어도 덩샤오핑이 공표했던 발언에서는 '세계 제일'도 '미국을 초월한다'도 나아가서는 '부강'이라는 말마저 보이지 않는다.[7)] 호언장담할 시기가 아니라고 생각했기 때문이었는지, 혹은 미국의 간섭을 피하기 위한 판단이었는지는 잘 알 수 없다. 하지만 대외 관계에 민감했던 덩샤오핑은 어떠한 이미지를 외부로 발신할 것인가에 대해서는 세심한 주의를 기울였다는 것은 틀림없다.

---

6) 덩샤오핑의 개혁개방 정책과 인민해방군의 관계에 대해서는 중국 군사에 정통한 아나미 유스케(阿南友亮) 도후쿠대학(東北大學) 교수의 『중국은 왜 '군비 확장'을 계속하고 있는가(中國はなぜ軍擴を續けるのか)』(新潮選書, 2017)의 제9장에 잘 정리되어 있다.

7) 덩샤오핑은 1979년 3월 30일 "4항 기본 원칙을 견지하자"라고 하는 강화(講話)에서 '사회주의 강국'을 건설한다고 말하고 있다("堅持四項基本原則", 『鄧小平文選』 第2卷, p.163). 1990년 4월 7일의 "중화민족을 진흥시키자"라고 하는 강화에서는 "중화인민공화국은 그렇게 긴 시간이 걸리지 않더라도 경제 대국(經濟大國)이 될 것이다. 현재 이미 정치대국(政治大國)이다. …… 다음 세기에 중국은 매우 희망이 있다"라고 말하고 있다("振興中華民族", 『鄧小平文選』, 第3卷, p.358).

'부강'이라는 말은 1987년 중국공산당 제13차 당대회에서의 자오쯔양(趙紫陽) 총서기의 정치 보고에서 결국 출현하게 된다. '중화민족(中華民族)의 위대한 부흥'을 실현하고 '부강하고, 민주적이며, 문명적인 사회주의 현대 국가'를 건설하는 것을 목표로 정했다. 그 5년 전의 중국공산당 제12차 당대회에서의 후야오방(胡耀邦) 총서기의 정치 보고에는 "고도의 문명과 고도의 민주를 지닌 사회주의 국가"를 건설하는 것밖에 적혀 있지 않다. 개혁개방 정책이 현저한 성공을 거두기 시작한 것이 이러한 표현의 변화를 가져왔을 것이다. 물론 덩샤오핑도 이것에 동의한 이후에 이루어진 일이다.

즉 개혁개방 정책의 목표로서 '부강한 중국'의 표현이 확실히 등장하며 중요한 지위를 차지하게 되었던 것이다. 덩샤오핑이라고 하는 개인의 머릿속에서는 '부강한 중국'을 제기하더라도 경제 정책도 군사 안보 정책도 대외 정책도 대외 협조 자세 등의 커다란 틀 속에서 수렴되었다.

하지만 중국의 현장에서는 애당초 크게 나누어서 두 가지의 입장이 있었으며 서로 대립했다. 한 가지는 보수주의적 이데올로기와 민족주의를 중시하는 입장이고, 다른 한 가지는 경제를 중시하며 개혁개방을 중시하는 현실주의적인 입장이다.

전자는 '좌'에 속하는 것으로 중국의 국력이 증대되는 것과 함께 국가의 위신과 안전보장을 중시하는 자세를 강화하고 대외적으로도 강경한 자세를 주장하게 되었다. 후자는 '우'에 속하는 것으로 덩샤오핑의 경제 노선을 견지하고 대외적인 협조 자세를 유지하고자 했다.

이러한 인식과 입장의 차이가 국내의 권력투쟁과 복잡하게 결합되어 그 이후 중국의 국론을 계속 양분하게 되는 것이다.

이러한 경향이 더욱 극단적이 되면, 중국공산당에서는 '좌파'와 '우파'라고 불리게 되고, 이러한 낙인이 찍히게 될 경우 잘못된 노선으로 간주되어 더 이상 허락되지 않는다. 올바른 것은 언제나 그 '한 가운데'인 것이다. 이러한 호칭 방식은 일본에서의 우와 좌가 거꾸로이기 때문에 다소 헷갈리지만, 덩샤오핑은 중국공산당의 위협은 우보다도 오히려 좌에 있다고 지적한 바 있다.[8)]

계속되는 좌와 우로부터의 도전

1978년에 시작된 개혁개방 정책은 무엇보다도 '평화 시의 혁명'으로서 주로 '좌'로부터 도전을 수차례나 받았다. 덩샤오핑이 힘을 갖고 있었더라도 마오쩌둥 시대의 발상을 180도 전환시키는 것은 실로 어려운 일이었다. 즉 '좌'의 사상과 감정이 마오쩌둥의 사고방식과 자연스럽게 결합되어 버린 것이다.

덩샤오핑의 "하얀 고양이든 검은 고양이든 쥐를 잡기만 하면 되는 것이다"라고 하는 합리주의적인 발상에 기초한다면, 경제를 발전시킬 수 있는 것이라면 무엇을 해도 좋다고 하는 것이 된다. 그렇게 되면 '돈만 벌면 좋은 것인가, 사회주의라고 하는 우리 목표의 실현은 어떻게 되는 것인가'라고 하는 비판이 분출된다. 현장에서 다시 사회주의[9)]

---

8) 덩샤오핑은 1992년 "남순강화(南巡講話)"에서 "중국은 우를 경계하지 않으면 안 되지만, 주로 좌를 방지하지 않으면 안 된다"라고 지적하고 있다(『鄧小平文選』, 第3卷, p.375).

9) 공산주의 이론에서는 사회주의란 공산주의에 도달하기 위한 전(前) 단계로 규정되고

라고 하는 정치적 이념의 실현과 실제로 경제를 발전시키기 위해 필요한 원리·원칙 간에 서로 충돌이 벌어지게 되는 것이다.

이러한 '좌'로부터의 비판에 대해 덩샤오핑 등은 '사회주의 초급 단계론'을 제시하며 이를 비켜갔다. 즉 사회주의를 실현하기 위해서는 확실한 생산력의 기반이 불가결한데, 그 기반을 정비하기 위한 기간을 '사회주의 초급 단계'라고 했던 것이다. 그렇게 되면 이 기간 중에는 생산력의 발전을 위해서 필요한 것은 해도 좋은 것이며, 자본주의적인 수법도 가능하다. 게다가 이 기간은 100년 이상 계속된다고 한다.

'사회주의'란 무엇인가, '중국 특색'의 사회주의란 무엇인가에 대한 논의는 지금도 계속되고 있다. 다시 말해 중국공산당 내부에서는 어떠한 노선 또는 정책을 추진해야 할 것인지와 관련해 끊임없이 논쟁이 이루어지고 있다는 것이다. 이러한 논쟁은 종종 정치적 의미를 또한 내포하고 있다. 그것이 '좌'다, '우'다라고 하는 싸움이 된다. 이 사실은 확실히 해둘 필요가 있다. 즉 중국공산당이 '하나의 바윗덩어리'처럼 되는 것 자체가 사실 어려운 것이다.

정리되어 공표되기 전의 '남순강화 원판(原版)'[10]이 최근 공개되었다. 그중에서 덩샤오핑은 흥미로운 지적을 하고 있다. 발전 자체가 '진정한 이치[硬道理]'라고 말하는 가운데 "하루종일 무엇이 자본주의고 무엇이 사회주의인가 하고 논쟁하고 있는 듯한데, 그것에 무슨 의미가 있는가? 자네들은 (그 답을) 알고 있는가? 나는 알지 못한다"라고 말하고 있는 것이다.

있다. 『현대 한어 대사전(現代漢語大辭典)』에서는 사회주의란 공산주의의 초급 단계라고 설명하고 있다.

10) "鄧小平1992南巡講話原版", http://blog.sciencenet.cn/blog-8784-1007237.html

덩샤오핑은 그러한 머릿속에서 생각해도 답이 나오지 않는 것에 시간을 쓰는 것보다는 '현장에서 어쨌든 해보고 경제 발전에 플러스가 된다면 그것은 올바른 것이며, 마이너스가 된다면 그것은 틀린 것이다'라고 말하고자 했던 것이다. 이것이 유명한 "실천은 진리를 검증하는 유일한 기준이다"라고 하는 중국공산당의 정리(定理)다.

덩샤오핑은 경제에서 결과를 내라고 말하고 있지만, 그럼에도 이치에 집착하는 사람은 있기 마련이다. 중국공산당이라는 조직에는 이치를 둘러싼 싸움, 즉 노선 투쟁(路線鬪爭)이 당내의 권력투쟁과 결합되기 쉬운 체질이 존재한다. 거기에서는 하나의 노선이 정해진 것처럼 보이더라도, 안팎에서 커다란 물결이 일어날 경우 간단하게 당내(黨內)에서 논의가 다시 불붙게 된다. 이것은 중국 외교에 대해 논할 경우에도 마찬가지로 일어나는 현상이기도 하다.

톈안먼 사건, 소련 붕괴 이후에 생겨난 2개의 대원칙

그러한 불안정한 상황 속에서 1989년 6월 4일 톈안먼(天安門) 사건이 일어났다. 중국의 장래 및 중국과 세계 간의 관계에 매우 커다란 영향을 미친 사건이었다. 톈안먼 사건은 중국의 정치 개혁, 즉 어떻게 민주화를 추진할 것인가 하는 문제에 대해서 중국공산당 지도부 내부에서의 노선 차이가 표면화된 결과라고 할 수 있다. 즉 여기에서는 '우'로부터 도전을 받았던 것이다.

1985년 소련공산당의 '비장의 카드'로써 미하일 고르바초프(Mikhail Gorbachev)가 서기장에 취임했다. 필자는 그 당시 일본 외무성 소련과에 있었다. 고르바초프는 자신감으로 가득하고 당당한 모습으로 등장했다. 필자는 내심 중앙의 경험도 적은 당시 54세의 젊은 지도자가 실제로 소련을 재건할 수 있을 것인지 의문을 품었다. 그런데 그는 취임 직후부터 차례로 새로운 정책을 대담하게 도입하고 대대적으로 개혁을 추진하기 시작했다. 경제의 자유화, 그리고 정치의 민주화였다. 동유럽 국가들도 이것을 이어받았다.

이러한 움직임이 덩샤오핑이 언급한 바 있는 세계의 '대기후(大氣候)'이며, 톈안먼 사건의 커다란 배경으로써 존재했다. 그 영향을 받아 중국 국내의 '소기후(小氣候)'가 발생한다. 당시 총서기였던 자오쯔양을 포함한 중국의 지도부는 중국이 안고 있는 정치 및 사회 문제에 대처하기 위해서는 더욱 정치의 민주화를 추진해야 한다고 생각했다.

자오쯔양의 전임자인 후야오방도 정치 민주화에는 호의적이었으며, 민주화를 요구하는 학생에게도 동정적이었다. 그 탓도 있어서 실각했던 것이지만, 1989년 4월 15일 후야오방이 사망했다. 그날 이후 학생들이 후야오방을 추도하기 위해 톈안먼 광장에 모여들기 시작했다. 그리고 한층 더 민주화를 요구했던 것이다. 이것에 대한 대응을 둘러싸고 당내에서는 의견이 두 가지로 나뉘어졌다. 결국 중국공산당은 이 움직임을 '폭란(暴亂)'으로 규정하고, 6월 4일 인민해방군을 투입해 학생과 시민을 탄압했으며, 학생들을 지지했던 자오쯔양 등은 실각하고 처분을 받았다.

당의 분열은 중국공산당에 있어서 비상사태다. 자오쯔양의 '민주화 노선'은 철저한 비판의 대상이 되었다. 그런데 중국공산당은 더욱 심한 타격을 받는다. 소련·동유럽 국가들의 공산당 정권이 붕괴했던 것이다. 1989년 말에 베를린 장벽이 무너지고, 동유럽 국가들의 공산당 정권은 눈사태처럼 무너졌다. 그리고 1991년 결국 소련 자체가 붕괴한다.

덩샤오핑은 이러한 경험을 총괄해 2개의 대원칙을 제기했고, 그 이후의 국정 운영에 커다란 틀을 확정했다. 즉 '사회주의의 견지' 및 '공산당의 지도'다. 그 이래 중국은 이 커다란 틀 속에서 운영되고 있다. 특히 정치 개혁에는 커다란 제약이 가해지고 실질적으로 그것과 관련된 움직임이 멈추었다.

평화적 전복과 도광양회: 덩샤오핑 외교의 확립

톈안먼 사건은 당연히 중국의 외교에도 심대한 영향을 미쳤다. 서방 측 국가들이 중국을 준엄하게 비판하고 서방 주요 선진국 정상회의(G7)가 중국에 제재를 부과했다. 이것에 대해서 덩샤오핑은 강하게 반발했다. 그리고 서방 측, 그중에서도 미국의 '평화적 전복(和平演變)', 즉 평화적 수단으로 중국공산당 정권을 전복시키고자 하는 계획을 강하게 비판했다.

예를 들면 톈안먼 사건이 발생한 때로부터 얼마 지나지 않은 1989년 9월, 덩샤오핑은 다음과 같이 말한 바 있다.[11]

> 서방 측은 틀림없이 중국의 동란(動亂)을 바라고 있다. 소련·동유럽의 동란도 바라고 있다. 미국 및 일부 서방 국가들은 사

11) 鄧小平, "我們有信心把中國的事情做得更好"(1989年9月16日), 『鄧小平文選』 第3卷, pp.325~326.

회주의 국가에 대해서 평화적 전복을 행하고 있다. 미국의 어느 표현 방식에 의하면, '포연(砲煙)이 없는 세계대전'이라고 하는 것이다. 우리는 경계해야 한다. 자본주의는 최후에 사회주의에 승리하는 것을 바라고 있으며, 예전에는 원자폭탄 등의 무기를 사용했지만, 세계 인민의 반대에 직면해 현재는 평화적 전복을 행하고 있다.

이 '평화적 전복'으로 대표되는 바와 같이, 중국공산당은 미국을 필두로 하는 서방 자본주의 국가에 대해 제거하기 어려운 불신감을 갖고 있다. 중국공산당 지도부는 어떤 일이 발생하면 즉시 이러한 불신을 떠올리게 된다. 이러한 사실을 결코 잊어서는 안 된다.

중국 외교를 전문으로 하는 아오야마 루미(青山瑠妙) 와세다대학 교수는 톈안먼 사건 이후의 외교를 재검토하기 위해 덩샤오핑이 대미 '20자(字) 방침'을 제시했다고 한다.[12] 아오야마 루미의 『현대 중국의 외교(現代中國の外交)』에서 "냉정하게 관찰하고, 입장을 확고하게 견지하며, 침착하게 대응하고, 힘을 숨기면서 시기를 기다리며, (때가 되면) 일부 성취를 해내는 것(冷靜觀察, 穩住陣脚, 沈着應付, 韜光養晦, 有所作爲)"이라고 언급되는 것이었다.

유명한 '도광양회'의 외교 방침이라고 불리는 것이다. 어쨌든 미국과의 대립을 최대한 줄이면서 현재는 경제 건설에 매진한다고 하는 덩샤오핑 외교 방침의 확립이다. 덩샤오핑은 국제 정세에 대한 날카로운 견해를 강화하면서, 그럼에도 대미 관계를 중심으로 대립을 피하고

---

12) 青山瑠妙, 『現代中國の外交』(慶應義塾大學出版會, 2007), p.336.

안정된 국제 관계를 구축하는, 즉 외부 환경을 정비해 경제 건설에 에너지를 집중하는 전략을 제기했다.[13]

그것은 1992년 1월부터 2월까지 덩샤오핑이 중국의 남방을 시찰하고 발언했던 일련의 강화('남순강화'라고 불림)에서 더욱 강조되고 있다. 톈안먼 사건의 발생으로 중국 국내에서는 대외 개방을 두려워하고, 개혁을 머뭇거리는 풍조가 강해졌다. 이처럼 뒷걸음치고 있던 상황을 전환시키기 위해서 취했던 덩샤오핑의 건곤일척(乾坤一擲)에 비견되는 움직임이 바로 '남순강화'였던 것이다. 개혁개방은 전진만 있을 뿐이며 후퇴는 없다고 격려했다. 실로 덩샤오핑의 '마지막 공헌'이었다.

이러한 '경제 건설을 중심으로 하는' 새로운 방침을 장쩌민(江澤民) 지도부, 즉 제3세대 지도부는 확실히 계승했다. 아오야마 루미는 "경제 건설을 최우선으로 하는 전략의 배경에는 …… 경제 성장을 유지시켜 나갈 수 있다면 중국은 국제적 위협에 견뎌낼 수 있을 것이라는 신(新)지도부의 논리"가 있었음을 지적하고 있다.[14] 그리고 이러한 정책 전환을 통해 "두 개의 냉전설(冷戰說)과 평화적 전복론(和平演變論)의 국제 정세 인식이 퇴색하기 시작하고, 서방 측과 '공존'을 도모하는 논조가 현저해졌다."[15] 2002년에 성립된 후진타오를 중심으로 하는 제4세대 지도부도 기본적으로 이 노선을 계승했다.

하지만 대외 협조 자세를 유지하고자 했던 장쩌민의 제3세대 지도부는 미중 관계의 관리(management)에 고심한다. 인권, 무역 분쟁, 타

---

13) 덩샤오핑은 이때 동시에 미국을 중심으로 전 세계를 커버하는 전략일권(一圈), 일렬(一列), 일편(一片), 일점(一點) 대외전략을 책정했다. 靑山瑠妙, 『現代中國の外交』.

14) 같은 책, p.338.

15) 같은 책.

이완 등, 불씨가 끊이지 않았기 때문이다. 미중 관계는 대립과 협조 사이에서 요동쳤고, 중국 정부의 대외 정책에 대해서는 항상 의문을 제기하거나 또는 비판하는 목소리가 중국 내부에 존재했으며 갈수록 강해졌던 것이다.

그리고 후진타오의 제4세대 지도부는 결국 그 임기의 후반에 이르러 2008년 '리먼 쇼크'를 계기로 중국 국내의 강경한 대외 여론에 농락당하게 된다. 게다가 중국 군사력의 급속한 증강을 배경으로 하여 중국의 대외 강경 자세는 미중 양국 간의 지정학적인 대립 관계를 백일하에 드러나게 했다.

2

부상한 중국:
2008년 '리먼 쇼크'로
중국은 바뀌었다

중국을 변화시킨 기적의 경제성장

필자는 중국이 2008년 '리먼 쇼크' 이후에 자기주장을 강화하고 대외 강경 자세로 전환했다고 생각한다. 하지만 모든 일이란 어느 날 갑자기 어떤 사전의 언급도 없이 변화하는 일은 거의 없다. 돌연 변화한 것처럼 보이지만, 실은 그때까지 다양한 사건이 축적되고 시기가 무르익어 무언가를 계기로 표면에 드러나게 되는 것이다. 그 계기가 '리먼 쇼크'였던 것으로 여겨진다.

중국의 변화는 매우 신속하다. 그 변화의 엔진은 중국 경제이며, 믿기지 않을 정도의 마력(馬力)을 갖고 있다. 경제뿐만 아니라 사회, 정치, 외교, 안보 등의 모든 분야에서 강한 압력을 계속 걸며 급속한 변화를 강제하고 있다. 사람들의 생활 방식과 사물에 대한 사고방식까지도 급속하게 변화하고 있다.

1978년 12월 시작된 중국의 개혁개방 정책은 우여곡절이 있기는 했지만 대성공을 거두어, 중국 경제는 갑절로 증가시키는 게임처럼 신장되었다. '기적의 경제성장'이라고 할 수 있다. 이렇게 장기간에 걸쳐, 그리고 이처럼 고도성장을 실현한 국가는 달리 존재하지 않는다. 실로 엄청난 것이었다. 게다가 13억 명[1]의 인구를 지닌 '대국' 중국이 그것을 성취했던 것이다.

1980년 명목 기준으로 4575억 위안(元)이었던 GDP는 2000년 10조 577억 위안으로 급증했다. 무려 22배다. 2012년부터는 역시 감속

---

1) 2019년 6월 시점에서 중국의 전체 인구수는 14억 명을 넘은 것으로 추계되고 있다. _옮긴이 주

되었지만(그럼에도 6~7%대를 유지하고 있다!), 그때까지의 30여 년간 연평균 약 10%의 속도로 성장을 계속해 왔던 것이다.

중국의 경제성장은 특히 2000년대에 들어서면서 다시 매우 가속도가 붙기 시작했다. 그것이 필자의 실감(實感)이기도 했다. 2001년 초, 두 번째의 베이징 근무를 마치고 귀국했을 때, 중국의 경제 규모는 아직 일본의 약 1/4이었다(2000년 명목 GDP: 일본 4조 9000억 달러, 중국 1조 2000억 달러). 2006년 세 번째의 베이징 근무를 시작했을 때에도 아직 일본의 절반이었다(2005년 명목 GDP: 일본 4조 8000억 달러, 중국 2조 3000억 달러). 그런데 필자가 이임했던 2010년 중국의 경제 규모는 일본을 초월했다(2010년 명목 GDP: 일본 5조 7000억 달러, 중국 6조 달러). 그리고 2016년 결국 일본의 2배를 초월해 버렸다(2016년 명목 GDP: 일본 4조 9000억 달러, 중국 11조 2000억 달러).[2)]

필자는 스스로 GDP 관련 수치를 기회가 있을 때마다 체크했다. 그럼에도 한순간에 추월되었다고 하는 것이 필자의 감출 수 없는 실감(實感)이었다. 중국 현장에 있었던 필자마저 그러했기 때문에, 일본에 살고 있는 사람이라면 제정신을 차려보니 중국에게 추월되고, 또한 그 격차가 커지고 있다는 것에 상당히 경악했을 것으로 생각된다.

동시에 급속한 경제성장이 가져온 변화에 중국의 많은 사람들이 따라가지 못한다고 하더라도 불가사의하지 않다. 이 거대한 변화가 일으키고 있는 문제와 영향을 정확하게 이해할 수 있는 중국인은 더욱 많지 않다. 중국의 대외 자세가 변조(變調)하게 되었던 계기 중의 하나

---

2) IMF의 자료에 따르면, 2018년 중국과 일본의 명목 GDP는 각각 13조 4000억 달러와 4조 8000억 달러로 추정되고 있다. _옮긴이 주

로, 이러한 급속한 경제성장이 가져온 '중국 전체' 변화의 거대함과 신속함에 있었던 것은 아닐까 하는 생각이 든다.

물론 달러 기준의 통계 숫자는 환율 변동의 영향을 받는다. 미국과 중국은 인구 규모도 크게 다르다. 그럼에도 중국의 경제 규모가 급속하게 증대하고 확실히 미국에 육박하고 있다는 것은 숨길 수 없는 사실이다. 2016년 미국의 명목 GDP는 18조 6000억 달러였으며, 중국은 그것의 거의 2/3 규모에 도달하고 있다.[3] 중국은 확실히 미국의 등을 자신의 눈으로 바로 뒤에서 직접 지켜보게 된 것이다. 게다가 OECD까지 중국의 경제 규모가 2021년 미국을 추월할 것이라는 예측을 공표했다.[4]

이 장기간에 걸친 경제력의 증대가 이번에는 군사력의 급속한 증강을 가능케 했다. 그 결과 중국의 국방 예산은 1989년부터 2015년까지 2010년을 제외하고 매년 전년 대비 110%를 넘는 신장을 계속해 왔다. 가공할 기세로 증액을 거듭해 왔던 것이다. 2015년 중국의 국방 예산은 8869억 위안에 도달해 1988년 215억 위안의 무려 40배 이상이 되었다.[5]

중국의 국방 예산에는 통상의 군사비에 포함되어 있는 항목이 제외되어 있다. 그래서 더욱 정확한 숫자를 파악하기 위해서 영국의 국제전략연구소(IISS)의 자료를 살펴보면, 중국의 2015년 군사 지출은

---

3) IMF의 자료에 따르면, 2018년 미국의 명목 GDP는 20조 5000억 달러로 추정되고 있다. _옮긴이 주

4) OECD Data: GDP long-term forecast, 2009~2060, http://data.oecd.org/gdp/gdp-long-term-forecast.htm

5) 2019년 중국의 국방 예산은 1조 1898억 위안으로 책정되었다. _옮긴이 주

1458억 달러에 도달해 일본(410억 달러)의 3.5배, 미국(5975억 달러)의 약 1/4 규모에 달한다.

물론 제3위의 사우디아라비아(819억 달러)를 훨씬 능가해 단독 제2위에 있다. 군사력에서도 타국을 능가하며 미국의 바로 뒤에 바짝 붙었던 것이다. 그런데 중국이 군사비에서 영국을 제쳤던 것은 2008년의 일이었다. 그럼에도 중국의 군사 지출은 GDP의 1.3%를 점하는 것에 불과하며, 미국의 3.3%를 크게 하회하고 있다. 다시 말해 아직 여력이 있는 것이다.

이처럼 경제성장을 원동력으로 경제력과 군사력으로 대표되는 중국의 국력은 현저하게 증대되었다. 이러한 중국이 '물리적'인 대국이 된 사실이, 모든 면에서 중국인의 사물에 대한 견해를 바꾸도록 만들고, 중국인의 자기 자신과 세계에 대한 견해를 확실히 변화시켰다. 그리고 그 근저에는 중국 나름대로의 '대국(大國) 의식'이 도사리고 있었던 것이다.

『노(No)라고 말할 수 있는 중국』의 충격

1980년대부터 1990년대에 걸친 중국 사회의 변화를 그 선구로써 충격적으로 중국과 세계에 전했던 한 권의 책이 있다. 바로 1996년 출판된 『노(No)라고 말할 수 있는 중국』[6]이다. 국제정치의 전문가가 아닌 청년들이 집필한 이 책은 중국에서 베스트셀러가 되었고, 전 세계

---

6) 張藏藏 外, 『ノーと言える中國』(新潮文庫, 1999).

적으로 8개의 언어로 번역되었다. 그 중국어 원서의 부제는 '탈냉전 시대의 정치와 감정의 선택'이다. 1991년 소련 붕괴의 충격과 도입된 지 15년 이상이 된 개혁개방 정책이 만들어낸 중국 사회의 한 측면, 또는 분위기를 보여주는 책이라고 할 수 있다.

개혁개방 정책이란 해외를 향해 문을 열고 해외를 학습하며 자신들을 바꾸어가는 것을 의미한다. 당연히 외부에서 다양한 것이 거리낌 없이, 게다가 배워야 할 대상으로서 자꾸 들어오게 된다. 그것은 경제 발전에 있어서는 많은 플러스를 가져왔다. 그 결과 전례가 없는 대성공을 거두었던 것이다. 이 사실은 부정할 수가 없다.

다만 동시에 많은 마이너스 요인도 중국 사회에 가져왔다. 적어도 그렇게 생각하는 중국인이 증가했다. 당연한 일이지만 중국 사회로부터 강한 반발을 초래했다. 그 한 가지가 해외, 특히 서양 숭배의 풍조였다. 이 책은 "미국에 노(No)라고 말하기 전에 우선 자신에 대해서 노(No)라고 말하지 않으면 안 된다"라고 하며, 서양을 숭배하는 중국인을 준엄하게 비판하고 있다. 이 책이 중국 민족주의의 변화를 보여주고 있다고 일컬어지는 까닭이다. 즉 그때까지 관제(官制) 민족주의밖에 없었던 무렵에 민족주의라는 사회의 목소리가 처음으로 표출되었던 것이다. 저자 중의 한 명은 "저변에 있는 작은 인물의 목소리를 발출(發出)하는 것"에 이 책을 출판하게 된 의미가 있었다는 것을 언론과의 인터뷰를 통해 답했다.[7)]

이 중국어 원서의 부록으로 '중미 관계 대사건(1989~1996)'이 정리

7) "1996年『中國可以說不』出版引起轟動", 新浪網(2009.9.23), http://news.sina.com.cn/c/sd/2009_09_23/133918710480.shtml

되어 첨부되어 있다. 보통의 중국인이 이것을 보면 강한 좌절감을 느낀다고 한다. 미국과의 관계는 그러한 것으로 중국 국민에게 이해되었던 것이다.

예를 들면 이 미중 양국 간의 대사건 부록에는 미국과의 사이에 1989년부터 수차례나 지적재산권의 교섭이 이루어져, 미국이 중국을 지적재산권 침해의 '중점 국가'로 지정하고 경제 제재를 부과했던 것이 기록되어 있다. 또한 1993년 7월 미국은 중국의 화물선 인허호(銀河號)가 이란에 대한 제제 위반 물자를 운반하고 있다며 중국에 대한 제재를 들이대고 강제적으로 인허호를 검사했다. 하지만 위반 물자는 나오지 않았다. 같은 해 9월, 베이징은 올림픽 개최를 놓고 시드니와 경쟁해서 졌다. 중국의 많은 사람들은 미국을 비롯한 서방 측이 베이징 개최를 저지했다고 생각했다. 그 직후 저자 중의 한 명은 "자신은 애당초 세계주의자이자 국제주의자였지만 현재 국익이 훙정되고 있는 진상을 알게 되고, 또한 그 진상은 자신들이 상상했던 것과 같은 순진한(naive) 것이 아니었다는 것을 알게 되었다"라고 말한 바 있다.[8]

이 책에서 저자들은 미국의 이기적이며 자기중심적인 논리에 분노하는 심정으로 발언하고 있다. "미국인은 …… 전 세계(특히 중국)를 향해서 '우리는 무엇을 말해도 모두 올바르다. 왜냐하면 현재 세계를 이끌고 있는 것은 미국이기 때문이다'라고 하는 태도를 보이고 있는 것이다"라고 성토하고 있다.[9]

더 나아가 그들은 다음과 같이 말한다. "그렇다면 미국 정부와 의

---

8) 같은 글.
9) 張藏藏 外, 『ノーと言える中國』, p.131.

회에 묻고 싶다. 어느 국가가 자국을 포함해 수개 국 간에 영토를 둘러싸고 논쟁을 하고 있다고 해서 주권을 주장할 권리가 없는가? 중국이 관대하게 '부디'라고 하며 양보하지 않는 한, 중국에 야심이 없다는 증명이 되지 않는다고 말하고 싶은 것인가?"라고 말이다. 그리고 "중미 관계의 현재 국면을 두 국가 간의 오해와 감정의 충돌이 초래한 결과로 이해하는 것은 억지스러운 주장일 수밖에 없다"라고 결론짓는다.[10)]

따라서 "미국의 중국에 대한 봉쇄 정책의 하나하나에 우리는 정면에서 대처하며 관용을 조금이라도 보여서는 안 된다"라고 주장한다. 그리고 "그 누구라도 중국을 깔봐서는 안 된다. 만약 그렇게 한다면 …… 몇 배의 고통을 맛보게 될 것이다"라고 기염을 토했다.[11)]

확실히 미국은 강제적인 부분이 있으며, 유아독존적인 부분이 있다. 아직 소련이라는 초강대국이 존재했던 무렵에 들었던 말인데, 미국 근무가 처음이라는 일본 외무성의 소련 전문가에게 "역시 모스크바보다 워싱턴이 더 좋지 않나요?"라고 필자가 의중을 떠보자, 예상 밖에도 "미국도 소련도 모두 마찬가지입니다"라고 하는 대답이 돌아왔다. 놀라서 "무슨 말입니까?"라고 필자가 다시 질문하자, 그는 "초강대국 정신은 마찬가지입니다. 그 어느 쪽도 상대방의 일을 고려하고자 하지 않습니다"라고 했다. 즉 자기중심적이라는 것이다.

중국이 세계 대국으로서의 위상을 굳혀가고 있을 때, 그 시기에 그들이 미국을 향해 했던 말이 매우 흥미롭게도 오늘날의 중국에도 해당된다고 하는 점이 주목되는 것은 필자뿐만은 아닐 것이다. 『노(No)

---

10) 같은 책, pp.114~115.
11) 같은 책, pp.118~119.

라고 말할 수 있는 중국』의 시대에서 중국인은 일방적으로 미국에 의해 상처받고 있다는 감정을 느꼈던 것으로 보인다.

이 책에는 제법 일본에 대한 비판도 넘쳐나고 있는데, 사실에 기초하기보다는 역시 하나하나의 사건을 자신들의 방식대로 해석하고 자신들의 이미지를 만들어내, 일본 측에 대해 반발하고 있는 것처럼 보인다.

개개의 사건을 자의적으로 해석하고 그것에 이끌려 전체적인 방향을 잃어버리는 결점은, 오늘날 중국의 일부 국수주의적인 민족주의자와 공통되는 점이 매우 많다. 그것은 세계의 국수주의적 민족주의자에게 공통되는 특징이기도 하다.

1996년 타이완 해협 위기

그리고 1996년 타이완 해협 위기를 맞이하게 된다. 독립 지향이 강한 리덩후이(李登輝)가 타이완의 총통이 되고 얼마 되지 않아 곧 제2기를 맞이해 1995년 6월 방미했는데, 미중 관계가 긴장되었을 무렵에 발생한 사건이다.

중국인민해방군은 같은 해 7월부터 이듬해 1996년 3월까지 타이완 주변 해역에서 일련의 미사일 발사 시험을 실시했다. 특히 1996년 3월에는 그 달에 예정되어 있었던 타이완의 총통 선거에 압력을 가하려는 목적으로 타이완 해협에서 미사일 발사 훈련을 실시하고, 나아가 타이완 해협 남부의 해상 및 공중에서 군사 연습을 실행했다. 이것에 대해서 미국은 타이완 부근에 항공모함 '인디펜던스(Independence)호'

를 포함하는 전투단을 파견하고, 그 위에 나보란 듯이 타이완 해협을 통과했다. 이것에 더해 항공모함 '니미츠(Nimitz)호'를 핵심으로 하는 항공모함 기동부대도 파견했다. 여차하면 타이완을 수호하겠다는 미국의 강력한 의사 표시였다.

이것에 대해서 중국 측은 아무것도 할 수 없었고, 손을 놓고 지켜보고 있을 뿐이었다. 미중 간에 압도적인 경제력과 군사력의 차이가 있었기 때문이다. 특히 1990년 이라크의 쿠웨이트 침공으로 발단된 걸프 전쟁에서 미국의 최첨단 기술을 구사한 현대 전쟁 수행 능력을 관찰했던 중국은 손을 댈 수 없었던 것이다.

이 사건이 중국 지도부에 새로운 군사 전략과 군사력 증강의 필요성을 확신시켰던 것은 아마도 틀림없을 것이다. 타이완을 명실공히 중국의 일부로 삼는 것이 중국의 지도부에게 얼마나 중대한 일인가에 대해서는 이미 앞에서 언급했다. 미국을 타이완에서 멀리 떨어지도록 만드는 것, 즉 미국이 타이완에 접근하지 못하도록 하지 않으면 중국이 군사력을 사용해 타이완을 해방시키는 시나리오가 사라져버린다. 그렇게 되면, 타이완은 실제로 독립할지도 모른다. 그러한 강박관념에 사로잡혀 버린 것이다. 따라서 미국의 관여를 배제하기 위해서 군사력을 강화하고 현대화를 서두르지 않으면 안 된다고 하는 합의가 중국 지도부 내에서 곧 형성되어 버렸던 것이다.

중국인민해방군 현대화의 진전과 능력 향상은 이번에는 미국의 서태평양에서의 군사적 활동에 지장을 초래하기 시작했다. 그 결과 미국, 특히 미국 국방부는 중국군에 대한 경계심을 높이게 됐다. 이것이 미중 관계가 긴장하게 된 최대 요인이라고 할 수 있다.

그럼에도 "1996년 이래 중국 정부는 국제 환경의 상대적 악화에 위기감을 느끼면서도 톈안먼 사건 이래의 '세계는 다극화로 향하고 있으며 평화와 발전이 주요 테마다'라고 하는 공식 견해를 바꾸지 않고 있고, 세계무역기구(WTO) 가입을 강하게 추진하며 현존의 딜레마 속에서 중국을 성장시켜 나아가는 길을 선택했다"라고 한다.[12] 하지만 "국내에서 1990년대 후반부터는 중국의 '반미 민족주의'의 고조기라고 지적될 정도로 정부의 협조 자세에 대해서 반대 의견이 자주 분출"되었던 것도 사실이다.[13] 이리하여 중국을 둘러싼 국제 환경에 관한 전문가들 간의 격렬한 논쟁은 그 이후에도 그치지 않고 계속되었다.

1999년에는 옛 유고슬라비아의 수도 베오그라드 소재의 중국대사관에 대한 나토(NATO)군(실제로는 미군)에 의한 오폭 사건이 일어났다. 미국 정부는 오폭이었다고 사죄했지만, 중국 측은 지금도 미국에 의한 의도적인 폭격이라고 생각하고 있다. 이 오폭으로 29명의 사상자가 나왔다. 중국 국민은 이것에 매우 분노했다. 그 무렵 필자도 베이징에 있었다. 중국 당국도 아마 그러한 국민감정을 배려했겠지만, 학생을 조직해 미국대사관에 수일 동안에 걸쳐 시위를 하게 하고 투석하도록 했다. 중국 국민의 '가스 분출'이기도 했다. 시위 직후에 필자는 미국대사관을 시찰했는데, 창문의 유리가 모두 파괴되었다. 그 이후 즉시 일본대사관 유리창에 파손 방지의 대책을 취했는데, 역설적으로 그 덕분에 2005년 일본대사관에 대한 시위에서 투석 피해를 적게 입었다.

2001년 1월, 미국에 부시 정권이 들어섰다. 4월에는 중국 하이난다오(海南島) 부근에서 미군 정찰기가 중국의 전투기와 충돌하는 사건

12) 青山瑠妙, 『現代中國の外交』, p.342.
13) 같은 책.

이 일어나, 미군 정찰기가 하이난다오(海南島)에 강제 착륙되었다. 미중 양국의 전문가도 군사 충돌이 될 수밖에 없는 위기일발의 사건이라고 인식했으며, 그렇게 되지 않았던 것은 실로 요행이었다고 말했다. 이 사건의 배경에는 중국의 영해까지 접근하는 미군의 움직임에 대한 중국인민해방군의 장기간에 걸친 초조함이 있었다. 중국 측에 외부로 나갈 수 있는 힘이 없다는 것을 다행스럽게 생각하며, 미군이 중국의 집 앞까지 밀어닥쳐 자기 집인 양 제멋대로 행동하고 있다는 것에 대한 강한 반발인 것이다.

그런데 미국은 2001년 9월 11일에 발생한 미국 동시다발 테러 사건이 부시 정권의 대외 정책을 결정지어, 모든 것이 대(對)테러 정책 하나로 수렴되어 버렸다. 테러와의 전쟁에는 유엔(UN) 안보리 상임이사국인 중국의 협력이 반드시 필요하다. 테러 조직에 대량파괴무기(WMD), 특히 핵무기가 건너가는 것은 치명적이다. 여기에서 악역을 하게 될지도 모르는 것이 북한이며, 그 북한 관련 대책에서도 중국의 협력이 반드시 필요하다. 이에 따라 부시 정권은 중국과의 협조 노선으로 방향을 전환했다.

그 때문에 미중 관계는 기본적으로 안정되었다. 하지만 미국에 대한 중국의 구조적 불신감과 중국 국내에서 중국의 기본적 외교 방침(중국을 둘러싼 국제 환경에 기본적인 변화는 없으며 경제 건설을 중심으로 한 '도광양회' 정책은 계속한다)에 대한 반대도 상존하고 있던 상태였다. 이것을 아오야마 루미는 2007년에 다음과 같이 정리했다.[14)]

14) 青山瑠妙, 『現代中國の外交』, p.352.

1990년대 후반부터 중국 내부에서 경제 발전 전략의 시각에서 출발한 경제학자들의 논의와 국제 정세 인식에 기반한 국제관계학자들의 논의 사이에 대미 협조의 정부 자세에 반대하는 방향에서 일치하기 시작했다. 이것은 대외 문제에 관한 국내 여론에는 경제 분야와 국제 안보 분야 등 서로 다른 시각에 입각했던 서로 다른 목소리가 내재되어 있어, 결코 하나로 정리되었던 일이 없었고 갈수록 복잡해져 갔던 양상을 노정하고 있다는 것을 보여주고 있다. 그 가운데 중국 정부가 국제 정세를 인식하는 데 있어서 기본 인식의 일관성을 단호하게 관철하는 것을 통해, 협조를 기조로 하는 대외 정책을 채택할 수 있었다고 할 수 있다.

필자도 현장에서 그렇게 느꼈다. 2008년까지 중국 외교는 기본적으로는 이제까지의 노선을 일탈하지 않고 답습하고 있다는 것이 필자가 피부로 느꼈던 바이기도 했다. 중국 지도부가 국내의 커다란 조류 속에서 이 노선을 필사적으로 지켰던 결과이기도 했다.

2008년 '리먼 쇼크'와 중국의 부상

그와 같은 배경하에서 중국은 결국 운명의 2008년을 맞이한다. 『노(No)라고 말할 수 있는 중국』이 출판된 1996년에서 2008년까지 12년 동안 중국의 국력은 한층 더 강해졌다. GDP는 미국의 1/3까지 육박했고(1996년에는 약 1/9), 군사비도 세계 제2위가 되었다. 그런데 중국인이 과거에 우러러보는 존재였던 미국이 같은 해 9월의 '리먼 쇼크'[15]로 크게 좌절하고 허덕이기 시작했던 것이다.

현재 많은 사람이 2008년 리먼 쇼크 이후 중국의 대외 자세가 변화했다고 생각하고 있다. 하지만 리먼 쇼크가 일어난 직후 중국 지도부는 그와 같은 것을 생각할 여유가 없었다. 이것이 발단이 되어 세계 불황이 일어나, 중국 경제에 심각한 타격을 주는 것이 아닌가 하고 오히려 국내의 상황을 심각하게 우려했다. 2008년 중국의 무역 의존도(GDP에서 차지하는 무역 총액의 비율)가 57%였던 점을 고려해 보면, 중국이 걱정하는 것도 당연한 일이었다.

이러한 맥락에서 2008년 11월 중국 정부는 상정을 훨씬 뛰어넘는 4조 위안(57조 엔)이라는 대규모의 긴급 경제 대책을 민첩하게 제기했다. 단순히 공공사업에 돈을 투입했던 것만은 아니다. 이주 노동자, 즉 '농민공(農民工)'에 대한 정중한 지원 대책에서 시작해, 수출 대체의 국내 수요의 환기까지 고려되는 대책을 모두 신속하게 제시했다. 경제 발전의 속도가 둔화되고, 실업자가 급증하여 사회 불안이 초래되는 것을 우려했던 것이다. 국내 상황이 불안정해지는 것에 대한 두려움이 있었던 것이다. 중국 당국이 지닌 이러한 신속함, 그리고 정책을 만들어내 실시하는 힘은 역시 대단하다고 여겨진다. 이때의 과잉 투자가 그 이후 중국 경제의 구조를 왜곡되도록 만드는데, 어쨌든 한동안은

---

15) 미국 제4위의 투자은행 리먼 브라더스(Lehman Brothers)의 경영 파탄이 연쇄적인 세계적 금융 위기를 일으킨 것을 지칭한다. 2008년 9월, 리먼 브라더스는 주택 버블 붕괴로 인한 서브프라임 모기지론(Subprime Mortgage Loan)의 폭락 등으로 미국 연방 파산법 11조 적용을 신청하고 경영이 파탄난다. 그 영향이 대단히 광범위하게 파급되어 미국 경제에 대한 불신감이 발생하고, 세계적으로 금융 불안이 심각해진다. 위기는 실물 경제에도 파급되어 각국이 그 대응에 내몰렸다.

커다란 성공을 거두었다.

그런데 정작 미국은 가장 자신만만해 했던 금융 분야에서 실패해 자신감을 상실하고 떠돌면서 침체되었다. 미국을 방문했던 많은 중국인 친구들이 "이렇게 자신감을 상실한 미국인을 보았던 것은 처음이었다"라고 하며 경악했다. 확실히 그 이듬해 2009년 미국의 명목 GDP는 소폭 감소했다. 중국의 경우를 말하자면, 여전히 9~10%의 고성장을 계속했다. 전 세계가 중국의 고성장에 기대를 걸고 불황으로부터의 탈출을 바랐다. 세계 경제 발전에 대한 중국의 기여도 역시 확실히 상승했다.

자신들이 세계를 밑받침하고 있다는 사실에 중국 사회는 자기 인식을 크게 바꾸고 자국의 능력 및 시스템에 대한 자신감을 심화시켰다. 2010년 1월, 권위 있는 중국공산당의 기관지 ≪인민일보(人民日報)≫에 "국제 금융 위기에 대처하는 '중국의 답안'"이라는 주제의 런중핑(任仲平)이라는 성명이 들어간 논평이 게재되었다.[16] 그런데 실제로는 런중핑이라는 인물은 존재하지 않으며, ≪인민일보≫의 '중요 평론'을 뜻한다. 임(任)과 인(人), 중(仲)과 중(重), 평(平)과 평(評)이 중국어로 동일한 발음이라는 것에서 유래한다. 그런데 이 논평은 중국 사회의 고양감을 제대로 보여주고 있다.

해당 논평은 "2009년 세계는 금세기에 들어서 최대의 위기를 맞이했는데, 중국은 세계 경제를 반전시키는 엔진이 되어 훌륭한 답안을 제시했다"라고 하며 강한 자부심을 표출하고 있다. 또한 "(세계를 구해내는 것은) 어째서 중국인 것인가"라고 자기 자신에게 물으면서, 그것은

16) 任仲平, "迎戰國際金融危機的'中國答卷'", ≪人民日報≫(2010年1月5日).

중국이 국가로서의 '능력'이 우수하기 때문이라고 결론짓는다. 그리고 "금융 위기는 신자유주의 경제 모델을 막다른 골목으로 내몰았다. 제도로서의 자본주의의 결함이 남김없이 폭로되었다. 십자로(十字路)에선 중국은 거꾸로 중국 특색인 사회주의 제도의 우월성으로 위기에 대처하는 능력을 증명했다"라고 선언한다.

나아가 이 논평은 "국제 여론이 '중국이 세계 경제를 구해냈다'라고 하는 것에 대해 감사하고, 외국의 요인이 '중국이 결석한 회의는 그 어떤 의미도 없다'라고 생각하며 국민이 '2009년의 중대 사건은 중국이 세계의 외교와 경제의 무대의 최전선에 서게 된 일이다'라고 놀랐을 때, 금융 위기는 세계 경제의 판도를 바꾸어 써버렸던 것이다. 경제의 실력, 종합 국력 및 국제적인 영향력의 상승은 중국에 결정적으로 중요한 지위를 가져다주었다. 중국의 목소리에 세계가 진지하게 귀를 기울이고 사회주의 중국의 '국가 능력'은 세계가 주목하는 바가 되었다"라고 주장했다.

그리고 "이와 같은 정경(情景)은 (중국이 이제까지 취해왔던 길을 되돌아본다면) 감개무량하다"라고 결론짓고 있다. 인간에게는 보고 싶은 것이 눈에 들어오고, 듣고 싶어하는 것이 귀에 들어오는 법이다. 대다수의 중국인이 미국의 뒷모습에 바싹 다가가 직접 파악하게 된 것을 기뻐하고, 중국의 국가 통치 시스템이 다른 나라보다 우월하다는 것이 증명되었다고 느끼며, 결국 머지않아 중국의 시대가 온다고 생각했을 것임에 틀림없다. 중국 사회는 곧 이러한 감각에 익숙해졌다. 즉 중국의 '여론'이 그렇게 되었던 것이다.

『중국은 불쾌하다(中國不高興)』의 등장

2009년 『중국은 불쾌하다』라는 책이 출간되었다.[17] 영어 제목을 Unhappy China라고 하고, 부제를 '대(大)시대, 대(大)목표 및 우리의 내우외환'으로 삼고 있다. 5명의 필자 중 한 명은 『노(No)라고 말할 수 있는 중국』에도 등장했던 신문기자 출신의 쑹창(宋强)이다. 예비역 출신 군인도 한 명 있는데, 종합적으로 보면 국제 관계의 전문가들은 아니다. 중국 안팎의 정세에 대해서 "유쾌하지 않다"를 연발하고 있다. 이 책은 중국에서 베스트셀러가 되었으며, 이 무렵 중국 사회의 분위기를 보여주고 있다는 것은 틀림없다.

필자가 이 책을 일독하고 느꼈던 것은 중국의 기존 엘리트들에 대한 강한 반감과 비판이다. 예를 들면 "엘리트층은 갈수록 부패하고 있고 그 추세는 멈추지 않고 있다. 1990년대 이래 한 가지는 금전, 또 한 가지는 직책이 그들을 얽매고 있다. (민족의 미래를 향해 커다란 포부를 지니고 있어야 함에도 포부도 없는 주제에 무엇을 하고자 하고 있는가!) 저 경제 엘리트들을 보라. 고급차가 아니면 호화로운 저택이다. 조금 돈이 있다면 놀러 다니고 있다"라고 비판한다.[18]

그들의 말에 따르면, 중국의 언론계는 이러한 엘리트들이 장악하고 있다. 그것이 당과 정부의 정책이 되고 있는 이상, 정면에서 정책을 비판하는 것은 주의 깊게 피하고 있다. 하지만 체제의 경직화와 장기적인 전략과 목표가 없는 것에 대한 비판은 준엄하다. 특히 "경제 제

---

17) 『中國不高興』(鳳凰出版傳媒集團·江蘇人民出版社, 2009).

18) 黃紀蘇, "2008, 神鬼莫測", 『中國不高興』, p.27.

일, 먹는 것 제일의 사고방식"과 "서양적인 것에 대한 숭배 내지 비굴함"에 대한 강한 반감이 표출되고 있다. 게다가 그러한 엘리트 무리가 잘난 체하며 '중국은 이래야 한다, 중국인은 저래야 한다'라고 하며 설교하고 있다는 것이다.

미국의 '트럼프 현상'에서도 반(反)엘리트주의가 밑바닥에 깔려 있었다. 이 저류는 미중 양국에서 기이하게도 부합되고 있다.

일본에서는 2008년의 '독이 들어간 교자(餃子) 사건'이 유명한데, 중국에서는 분유에 유독 물질이 들어간 '싼루(三鹿) 분유 사건'의 쪽이 유명하다. 교자 사건에서는 사망자가 나오지 않았지만, 분유 사건에서는 유아가 여러 명이나 사망했다. 이 책의 저자들은 이 사건을 포함해 이 해에 중국이 처해 있는 상황의 심각함을 보여주는 많은 문제가 일어났다고 한탄한다. 그와 같은 가운데 해외에서의 베이징 올림픽 성화 봉송에 대한 시위(같은 해 티베트에서 일어난 독립운동에 대한 중국 정부의 탄압에 반대하는 것)에 대해서 해외의 중국인 유학생들이 맹렬하게 성화를 지키는 행동에 나섰다. 『중국은 불쾌하다』의 필자들은 이와 같은 중국 청년들의 애국심 발양을 솔직하게 기뻐하고 있다.

그리고 외국인에 대해서 "현재의 (안팎의) 힘을 비교해 보면, 우리가 일방적으로 저들의 호감을 필요로 하고 있는 시대가 아니다. 알겠는가? 장래에 우리의 힘은 더욱 커지게 된다. 저들이 우리의 호감을 요구하지 않는다면, 후려갈기는 것뿐이다"라고 큰소리치고 있다.[19]

'리먼 쇼크'에 노정된 2008년, 중국 국내는 이와 같은 분위기 속에 있었던 것이다. 그것이 대외적인 자기주장과 강경 자세를 요구하는 국

19) 王小東, "該由西方正視中國'不高興'了", 같은 책, p.40.

내 여론이 되었다고 하더라도 그 어떤 불가사의한 것이 아니다. 최근 들어 자신의 뜻에 따르지 않는 국가들에 대한, 중국의 거칠고 폭력적으로 보이는 행태의 원점(原點)도 여기에 있다는 생각이 든다.

실은 중국도 '분위기' 사회

중국의 '여론'이 당과 정부에 대해서 커다란 영향을 미치고 있다고 일컬어진지 오래다. 특히 인터넷 여론의 등장이 당·정부와 국민 간의 관계를 근본적으로 바꾸었으며, 지금도 변화하고 있다. 인터넷은 국민의 목소리를 전달하는 유력한 수단이며, 게다가 전달되는 속도도 더욱 빨라지고 있다. 특히 스마트폰의 등장으로 중국 국민 간의 정보와 의견 교환이 빈번하게 이루어지고 있다. 위챗(微信) 등으로 대표되는 SNS가 만들어내는 '여론'의 힘은 더욱 강화되고 있다.

의외로 알려져 있지 않은 것이 중국도 '분위기' 사회라고 하는 점이다. 비교적 과묵한 일본인과, 자기주장을 하지 않고 살아갈 수 없는 사회에 거주하는 중국인 간에 '분위기'가 만들어지는 방식에는 세부적인 차이점은 있다. 하지만 사람들이 교류를 하고 의견을 교환하며 그렇게 해나가는 가운데, "대체적으로 이런 것이다"라고 하는 일종의 '여론'이 형성되는 점은 마찬가지다.

'여론'은 당·정부와 국민의 관계에만 존재하는 것은 아니다. 당 내부에도, 정부 내부에도 외교부에도 인민해방군에도 '여론'은 있다. 그들도 개인으로서 위챗 등을 통해 국민이기도 한 친구들과 연결되어 있다. 그들이 만들어내는 '여론'이 당과 정부에 갈수록 커다란 영향을 미치고 있는 것이다. 사회의 '분위기'가 정해지면, 다수가 그 흐름에 편승해 버린다. 왜냐하면 '정치적'으로 안전하기 때문이다.

2009년의 시점에서 보더라도 중국의 인터넷 보급률은 약 30%에 도달했으며, 인터넷 '여론'은 무시할 수 없을 정도가 되었다(2015년에는 50%). 중국 외교도 2009년 그러한 '분위기' 속에서 방향 전환을 했던 것이다.

근대 중국이 대망(待望)했던 '부강'한 중국을 실현할 날이 가까워지고 있다고 그들은 그렇게 확신했다. 정확하게는 그러한 사회의 '분위기'가 되었다. 그것은 자연히 중국의 이익과 입장을 전면에 내세우고, 자기주장이 강하게 표출되는 대외 강경 자세로 유도하는 것이었다. 그것은 중국의 장래에 대한 '과도한' 자신감에 기초한 것이며, 중국의 현행 제도(중국공산당이 지도하는 국가 운영 시스템)에 대한 자신감의 회복이기도 했다.

정책이라는 차원에서 보면, 그때마다 사회의 '분위기'를 배경으로 몇 가지 분야에서 구체적인 정책 논쟁의 형태를 취하면서, 의견 수렴이 진행되었다. 물론 어떤 사회에서도 사물에 대한 사고방식이 서로 다른 사람들이 존재한다. 중국에서도 마찬가지다. 그런데 어떤 생각이 정책을 지도하는가는 그러한 정책 논쟁을 거쳐 결정된다.

외교에서 가장 중요한 논쟁은 '평화적 부상'과 '핵심적 이익'을 둘러싼 것이었다. 리먼 쇼크를 계기로 중국 사회 전체의 '각성'과 그것이 만들어낸 '분위기'가 이러한 논의에 한 가지 결말을 내도록 만들었다. 그것이 2010년과 2012년의 센카쿠열도를 둘러싼 중일 간의 충돌을 계기로, 더욱 대담한 '대일 자세'의 형태를 취했다고 하는 것이 필자의 가설이다. "금세기에 들어서면서부터 중국의 외교 정책은 사실상 협조,

관여, 강경의 세 가지 자세가 동시에 존재했다"라고 하는 지적도 있다.[20] 확실히 그렇기는 하지만, 2009년에 그 사이의 균형이 크게 무너지기 시작했던 것으로 여겨진다.

그리고 몇 가지 측면에서 중국은 정세 판단을 잘못했다고 하는 것이 필자의 견해이다. 그것에 대한 수정이 행해지고 그것이 중국공산당 제19차 당대회 시진핑 보고에서 시진핑의 '신(新)외교'로서 정리되었다고 볼 수 있다.

---

20) 青山瑠妙, "海洋主權: 多面體·中國が生み出す不協和音", 『中國問題: キーワードで讀み解く』, 毛里和子·園田茂人 編(東京大學出版會, 2012), pp.177~202.

3

'대국 외교'를 추구하며: '평화적 부상'과 '핵심적 이익'을 둘러싼 논쟁

'중국 위협론'의 등장

1989년 톈안먼 사건의 영향은 국제적으로도 매우 거대했다. 이 사건은 중국의 이미지를 근본적으로 바꿔버린 대사건이었다. 민주화를 요구하는 무방비의 학생들을 향해 전차를 앞세우며 인민해방군의 무장한 병사들이 제압하는 영상은, 중국공산당이 지닌 '일당독재'의 이미지와 겹쳐져 세계에서의 중국 이미지를 급속하게 악화시켰다. 일본 국민의 대중(對中) 호감도도 이때를 경계로 급속하게 저하했다.

1990년대 중국 경제의 급성장과 거리낌 없는 군사력의 증강은 확실히 '중국 위협론'을 증폭시켰다. 21세기에 들어선 이후부터도 표면적으로 보이는 미중 관계의 모습과는 별도로, 군사안보에 책임을 지는 국방부를 중심으로 미국에서도 중국의 부상에 대한 경계심이 사라지지 않았다. 그것이 반영된 것으로써 2000년에 미국 의회는 국방부에 대해 중국의 군사력에 관한 연차 보고서를 제출하도록 명했다. 중국의 군사력을 확실히 감시하고 매년 의회에 보고하라는 의미다.[1)]

군사안보의 세계는 경제와는 전혀 다른 논리가 지배하며, 윈윈(win-win) 관계를 만들기가 극히 어렵다. 흑백이 확실한 세계이며 그것은 최악의 시나리오를 상정해서 움직인다. 즉 최악의 사태에도 자국의 안보는 보장될 필요가 있다고 생각하는 것이며, 대체로 상대방의 위협

---

1) 예를 들면 2005년 중국의 군사력에 관한 연차 보고서에는 "중국은 전략적인 기로에서 있다. 중국의 지도자가 장래 어떠한 기본적인 선택을 할 것인지에 대해 의구심이 남는다"라고 쓰여 있다. 또한 2006년의 「4개년 국방 검토 보고서(QDR: Quadrennial Defense Review)」에서도 "미국과 군사적으로 경쟁하는 중국은 최대 잠재력을 지니고 있다"라고 하는 인식을 드러내고 있다.

을 과대평가하게 된다. 그것이 방어적인 것이든, '올바른' 주장에 기초한 것이든, 하나의 군사적 행동은 반드시 상대방의 대항 조치를 불러일으킨다. 작용·반작용이 상호작용하는 세계에 빠지게 되는 것이다. 이것은 이른바 '안보 딜레마'라고 일컬어진다.

중국과 미국·일본은 서로 상대방을 '위협'으로 인식하기 시작했다. 각자의 주장과 행동은 마이너스로 서로 공명하면서 각각의 국내 여론에 영향을 미쳤다. 중국에서의 미국·일본 위협론은 사라지는 일이 없었지만, 미국·일본을 중심으로 세계에서도 중국 위협론은 무슨 일이 있을 때마다 등장했다. 신화사(新華社)의 논평에 따르면, 중국 위협론의 고조는 1992~1993년, 1995~1996년 및 1998~1999년의 세 차례가 있었다고 한다.[2)]

미국에서의 중국 위협론은 확실히 1990년대 초부터 출현했다. 그 대표격이 로스 먼로(Ross Munro)인데, 1997년에는 리처드 번스타인(Richard Bernstein)과 함께 『다가오는 중국과의 충돌(The Coming Conflict with China)』[3)]이라고 하는 책을 출판했다.

이 책에서 그들은 중국의 당과 정부 내부에 존재하는 미국에 대한 적대감을 언급하며, 중국은 언젠가 도래할 것이 틀림없는 '중국의 시대'를 지향하며 끊임없이 노력을 계속하고 있다고 설명한다. 그리고 '중국 경제가 발전한다면 중국이 자동적으로 민주적인 국가가 된다'라고 하는 당시 미국에서 주류였던 중국의 장래에 대한 낙관론을 비판하고 있

---

2) "從'中國威脅論'到'中國責任論'中國如何應對", 新華社評論(2010.8.23), http://opinion.china.com.cn/opinion_25_1625.html

3) Richard Bernstein and Ross Munro 著, 小野善邦 譯, 『やがて中國との闘いがはじまる(The Coming Conflict with China)』(草思社, 1997).

다. 그들은 다음과 같은 이유를 들며 반론을 전개하고 있다.

첫째, 중국은 국위가 발양되는 시기라고도 할 수 있는 역사상의 새로운 단계에 진입하고 있다.

둘째, 중국은 애당초 대단히 강대하기 때문에 가령 그렇게 할 의도가 없다고 하더라도 결과적으로 지역을 지배하게 된다.

그리고 셋째, '중국은 개발도상국이다'라고 하는 자신의 절제된 주장과 상호 배치되는 전략 목표를 설정하고 그것을 향해서 매진하고 있다. 그 결과 필연적으로 중국은 아시아의 패권국이 된다고 하는 것이다.

또한 그들은 중국인민해방군의 전략 변경과 군사비의 급속한 증대에 대해 언급하며, 중국의 '남중국해 전역을 지배한다'는 목표의 달성과, 타이완을 무력으로 해방시키기 위한 준비를 착착 추진하고 있다고 설명한다. 그리고 마지막으로 동아시아에서의 세력균형을 설명하며 일본이 군사적 역할을 한층 더 수행해야 한다고 요구하고 있다.

최근 중국에 관한 미국의 논조 그 자체라고 말할 수 있는 논리의 전개인데, 당시에는 이러한 견해가 국제사회의 주류가 아니었다. 왜냐하면 중국 국내에서 중국의 부상은 '평화적 부상'이며, 부상하는 국가는 반드시 기존의 패권국과 충돌하게 된다는 이른바 '투키디데스의 함정'에 빠질 일은 하지 않는다고 하는 의견이 목소리 높게 주장되었기 때문이다. 게다가 그것이 중국공산당의 명확한 기본 방침이기도 했다.

이것이 국제 여론을 유도하기 위한 중국공산당의 '책략'이었는지 여부는 아직 결론 내리기에는 이르다. 필자는 당의 방침으로 의식적으로 그렇게 했다고는 생각하지 않는다. 그 정도로 중국 국내의 논의는 격렬했던 것이다. 현재 중국 스스로는 자기 자신의 방향 설정에 고뇌하며 요동치고 있는 단계에 있다. 후술하는 바와 같이, 중국공산당 제19차 당대회에서의 시진핑 보고에서 하나의 방향성이 제기되었다. 하지만 거기에도 아직 혼돈과 어두운 그림자가 남아 있다.

중국에서의 '평화적 부상'론의 등장

미국에서의 중국 위협론은 사라지는 일이 없었다. 하지만 클린턴(Bill Clinton) 대통령(1993.1~2001.1)은 대통령 선거 중에 했던 대중(對中) 강경 발언과는 반대로, 미국의 주류인 대중 낙관론에 기반해 중국과의 협조 노선으로 돌아왔다. 부시 대통령(2001.1~2009.1)은 이미 논한 바와 같이 '테러와의 전쟁'에 전념하느라 중국 혹은 아시아·태평양에 대한 관심이 희박했다. 그 덕분에 미중 관계는 때때로 긴장되기는 했지만, 기본적으로는 안정된 협력 관계가 계속되었다.

미중 관계가 안정적으로 변한 또 하나의 이유는 중국 내부의 국제협조파 또는 경제발전중시파의 존재였다. 그들의 주장이 중국공산당 지도부가 채택하는 바가 되고, 중국의 공식 정책이 되었다. 그것은 결국 '덩샤오핑 외교'인 것인데, 중국공산당이 공식적으로 이 입장을 계속 취했던 것의 의미는 크다. 따라서 중국은 기본적으로 그렇게 발언하고 행동했으며 세계도 중국을 그와 같은 것이라고 판단했다.

그러나 서로 다른 의견이 저류에서 격렬하게 상호 충돌하고 있기 때문에, 중국공산당 지도부가 매 국면마다 정책을 구분해 사용하고 있는 것처럼 보이기도 한다. 그 전형적인 예가 군사력을 급속하게 증대해 온 것이다. 중국의 경제력과 군사력이 상대적으로 약했던 동안에는 국제 협조 자세를 취하면서 군사력을 증강시켜도 국제사회의 커다란 관심 사항이 되지 못했다. 하지만 중국의 국력이 일정한 수준을 초월하자, 이 두 개의 서로 다른 노선을 모순 없이 설명하는 것이 점차 어려워지게 되었다. 그럼에도 경제발전중시파의 존재가 대외적으로 융화적인 인상을 준 것은 틀림없다. 이것이 미국에서 대중(對中) 낙관파가 오바마 정권의 후반 시기까지 명맥을 유지했던 커다란 이유다.

이러한 중국의 국제협조파 또는 경제발전중시파의 대표격으로 등장했던 것이 정비젠(鄭必堅)이라는 인물이다. 1932년 출생한 중국 유수의 이론가로서, 1982년부터 1987년까지 후야오방 총서기의 비서를 역임했다. 1997년부터 2002년까지 중국공산당 중앙당교(中央黨校)의 상무부교장(常務副校長)을 맡았고(교장은 당시 후진타오 국가부주석), 후진타오의 '과학적 발전관' 이론의 구축에 크게 공헌했던 것으로 알려져 있다. 2003년부터 2008년까지는 '신중일우호21세기위원회'(新日中友好21世紀委員會)의 중국 측 좌장을 맡았다[일본 측 좌장은 고바야시 요타로(小林陽太郎) 전(前) 경제동우회(經濟同友會) 대표 간사였다].

정비젠은 후진타오가 총서기로 취임했던 2002년 방미해, 저류에 있는 미국의 준엄한 대중 인식을 접하고 새로운 중국관을 세계에 제시할 필요성을 통감했던 것으로 알려지고 있다.

거기에서 '평화적 부상'이라는 개념이 고안되었다. 2003년 12월 후진타오는 마오쩌둥 탄생 110주년 기념 좌담회의 석상에서 처음으로 "평화적 부상의 발전의 길"이라는 표현으로 이것을 제시했다. 중국의 새로운 지도자가 제기한 새로운 슬로건의 등장이었다. 그것이 의미하는 바를 정비젠은 "평화적인 국제 환경을 쟁취함으로써 자국을 발전시키고, 자국의 발전을 통해 세계의 평화를 유지하는, 후발 대국의 평화적 부상의 길"이라고 설명하고 있다.[4] 즉 중국에게 가장 중요한 것은 경제의 지속적 성장이고, 그것을 위해서는 평화적인 국제 환경이 필요하며 불가결하다. 따라서 장기간에 걸쳐 중국은 평화를 추구한다. 중국이 발전을 하고 진정한 대국이 된 이후에는 과거 독일·일본의 실패를 반복하지 않고 이번에는 세계의 평화를 수호하기 위해 노력한다. 중국은 패권에 대해 계속 반대하며, 결코 패권대국이 되지 않는다. 풀어서 설명하자면 이러한 논리가 된다.

그렇지만 그 이후 '평화적 부상'이라는 표현은 점차 사용되지 않게 된다. 2005년 11월 22일 ≪인민일보≫ 해외판에서 정비젠의 기고문 "중국공산당이 21세기에 지향해야 할 방향"이라는 평론[5]이 중국 국내의 맹렬한 비판을 불러일으켰던 것이다. '평화적 부상'론의 명운은 여기에 이르러 꼼짝 못하게 되는 상황에 처하게 된 것이다.

평화적 부상론에 대한 논란의 태풍

이 "중국공산당이 21세기에 지향해야 할 방향"이라는 문장이 ≪인민일보≫ 해외판에 게재되었던 것에서도 알 수 있는 바와 같이, 그 목적은 해외 독자에게 중국의 '평화적 부상'이라는 인상을 부각시켜 '중국 위협론'을 진정시키는 것에 있었다. 하지만 그 가운데 중국공산당이 추진하는 '내외정(內外政)의 핵심적 이념'이 "외부에 대해서는 평화를 추구하고, 내부에 대해서는

4) 鄭必堅,『中國新覺醒』(上海世紀出版社, 2015), p.4.
5) 鄭必堅, "中國共産黨在21世紀的走向", http://theory.people.com.cn/GB/49150/49151/3877751.html

조화를 추구하며, 타이완에 대해서는 화해를 추구한다"[일명 삼화이론(三和理論)]라고 하는 것에 있다고 썼던 점에 비판이 집중되었다.

중국의 온라인 백과사전 '바이두 백과(百度百科)'의 정비젠을 소개하는 항목[6]에는 특별히 '(정비젠과) 대립하는 이론'이라는 부분이 존재하는데, 네티즌이라고도 할 수 있는 중청(仲呈)의 의견이 전문 형태로 소개되고 있다. 여기에서 그의 반론을 조금 상세하게 살펴보도록 하겠다.[7] 이른바 민족파, 강경파의 사고방식을 대표하고 있는 것으로 여겨지기 때문이다. 중청의 글은 2012년 10월에 투고된 것이지만, 이 책의 현재 집필 시점에도 검색 가능하며 중국 당국의 허용 범위에 있다.

중청은 2012년 중국은 다섯 가지의 커다란 주변 안보 문제에 직면하고 있다고 한다. 구체적으로 ① 타이완 문제, ② 센카쿠열도 문제, ③ 남중국해 문제, ④ 신장 문제, ⑤ 티베트 문제를 지칭한다. 모두 미중 관계에서 파생된 것이며, 특히 소련 붕괴 이후에는 세계정세의 특징이 냉전 시대의 '평화, 협력, 발전'에서 '전쟁, 대결, 불안정'으로 변했다고 설명한다. 이러한 세계정세 관련 인식은 중국공산당의 공식 견해와 크게 동떨어져 있다. 하지만 대외 강경파의 전제가 되는 것은 이쪽에 해당하는 것이다. 그리고 덩샤오핑의 '평화적 전복론(和平演變論)'을 사용해 의식적으로 미국의 적의를 강조한다.

나아가 '미국과 서방 측의 영향을 받은 중국의 많은 전략 전문가와 외교의 싱크 탱크'(이하 '국제협조파'로 약칭)에 대한 비판이 계속된다. 애당초 "평화와 발전은 오늘날 세계의 주요 주제다"라고 하는 대전제

---

6) "鄭必堅", 百度百科, http://baike.baidu.com/view/319147.htm
7) 仲呈, "中國外交的核心理念是'謀求和平'?", http://blog.sina.com.cn/s/blog_4d85ff640101d4n7.html

(大前提) 자체가 덩샤오핑이 말했던 것을 오해한 것이라고 주장한다.

확실히 덩샤오핑은 1990년 3월 3일, "평화와 발전이라는 두 가지의 대문제가 있는데, 평화의 문제가 해결되지 않는다면 발전의 문제는 더욱 심각해진다"라고 말했다.[8] 하지만 1992년 남순강화 가운데 "세계의 평화와 발전이라는 두 가지의 대문제는 오늘날에 이르러서도 아직 해결되지 않고 있다"라고 말하고 있는 것에 불과했다.[9] 거기에서 중청은 덩샤오핑은 아직 해결되지 않았다고 말했을 뿐이며, "평화와 발전은 오늘날의 세계의 주요 주제다"라고 하는 대전제 자체는 덩샤오핑이 말했던 것을 오해하고 있다고 주장한다.

그들이 비판하는 '대전제' 자체가 현 시점에서의 중국공산당의 공식적인 입장임에도, 그것에 대해 공개적으로 대립되는 견해가 아직 인터넷에서 보이는 것 자체가 당 내부에 여전히 심각한 의견 대립이 있으며, 아직 결말이 나지 않고 있다는 것을 시사한다. 대외 강경파가 지닌 기반의 강함을 보여주고 있다.

중청은 그들 '국제협조파'는 1990년대 후반에도 그러했으며, 21세기 최초의 10년 동안에도, 그리고 2012년 당시에도 오해하고 있었다고 말한다. 이러한 '오해'의 결과 중국이 주변 지역의 위협과 충돌에 직면하고 있을 때에 전쟁의 준비를 하지 않도록 국가의 정책 결정자들을 잘못 유도하게 된다는 것이다. 그들이 '평화 발전'이라는 네 글자를 단정적으로 사용하는 것은 중국이 충돌에 직면했을 때에 끊임없이 타협과 양보를 하도록 잘못 유도하고 양보함으로써 평화를 얻고, 그것에

---

8) 鄧小平, "國際形勢和經濟問題"(1990.3.3), 『鄧小平文選』, 第3卷, p.353.
9) 鄧小平, "在武昌, 深圳, 珠海, 上海等地的談話要點"(1992.1.18~2.21), 『鄧小平文選』, 第3卷, p.383.

의해 발전을 추구하고 있기 때문이다. 그 결말은 국가의 안전을 현저하게 훼손하게 된다.

그들에게 있어서 그 '국제협조파'의 대표가 정비젠이며, 그의 이른바 '삼화이론'이다. 그리고 '삼화이론'은 주변의 대국과 소국이 중국의 영토를 침범하더라도 양보하며 평화와 교환하고자 하는 것으로, 중국의 매국주의적인 관료들의 가장 아름다운 핑계거리가 되고 있다고 말하며 비판한다. 정비젠으로 대표되는 국제협조파에 대한 분노가 절실하게 전해지고 있지 않은가?

하지만 여기에서 중국의 대외 강경파가 오늘날까지 지니고 있는 치명적인 결함이 시야에 들어온다. 그것은 스스로 제멋대로 자신의 '영토'라고 결정한 것이 타국에게 '침범'당하고 있다며 분노하고 있다는 점이다. 자신의 주장이 절대로 올바르다고 확신하고 있기 때문에 상대방의 입장을 이해할 여지가 없으며, 중국의 '올바른' 주장을 받아들이지 않는 상대방이 나쁘다고 하는 결론이 된다. 그렇지만 국제협조파는 그 어떤 분쟁도 평화적 수단을 통해서 상대방의 입장도 서로 이해하면서 대화로 해결한다고 하는, 오늘날 국제사회의 중요한 규칙에 따라야 한다고 생각하고 있다. 그런데 이것은 '매국주의'라고 하는 것이 된다.

중청은 세계에서 외교의 '핵심적 원칙'으로서 보통 고려하는 것은 국가의 안전을 지키고 국가의 핵심적 이익이 침범당하지 않도록 하는 것이라고 주장한다. 그러니까 미국과 일본 등은 대외 확장을 실행하고 타국의 이익을 침범하고 있다는 것이다. 일본에 대해서는 센카쿠열도의 영유권 주장이 그것에 해당한다고 말하고 있는 듯한데, 그것을 '대외 확장'이라고 말하는 것은 일종의 넌센스라고밖에 할 수 없다. 미국도 제2차 세계대전 이후 영토 확장을 도모했던 적이 없다.[10)]

중청의 비판은 계속된다. 타국이 대외 확장을 실행하고 있을 때에 정비젠 등은 "중국 외교의 핵심적 이념은 평화를 추구하는 것에 있다"라고 말한다. 그 한가운데에서 동중국해와 황해(黃海)에서의 중국의 주권이 침범되고 미국과 일본의 지지 아래 타이완, 티베트, 신장의 독립파가 준동하기 시작하고 있다고 주장한다. 이렇게 되면, 이미 '피해망상'의 영역에 도달한 것이다.

중청은 더욱 다그치며 다음과 같이 말한다. 만약 타이완 문제의 핵심적 이념이 '화해를 요구한다'라고 하는 것에 있다면, 그 본질은 정치, 군사의 투쟁 수단을 부정하는 것과 동일하다. 타이완 독립에 대한 투쟁과 무력의 준비 자체가 그것을 막는 불가결하며 또한 유효한 방법임에도 불구하고 그것을 부정한다. 대륙(大陸)이 무력을 행사한다면, 미국은 반드시 개입하고 미중 관계는 반드시 악화된다. (그래도 좋지 않은가? 왜냐하면) 그것은 평화적으로 중국을 붕괴시키는 미국의 '평화적 전복' 정책이 파탄나는 것을 의미하기 때문이다. 무력으로 공포에 떨게 하며 전쟁도 불사하겠다는 결심 그 자체가 미국을 또한 물러나게 만드는 것이다.

주의 깊게 살펴보면 중청은 이성적인 논리가 아닌 정신론 및 감정의 세계로 들어가고 있다. 중국이 끝내 결심한다면 미국은 물러나게 된다는 것이다. 게다가 전쟁이 발생하더라도 미국은 정책이 파탄나게

---

10) 일본 영토 내부에 있는 미군 기지를 일본 영토로 인정할 의사 또는 의지가 없다면 이 말은 틀린 것이 아니지만, 미국은 주일 미군 기지의 규모와 활동 범위를 확대시키며 '군사적 영토'의 확장을 지속적으로 도모하고 있다. 일본 영토 내부의 미군 기지에 대한 최근의 논의는 다음을 참고하기 바란다. 梅林宏道, 『在日米軍: 變貌する安保體制』(岩波新書, 2017). _옮긴이 주

될 뿐이다. 그런데 거대한 경제적 이익이 상실되고 많은 인명을 잃게 되며, 경우에 따라서는 지구 그 자체가 파괴될 것이라는 자각은 전혀 보이지 않는다.

감정의 고조는 '중국의 핵심적 이익을 인정하고 존중하지 않는다면 그러한 국가는 중국의 적이다'라고 하는 논법이 된다. 당연히 중국은 전쟁도 하나의 선택지로서 국가의 주권과 핵심적 이익을 지켜야 함에도, 정비젠은 평화를 추구하는 것을 핵심으로 삼아야 한다고 말하고 있다. 핵심적 이익이 갈수록 복잡하고 준엄한 위협에 직면하고 있을 때에 정비젠은 한결같이 '평화를 추구하는' 외교를 추진하고자 한다. 이러한 외교 방침은 중국뿐만 아니라 그 어떤 건전한 국가의 외교에 있어서도 핵심적인 원칙이 될 수 없다고 중청은 단언한다. 이와 같이 '이래도 그럴 것인가'라고 하는 투로 정비젠을 계속 논박하고 있는 것이다.

대외 강경 자세로 경도되는 계기가 된 '후진타오 강화'

물론 이 정도의 비판에 굴복할 정비젠은 아니다. 필자의 옛 친구로 2016년 교통사고로 사망한 우젠민(吳建民) 전 주프랑스 중국 대사 등과 함께, 국제 협조의 기치를 내리는 일 없이 중국의 언론에서 논진(論陣)을 계속 펼쳐왔다. 즉 당시에도 지금도 국제 협조와 대외 강경이라는 두 가지의 논조가 존재하며, 때때로 풍향이 변하면 결국 어느 한 쪽이 우세해지는 상황이 계속되고 있다고 할 수 있다. 하지만 한 시기 국제협조파에 대단히 강한 역풍이 불게 되었던 것도 숨길 수 없는 사실이다. 그것이 2009년 이래 중국 외교의 전환, 즉 일종의 예행연습이었다고 볼 수 있을 것이다.

이 책을 집필하고 있는 필자 자신이 따지기를 매우 좋아하게 된 것이 아닌가 하는 생각도 들지만, 이미 언급한 바와 같이 중국공산당은 따지는 것을 더 좋아한다. 뭔가 하고자 한다면, 그 전에 논리를 정리하지 않으면 전진할 수 없는 것이다. 이것은 따라가는 쪽에는 상당히 성가신 일이지만, 좋은 면도 있다. 한 차례 논리가 정리되면, 대체적으로 그 방향으로 진전되어가기 때문이다. 그 덕분에 중국 외교를 예측하는 일도 용이해진다. 하지만 정리 기간 중에는 혼란스럽다. 2008년부터 2016년 사이가 그 조정의 정점이 아니었는가 하는 것이 필자의 가설이다.

이처럼 중국 국내에서 민족주의를 초월해 국수주의가 강해지고, 사회의 분위기가 이제까지의 이성적인 대외 자세에서 감정적인 대외 강경 자세를 추구하는 것이 되어왔다. 어떤 의미에서 '중국 제일주의'가 되고, 게다가 뒷장에서 자세히 검토하고 있지만, 단기적인 협소한 국익에 이끌려 왔다. 중국을 위한 해외 자원의 확보, 중국을 위한 '해상 수송선'의 확보, 중국이 자국의 것이라고 주장하는 영역의 확보 등이 이것에 포함된다. 주권의 문제에 이르러서는 더욱 첨예해진다. 타이완 문제든, 티베트 문제든, 신장 위구르 문제든, 타협의 여지는 전혀 없어지게 되었다.

단기적인 협소한 국익을 추구한 결과, 경제보다도 군사, 발전보다도 안전, 그리고 무엇보다도 국가의 체면을 더욱 중시하게 되었다. 이러한 중국의 변화를 외교 면에서 측정하는 기준으로서 주목할 만한 것이 '핵심적 이익'의 범위 문제이며, 덩샤오핑의 '도광양회' 외교를 유지해야 하는가의 여부 문제였다. 이 양자를 둘러싼 논의는 밀접한 관계를 갖고 진전되었다.

그 거대한 전환점이 되었던 것이 2009년 7월의 제11차 외교사절 회의에서의 후진타오 강화(講話)였던 것으로 알려지고 있다. 거기에서 덩샤오핑의 '20문자 외교 방침' 중에서 "도광양회, 유소작위"가 "도광양회, **적극** 유소작위"로 수정되었다고 하는 것이다. 즉 '적극'이 추가되었으며, 이것이 그 이후 중국의 대외 강경 자세로 연결된다.

확실히 이때의 공식 보도 [≪人民日報≫(2009.7.21)]를 다시 검토해 보면, "현하(現下)의 국제 정세는 복잡하며 심각한 변화가 발생하고 있다"라든지, "현재 중국과 세계의 관계는 역사적인 변화가 발생하고 있다"라고 하는 표현이 있다. 하지만 이 회의의 결과, 그러한 기미는 있었지만 실제로 중국 외교가 눈에 띄게 크게 변화하지는 않는다.

'적극'이 추가된 것은 공표되지 않았다. 중국의 보도는 경제 면에서는 숨기는 것이 적었지만, 정치·외교 면에서는 여전히 많다. 군사 면에서는 더욱 많을 것이다. 그런데 1998년 8월의 제9차 외교사절 회의에서의 장쩌민 강화(講話)는 『장쩌민 문선(江澤民文選)』 중에 수록되어 있다. 게다가 '도광양회', '유소작위', '결부당두(決不當頭, 결코 선두에 서지 않는다)' 등 덩샤오핑의 말이 여기저기에 보이고 있다.[11]

외교에서 속셈을 드러내 보이는 것은 적절하지 않다는 판단 때문일까, 그 이후 이와 같은 형태로 외교사절 회의 내용이 정리되어 발표되는 일은 없어졌다. '대국'이라면 외국에게 이해받는 것을 중시한다. 그런데 이와 같은 과도한 비밀주의는 중국이 국제사회에서 이해받지

11) "當前的國際形勢和我們的外交工作", 『江澤民文選』 第2卷, p.202.

못하고 있는 커다란 이유 중의 하나다.

'유소작위'에 '적극'을 추가했던 것은 강경파가 득세하는 중국 사회의 분위기에 조응되며, 지금 상태로는 안 되기에 뭔가 해야 한다는 생각 때문이었을 것이다.

이것도 후진타오 시대의 특징인데, 후진타오는 항상 '한가운데'를 걸었다. 그것이 가장 안전하기 때문이다. 사회가 우로 기울면 바깥에서 볼 때 후진타오도 우로 경도된 듯이 보인다. 하지만 그는 '한가운데'에 있는 것이다. 후진타오는 어느 정도 자신의 사고방식을 애매하게 하며 세상에서 결말이 날 무렵 최고 지도자로서 최종 결정을 하는 스타일이었다. 이때에도 '적극'의 추가가 구체적으로 무엇을 의미하는가에 대해서 자신이 결정하는 일은 없었으며 그 이후에 검토를 맡긴 것으로 보인다.

즉 각각의 부문이 스스로 생각하라고 하는 것이다. 커다란 방침은 당중앙에서 결정하지만, 구체적인 실제 정책을 각각의 부문에 맡기는 것은 중국에서 흔히 있는 일이다. 하지만 말단까지 확실하게 실시되지 않거나 각 부문이 난립하게 되면 효과는 떨어지고, 거꾸로 마이너스가 되는 경우마저 있다. 후진타오 시대에는 그와 같은 상황이 자주 일어났다. 시진핑의 시대가 되어, 시시콜콜한 것까지 중앙이 결정하고 그것을 실행시키는 일처리 방식으로 변했던 것은 아마도 이것에 대한 반성인 것으로 여겨진다.

이것은 주젠룽(朱建榮) 도요가쿠엔대학(東洋學園大學) 교수의 관찰과도 일치한다. 주젠룽은 2006년 당 중앙외사공작회의(中央外事工作會議)에서 후진타오가 처음으로 '대외교(大外交)'의 개념을 제기했다고 지적한다.[12] 확실히 2006년에는 '대국의 부상'이라고 하는 다큐멘터리

프로그램을 중국 CCTV(中央電視台)가 만들었다. 포르투갈, 스페인, 네덜란드, 영국, 프랑스, 독일, 러시아, 일본, 미국 등 9개국의 발흥과 쇠퇴의 역사를 묘사한 작품이다. 필자도 이것을 보고 당중앙이 '대국'이란 무엇인가에 대해서 국민의 인식을 제고시키고 자각을 촉진시키고자 하는 것으로 생각했다.

주젠룽에 의하면, 2009년 개최된 문제의 외교사절 회의에서 실제로는 "도광양회를 견지하고, 적극적으로 유소작위(堅持韜光養晦, 積極有所作爲)"를 하는 것으로 수정되었다고 한다. 게다가 관련자가 이러한 '견지'와 '적극'이라는 두 가지 용어를 추가했던 것은 양방 모두 이제까지의 방침을 지킨다고 하는 것을 강조하는 차원에서 넣었던 것일 뿐이며, 다른 커다란 의미는 없다고 하는 쌀쌀맞은 코멘트를 했다고 한다.[13]

기초자(起草者) 본인이 외교 방침의 전환이라고 의식하지 못했다는 것인데, 이러한 것은 현실 세계에서는 때때로 일어날 수 있다. 하지만 기초자의 의향과 후진타오의 판단이 서로 동일한 것이 될 수는 없다. 당시 세상의 분위기를 고려해 보면, 다소 강한 자세를 제기할 필요는 확실히 있었다. 이 회의에서의 후진타오의 발언이 그러한 움직임을 조장했던 것은 틀림없던 것으로 보인다. 거꾸로 자신이 다소 강하게 나옴으로써 강경파를 억누르고 전체의 흐름을 '한가운데'로 되돌아가도록 하는 것이, 후진타오의 실제 노림수였을 가능성은 충분히 있을 수 있다.

시진핑의 시대가 되어, 커다란 스타일의 변경이 일어났다. 시진핑은 중앙이 우선 정책을 결정하고, 그것을 착실하게 실시하기 위해

---

12) 朱建榮, 『中國外交 苦難と超克の100年』(PHP研究所, 2012), p.170.

13) 같은 책, pp.180~181.

손을 쓴다고 하는 방침을 중시한다. 하지만 통일적인 정책이 실제로 말단까지 실시되고 있는가의 여부는 아직 의문이 남는다. 특히 대외 관계에 대해서는 그러한 경향이 강하다. 시진핑의 제2기 정권이 되어, 이러한 '난립되어 있는 느낌'이 수습된다면 그것은 시진핑이 실제로 말단까지 장악했다는 것을 보여주는 것이 된다.

2009년으로 되돌아가 보면, 중국의 국내 상황은 실로 난립되어 있었던 것으로 여겨진다. 커다란 방향은 제기되었지만, 그것을 어떻게 해석하고 행동할 것인가 하는 부분에서 각 부문이 자의적으로 움직임을 보였던 것이다. 수차례나 말한 바와 같이, 그 배경에는 사회의 '분위기'가 있었다. 동시에 각 부문 모두 조직의 권익을 확대하고 또한 정치적으로 이용한다고 하는 의도도 있었을 것이다. 자신들의 조직적인 이익을 우선시했을지도 모르며, 어떤 이유에 의해 후진타오·원자바오(溫家寶) 지도부를 흔들어보려고 했을지도 모른다. 실로 블랙박스와 같은 정치의 세계인 것이다.

매파가 배제된 중국 외교

필자가 '중국 외교가 이상하다'라고 느꼈던 것은 2008년 12월로 소급된다. 처음으로 중국 국가해양국 소속의 공선이 일본의 센카쿠열도의 영해를 의도적으로 침범했던 것이다. 게다가 일본 해상보안청 소속 순시선의 여러 차례에 걸친 퇴거 요청에도 불구하고, 9시간이나 계속 침범했다. 일본의 실효 지배에 대한 정면 도전이자, 당시 필자 자신은 주중(駐中) 대사로서 사태가 새로운 단계에 도달했다고 판단하고 긴장감을 느꼈다. 이 경험에 입각해 그 이후 일본 정부는 중국의 침범에 대한 대응을 강화하게 되었다. 그것이 중국에 대한 일본 여론의 경직화는 물론 아울러 2010년, 2012년의 센카쿠열도 문제에 대한 일본 정부의 준엄한 대응이 이루어지게 되었던 한 가지의 이유다.

그렇다고 해도 중국 국가해양국 소속 공선의 움직임은 이상했다. 어쨌든 같은 해 12월에 원자바오 총리의 방일이 예정되어 있었기 때문이다. 그때까지 한중일 3개국 정상회의는 아세안(ASEAN) 관계 회의의 개최에 맞춰 그 주변에서 조심스럽게 열렸는데, 처음으로 당당하게 이 회의를 위해서만 한중일 3개국 정상들이 모이게 되었다. 그 첫 번째 회의가 일본에서 열리게 되었고, 그것을 위한 방일이었다. 정부 수뇌의 외국 방문을 앞두고 보통은 방문국과의 사이에 문제를 일으키지 않는다. 중국에서는 특히 그러한 경향이 강하다. 어쨌든 원만하고 성공적으로 방문을 끝마치기 위해서 중국 외교부는 눈물이 날 정도의 노력을 하게 된다.

그런데 일본의 해역에 침범한 중국 공선 문제로 중일 관계를 긴장시키고, 또한 중국 수뇌가 일본을 방문하는 데 있어서 그 발목을 잡았다.

이 같은 상식 밖의 이상한 움직임에 대한 해석으로서 회자되었던 것이 후진타오·원자바오 지도부에 대한 불만을 이러한 형태로 표출하며 요동치게 했다는 견해다. 확실히 그 해의 6월 후진타오와 원자바오의 강한 리더십으로 동중국해에서의 공동 개발에 관한 중일 양국 간 합의가 이루어졌다. 객관적으로 본다면 그렇지는 않지만, 중국 국내에서는 일본 측에 지나치게 양보했다고 하며 강한 반대의 목소리가 올라왔다. 중국에서는 횡적 조정은 거의 이루어지지 않는다. 합의 상담에 참여하지 않았던 국가해양국, 인민해방군, 중국해양석유 등의 관계자가 반대했던 것으로 알려지고 있다. 따라서 이번에 이러한 형태로 불만을 표출하고 지도부를 요동치게 했다는 것이다.

필자는 이러한 견해도 충분히 있을 수 있다고 생각했다. 그래서 이 견해에 당연히 찬동할 것이라고 생각하면서 "실제로 원자바오가 방일 전에 이러한 것을 하라고 지시하지는 않았을 것 같은데요"라고 하며, 필자의 중국인 친구에게 넌지시 의중을 떠보았다. 그러자 그 중국인 친구는 "원자바오가 이것을 하게 만들었다면 '큰 정치가'다. 일본 측에는 자신이 하고 있지 않은 듯이 생각하게 만들면서 중국 국내 반대파의 가스 분출도 가능하기 때문이다"라고 답했던 것이다. 덕분에 원자바오가 하게 만들었을 가능성도 배제할 수 없게 되어버렸다.

그것은 그렇다고 해도, 중국 공선에 의한 최초의 센카쿠열도 영해 침범 사례는, 중국 사회의 저류에서 대외 자세와 관련된 의논이 전개되어, 대외 강경파의 세력이 점차 확대되고 있다는 것을 보여주는 하나의 증좌(證左)라고 할 수 있다.

'핵심적 이익'과 '도광양회'를 둘러싼 논쟁의 격화

이제까지 논한 바와 같이, 2009년 중국 외교의 조정은 '중국은 세계 대국이 되었다. 결국 중국 근대의 숙원, 장기간의 꿈을 실현할 수 있는 가을이 왔다'라는 강한 실감에 의해 촉발된 것이었다. 세계 대국이 된 이상, 그것에 적합한 외교를 해야 한다고 하는 자각이 형성되었던 것이다. 그렇다면 구체적으로 어떻게 해야 할 것인가? 그 구체론에 대해서는 실로 백가쟁명(百家爭鳴)의 대논전(大論戰)이 되었다.

그러한 가운데 2000년대 초부터 사용되기 시작한 '핵심적 이익'이라는 용어가 핵심어(key word)가 되었다. '핵심적 이익'은 영어의 core interests에 해당하는 말이기도 하다. 중국이 생각하는 가장 중대한 이익이란 무엇인가를 미국 측에 정확하게 이해시키려는 생각에서 사용되기 시작했다고 한다. 당초에 그 대상은 국가 주권과 영토 보전에 한정되었다. 하지만 대외 자세가 강경해짐에 따라 그 내용도 확대되어 간다.

2008년 가을 이래, 중국의 지도자는 '핵심적 이익과 중대한 관심'이라는 표현을 사용하게 되었다. '핵심적 이익' 외에도 중국이 중시하는 것이 있다는 것을 보여주고 싶었기 때문이었을 것이다. 그런데 2009년 7월에는 '핵심적 이익' 그 자체가 확대된다. 다이빙궈(戴秉國) 국무위원은 미국에 대해서 "① 국가의 기본적 제도와 국가의 안전, ② 국가 주권과 영토 보전, ③ 경제사회의 지속적 발전"을 의미한다고 설명했다. 그리고 최종적으로 2011년 9월의 『중국의 평화 발전 백서(中國和平發展白書)』에서 "① 국가 주권, ② 국가의 안전, ③ 영토 보전, ④ 국가의 통일, ⑤ 중국의 헌법에 정해진 국가 제도와 사회 대국(大局)의 안정, ⑥ 경제·사회의 지속적인 발전의 기본적 보장"으로 일단락되었다.[14] 하지만 그 이후에도 '핵심적 이익'과 '중대한 관심'은 정리되는 일 없이 사용되었고,[15] '핵심적 이익'을 더욱 광범위하게 해석하는 움

---

14) '핵심적 이익'을 둘러싼 중국 국내의 의논에 대해서는 增田雅之, 「胡錦濤政權期の中國外交: '韜光養晦, 有所作爲'をめぐる議論の再燃」, 『政權交代期の中國: 胡錦濤時代の總括と習近平時代の展望』(日本國際問題硏究所, 2013)에 잘 정리되어 있다.

15) 다카기 세이이치로(高木誠一郎)는 「중국 외교에서의 '핵심 이익'론의 전개(中國外交における'核心利益'論の展開)」라고 하는 논문에서 '핵심 이익'이라는 개념은 "대

직임은 계속되었다.

이러한 표현의 문제뿐만이 아니다. 예를 들면 '국가 주권'과 '영토 보전' 등의 명실공히 '핵심적 이익'이라고 일컬어지는 것에 대해서도 그 구체적인 내용을 결정하지 않으면 구체적인 지침이 될 수 없다. 남중국해를 예로 들어보면, 이 문제가 '핵심적 이익'인가의 여부에 따라 중국의 대응은 크게 달라지게 된다. '핵심적 이익'으로 인정된 노선에 대해서 중국은 많은 다른 국가이익을 희생하면서까지 단호하게 조치를 취하는 것 이외의 선택지는 없게 되는 것이다.

그렇지만 남중국해에 관해서 말하자면, '핵심적 이익'의 내용을 구성하는 많은 요소의 각각에서 간단하게 논의는 결말이 나지 않는다. 예를 들면, '남중국해는 적극적 대응을 하지 않으면 국가의 안보에 실제로 치명적인 영향을 미칠 것인가', '영토 보전이라고 해도 남중국해는 실제로 중국의 '영토'인 것인가', '이 지역에 그처럼 리스크를 감수하더라도 지켜내지 않으면 안 되는 '경제 발전'의 이익이 실제로 있는가' 등, 중국 국내의 논의도 수렴되지 않고 있다.

하지만 이미 논한 바와 같이, 후진타오 정권의 특징은 대세가 정해진 이후에 그것에 편승하는 것이었는데, '핵심적 이익'의 내용도 확대된다는 방향성은 제시되었지만 그 구체적인 내용의 결정은 각각의 부처에 위임된 듯이 여겨졌다. 그 덕분에 중국 외교부도 비상(飛翔)했다. 당시에는 날아오르지 못하면 방치되어 버리는 '분위기'였던 것이다.

2010년 가을, 중국 외교부의 유력자가 "남중국해는 중국의 핵심

외 관계(특히 대미 관계)에서의 설득을 위한 논리로써 사용된 표현으로 국익에 관한 학술적 의논에서의 주요 개념은 아니었다"라고 지적하고 있다.

적 이익이다"라고 단언했다는 이야기가 세계를 소란스럽게 만들었다. 실제로는 정말 그렇게 말했는지의 여부는 명확하지 않다. 그럼에도 세계는 민감하게 반응했다. 사실 그 무렵 필자는 중국 지도부가 "핵심적 이익의 범위를 확대하는 것에는 주의해야 한다"라고 지시를 내렸다는 '길거리에 떠돌고 있는 소문'을 들었던 적도 있었다. 중국 지도부는 신중했던 것이다.

'도광양회'를 둘러싼 논쟁도 마찬가지의 전개를 보이고 있다. 일본 방위연구소 주임연구관 마스다 마사유키(增田雅之)는 결국 '도광양회'를 '견지'하는 것을 요구하는 외교부와 '유소작위'를 '적극'적으로 하라고 하는 인민해방군의 논의로 수렴되었다고 해석하고 있다.[16]

중국 외교부의 의견을 대표하는 것이 다이빙궈 국무위원의 「평화발전의 길을 걷는 것을 견지하자(堅持走和平發展道路)」라고 하는 제목의 논문이다.[17] 2010년 12월 ≪인민일보≫에도 게재되었다. 그 이후 필자가 다이빙궈 본인으로부터 직접 들었던 말이기도 하지만, 그것은 애당초 그 해에 열렸던 중국공산당 17기 5중전회에서 채택된 제12차 5개년 계획의 당내 학습용으로 작성된 것이었다. 그것을 ≪인민일보≫가 사용했던 것으로 여겨진다. 국민을 이 방향으로 유도하고자 하는 당중앙의 의향을 살펴볼 수 있다.

이 가운데에서 다이빙궈는 세계는 이익공동체가 되었으며 세계와

---

16) 增田雅之, 「胡錦濤政權期の中國外交: '韜光養晦, 有所作爲'をめぐる議論の再燃」, 『政權交代期の中國: 胡錦濤時代の總括と習近平時代の展望』(日本國際問題硏究所, 2013).

17) 戴秉國, "堅持走和平發展道路", 人民網(2010.12.13), http://cpc.people.com.cn/GB/64093/64094/13460505.html

공존공영하는 것이 평화 발전의 길이라는 것을 강조하고 있다. 국내에서 '조화로운 사회'를 만들고 국외에서 '조화로운 세계'를 만들어내는 것이다. 그리고 "중국이 미국을 대신하여 세계의 패권을 제창한다고 하는 것 등은 신화다"라고 단언한다. 다이빙궈가 중국 외교에서 차지하는 중요성을 고려해 보면 이 발언은 무게감이 있다.

'중국의 꿈'의 등장

세계의 일반적인 견해와는 달리, 중국인민해방군 주류의 움직임은 신중했다. 중국인민해방군의 마샤오톈(馬曉天) 부총참모장은 다이빙궈와 마찬가지로 5중전회 이후 "전략적 기회의 시대가 의미하는 것을 파악하고 우리의 역사적 사명과 짊어져야 할 책임을 명확히 하자(把握戰略機遇期的時代內涵明確我們的歷史使命和擔當)"(2011년 1월)라는 제목의 논평을 발표했다.[18] 그중에서 "온당함을 추구한다는 것은 아무것도 하지 않는다는 것과 같은 것이 아니다. 전략적 기회의 시기 중에는 '적극(積極) 유소작위'가 무엇보다 실로 중요하다"라고도 논하고 있지만, 기본은 '후진타오 노선'에 부합하고 있으며 조금도 선을 넘지 않고 있다. 당시 지도부의 전반적인 분위기가 그와 같은 것이었다.

그렇지만 군인들 중에는 더욱 큰 소란을 일으키는 자들이 이미 출현했다. 2010년 1월에 『중국의 꿈(中國夢)』을 출간한 중국국방대학의

18) 馬曉天, "把握戰略機遇期的時代內涵明確我們的歷史使命和擔當", http://military.people.com.cn/GB/1076/52984/13749859.html

류밍푸(劉明福) 교수도 그중 한 명이다.[19] 미국의 중국 군사 전문가인 미국 '허드슨 연구소(Hudson Institute)'의 마이클 필스버리(Michael Pillsbury)에 따르면, 중국에는 50명 정도의 전략을 논하는 강경파 학자가 있는 것으로 여겨지며 류밍푸도 그중에 포함된다.[20]

중국인민해방군 출신의 류밍푸는 그 책에서 '세계 제일의 부강한 국가'가 되는 것이 근대 중화민족의 꿈이라는 것을 강조하고, 미국을 초월하는 것에 대한 강한 집착을 필설로 담고 있다. 그리고 자기 억제를 할 필요는 없다고 설명한다. 그리고 중국은 그 역사와 문화로부터 자동적으로 덕을 중시하는 '왕도(王道)'의 국가가 되며, 중국이 국력으로 세계 제일이 되고, 세계의 리더가 됨으로써 구미의 '패권'이 제거되고 '무패권(無霸權)'의 세계로 바뀌게 된다고 주장하고 있다.

류밍푸의 책이 출간된 시기는 후진타오의 시대였고, 당시 주류의 사고방식은 여전히 정비젠의 '평화적 부상'이었다. 그래서 이 책은 극단적인 강경파의 담론이고, 중국의 주류 사고방식을 대표하는 것은 아니라고 일컬어졌으며, 당시에는 '그늘에 사는 사람'처럼 제대로 취급받지 못했다.

그러나 해외에서는 중국의 솔직한 자기주장이라는 점에서 주목받았다. 필스버리의 『China 2049』[21]는 류밍푸의 『중국의 꿈』에 반박하며 오류를 바로잡기 위해 집필된 측면도 있다고 한다.[22] 확실히 필

---

19) 劉明福, 『中國夢』(中國友誼出版, 2010).

20) 黃安偉, "中國鷹派大校劉明福談中美地緣政治較量", ≪New York Times≫ 中文版 (2015.10.13), http://cn.nytimes.com/china/20151013/c13liu/

) マイケル·ピルズベリー(Michael Pillsbury) 著, 野中香方子 譯, 『China 2049: 秘密裏に遂行される'世界覇權100年戰略'』(日本BP社, 2015).

2 黃安偉, "中國鷹派大校劉明福談中美地緣政治較量", ≪New York Times≫ 中文

스버리의 책은 의식적으로 '중국의 강경파'를 주어(主語)로 삼고 있으며, 중국에 '매파'가 있다는 것을 배제하고 있지 않다. 그의 논리 전개는 어디까지나 중국의 '강경파'가 천하를 취했을 경우를 상정하고 있는 것이다.

류밍푸의 『중국의 꿈』에서 제기되고 있는 논의는 상당히 잡다하며 많은 난점을 갖고 있다. 그중의 상당한 주장이 그 이후 국내의 논전(論戰)에 등장해 이성적인 논의보다는 중국인의 감정에 호소한 때문이었는지, 상당한 영향을 미쳤다. 그리고 이 책의 제목이 2012년에 시진핑의 슬로건이 되어버렸던 것이다. 그러한 의미에서 이 책은 중국의 국내 여론이 민족주의, 대외 강경으로 크게 전환되는 하나의 상징적인 존재였다고 말할 수 있을 것이다.

版(2015.10.13), http://cn.nytimes.com/china/20151013/c13liu/

4

중국은 왜 해양 진출을 도모하고 있는가?

활발해지는 중국의 대외 자세

중국 국내에서는 중국이 미국을 따라잡고 결국 중국의 시대가 가까워지고 있다는 생각이 고조되고 있는 것과 함께, 대외 자세도 자기 주장을 강화하고 있다.

2009년 12월 코펜하겐에서 개최된 유엔(UN) 기후변화협약 제15차 당사국 총회(COP15)에서 중국은 개발도상국의 입장을 전면에 내세우며 강경한 자세로 일관해 회의를 유회시켰다. 게다가 회의 마지막 날 거행된 국가 정상 간의 토론장에 당시 참석할 예정이었던 원자바오 총리가 참가하지 않고 그 대리로 중국 외교부의 간부(부부장)가 오바마 미국 대통령을 접견하는 자리에서 모욕했다고 해, 외교계에서는 커다란 뉴스거리가 되었다. '중국이 어딘가 이상하다'라고 세계가 인식하기 시작한 최초의 사례라고 할 수 있을 것이다.

이것은 2009년 7월의 제11차 외교사절 회의에서 '유소작위'에 '적극'이 추가된 직후의 일이었다. 중국 외교부의 간부는 아마도 자신의 지위가 낮더라도 이 토론장에서 국가를 대표하고 있기 때문에, 상대방이 미국의 대통령이라고 해도 걱정할 것은 없다고 생각하고 그와 같은 태도를 취했을 것이다. 이것이 그의 '적극 유소작위'의 해석이었을 수도 있다. 그 이래 중국 외교의 현장은 점차 조잡한, 그들이 생각하는 '대국의 태도'에 오염되어 간다. 중국 외교의 '풍격'이 사라지고 '대인(大人)'이 사라져 가는 것이다.

역시 이것으로는 안 된다고 생각했는지, 신화사는 곧바로 석명(釋明)했다. 원자바오 총리는 법적으로 구속력이 있는 합의를 체결하는 것은 '불가능하다'고 확신하고 있었음에도 불구하고, "최후까지 의견을 교환하고 합의(consensus)를 도출하고자 노력했다"라고 반론했다. 또한 원자바오가 막판에 수뇌 간의 협의에 결석했던 것에 관해서도 원자바오에게 연락이 없었음에도 불구하고, 출석자 명단에 중국 대표, 즉 자신의 이름이 기록되어 있었던 것을 다른 국가가 지닌 수뇌 명단을 보고 비로소 알게 되어, 원자바오는 "(이러한 이해할 수 없는 사태에) 매우 놀라고 또한 경계하며" 외교부 부부장으로 하여금 협의하도록 보냈다고 설명했다.[1)]

그 이후 동중국해에서도 남중국해에서도 중국의 활동은 활발해진다. 그 이론적 배경이 되는 한 가지 사고방식이 2010년 8월 23일의 "중국 위협론에서 중국 책임론으로, 중국은 어떻게 대응해야 하는가"라고 하는 제목의 신화사의 논평에서 제시되었다.[2)] 중국의 GDP가 일본을 초월했다는 것이 공식적으로 확인된 직후의 일이다. 그 요지는 다음과 같다.

> 미국의 논의도 '중국 위협론'에서 '중국 책임론'으로 이동하고 있다. '중국 책임론'에는 "중국은 지금 실로 부상하고 있는데 아직 충분히 책임을 짊어지지 않고 있으며, 그 힘에 부합되는 책임을 담당하고 국제사회의 책임 있는 일원이 되어야 한다"라고 하는 의미가 있다. 미국의 '중국 책임론'은 '미국 모델'에 따라 중국을 만들고자 하는 것이며, 미국과 협력해 미국이 지도하는 국제 시스템을 수호하고자 하는 것이다. 이것은 하늘이 정한 운

1) 베이징발(發) 로이터 통신(2009.12.25).
2) "從'中國威脅論'到'中國責任論'中國如何應對", 新華社評論(2010.8.23).

명이라는 미국의 오만함을 보여주는 것인데, '중국 위협론'과 비교해 보면 미국의 협력에 대한 바람과 자세를 보여주며, 중국의 실력과 책임을 어느 정도 인정하고 있다.

그러나 중국이 책임 있는 대국의 모습을 지니기 위해서는 많은 벽에 직면하게 된다. 특히 가치관과 이익의 재분배에 있어서 미국이 어느 정도까지 진정으로 국제 질서에 중국의 참가를 허락할 것인지의 여부와 관련된 문제가 있다. 미국은 단일한 가치관을 제기하고 있으며, 따라서 타협은 어렵다. 게다가 현실주의의 권력정치 논리에 입각해, 중국이 미국에 대해서 일방적으로 책임을 지고 미국에 타협하는 것을 요구하고 있다. 이러한 미국의 태도가 '책임 있는 대국'을 만드는 데 최대의 장벽이 될 것이다.

후진타오 정권이 기본적으로는 대외 협조 노선을 추진한다고 하는 방침의 배후에, 미국의 가치관에 기초한 국제 질서에 편입되어 가는 것에 대한 커다란 의구심과 우려가 있었다는 것을 알 수 있다. 그것에 더해 '중국의 시대'가 도래하고 있다는 예감을 강하게 보여주고 있다. 이러한 논조 중에서 대외 자세는 점차 자기주장이 강한, 강경한 것이 되어가는 것이다.

해양 진출에 집착하는 중국

중국은 애당초 바다에는 관심이 적은 대륙 국가였다. 세계의 '4대 문명' 중에서 중화 문명은 최후에 형성되었으며, 고대의 문화적인 자극은 언제나 서쪽의 유라시아 대륙으로부터 받았다. 중국에 있어서 불변의 위협은 대체적으로 기마민족(騎馬民族)이 서쪽 또는 북쪽에서 유발하는 침공이었다. 중국은 '지대물박'(地大物博)이라고 불리는 바와 같이, 국토가 광대하고 자원은 풍부했으며 인구도 항상 많았다. 황허(黃河) 유역으로부터 양쯔장(揚子江) 유역, 나아가서는 그 주변으로 육상의 경제권을 확대하는 것만으로도 충분했으며 바다로 나갈 필요가 없었던 것이다.

유일하다고 말할 수 있는 예외적인 현상이 15세기 전반에 일어난다. 명나라의 영락제(永樂帝) 시대에 시행했던 정화(鄭和)의 대원정(大遠征)이 그것이다. 정화가 이끄는 대함대가 남중국해·인도양을 향해서 7차례 원정을 떠났던 것이다. 대단히 예외적인 일이라고 할 수 있다. 정화 자신은 한족(漢族)이 아니라 무슬림(이슬람교도)이자, 또한 환관이었다. 나아가 정화의 대원정은 명나라의 공식 기록에는 기재되어 있지 않다. 이 대원정은 영락제의 내정(內廷) 주도 사업이었는데, 그것을 외정(外廷) 관료 기구가 유쾌하게 생각하지 않았다는 것을 보여준다.

하지만 그 당시 세계 최대의 배를 이용했으며 수만 명의 인원과 수백 척의 함선을 이끌고 행한 장거였던 것은 틀림없다. 그 목적은 역시 명나라를 정점으로 하는 조공 메커니즘을 해역 세계로 확대하고자 하는 것이었다. 함대는 각지의 분쟁에 군사적인 힘을 보이면서 개입하고 명나라가 생각하는 국제 질서를 형성하고자 시도했다.[3)]

정화의 대원정은 중국의 역사에서 독보적이며 예외적인 일이었

---

3) 정화의 대원정에 대해서는 上田信, 『海と帝國: 明淸時代』(講談社, 2005)의 해당 부분, 특히 pp.132~156을 참조했다.

는데, 중화인민공화국이 성립하고 타이완의 '해방'이 지상명제(至上命題)가 되자, 해군을 충실히 하는 것이 불가피해졌다. 마오쩌둥도 건국 직후에 강력한 해군의 건설을 지시한 바가 있다.[4)]

개혁개방 정책이 정착되고 경제활동도 글로벌하게 전개되자, 해양 권익에 대한 관심이 증가하고, 해양 대국(海洋大國)으로서의 자각도 강해졌다. 중국 경제 성장의 한계는 자원의 제약에서 초래될지도 모른다고 하는 두려움이 그것을 뒷받침했다. 또한 타이완의 '해방'은 필연적으로 미국 해군과의 힘겨루기를 일으키게 된다. 이에 따라 중국 해군의 임무도 확대되었다.

특히 2004년부터 현재까지 중국 해군의 주요한 임무 중에 '도서의 주권과 해양 권익을 지키는 것'이 포함되고 있는 점은 유의해 둘 필요가 있다. 즉 중국의 인식은 '대략 150만 km^2에 달하는 (중국이 관할해야 할) 관리 해역이 외국에 의해 실효 지배되고 있고, 50여 개의 도서가 외국에 점령되고 있으며, 해역은 분할되고 자원은 약탈되고 있는 상황에 있다'라고 하는 것이다. 그 결과 "해양에서의 주권적 권익을 효과적으로 지키고 해상에서의 권리 침해와 불법 활동을 저지하며 해상에서의 생산, 개발, 과학 연구 활동의 정상적인 전개를 보장하는 것이 해군에 부여된 장기적 임무"가 된다.[5)]

이처럼 중국이 '부강한 대국'의 꿈을 결국 실현하기 시작한 것으로 느끼게 된 그때에 자신들의 주권과 해양 권익이 크게 침해되고 있다고 느꼈던 장소가 남중국해 및 동중국해였다. 이러한 국내의 분위기

---

4) 防衛省防衛研究所 編, 『中國安全保障レポート2016』.

5) "海軍戰略の變遷", 防衛省防衛研究所 編, 『中國安全保障レポート2016』.

속에서 중국, 특히 인민해방군은 확대되는 임무를 배경으로 자신들의 존재감을 강화하기 위해 움직이기 시작할 타이밍을 계속해서 지켜보며 가늠하고 있었다고 말할 수 있다.

남중국해를 둘러싼 역사의 굴레

남중국해에는 시사군도(西沙群島, Paracel Islands), 둥사군도(東沙群島, Pratas Islands), 중사군도(中沙群島, Macclesfield Islands), 난사군도(南沙群島, Spratly Islands) 등이 있다.[6] 시사군도와 난사군도를 중심으로 약 300개의 크고 작은 다양한 도서, 바위, 환초 등이 서로 근접해 흩어져 있다. 또한 남중국해는 역사적 경위(經緯)도 복잡하며 관련된 국가도 많다.[7] 프랑스라고 하는 주권에 관심을 갖고 있는 식민지 국가가 존재했고, 일본도 한 시기 그 전역을 지배했다. 제2차 세계대전 이후 베트남, 필리핀 등이 독립을 실현하고, 영유권을 주장하기 시작했다. 중국에서는 국공 내전(國共內戰)이 시작되어 결국 대륙의 중화인민공화국과 타이완으로 분단되었다. 요컨대 행위자가 많고 각각 자신에게 유리한 기정사실을 만들어내기 위해 실효 지배를 시작했던 것이다. 즉 남중국해에서의 로컬 규칙은 '선착순'이었다.

---

6) 上野英詞, "南シナ海仲裁裁判所の決定: その注目点と今後の課題", 笹川平和財團海洋情報, http://www.spf.org/oceans/analysis_ja02/b160901.html

7) 矢吹晋, 『南シナ海 領土紛争と日本』(花傳社, 2016). 역사적 경위의 기술은 기본적으로 이 책의 제1장 '남중국해 난사군도 분쟁' 및 위의 우에노 히데시(上野英詞)의 논문을 기초로 했다.

남중국해 관련 지도

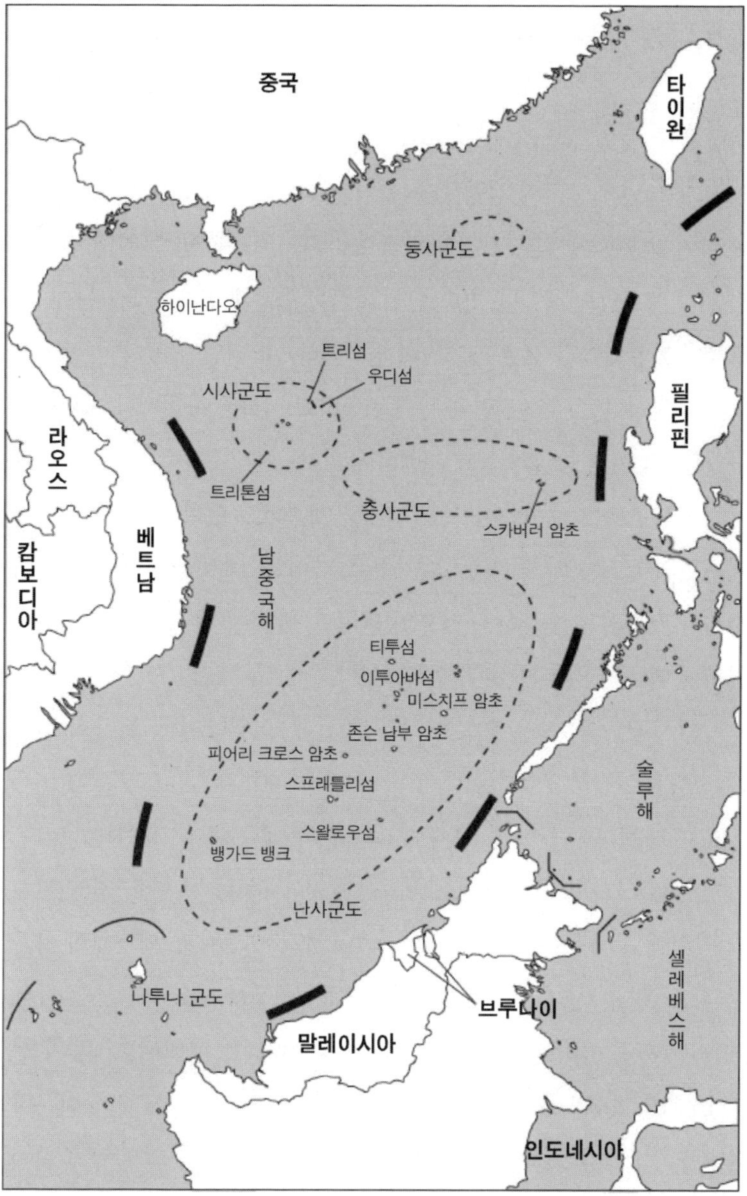

▬ 은 9단선(중국이 지도상에 독자적으로 설정했던 9개의 경계선)을 나타낸다.

시사군도는 중국, 타이완 및 베트남이 영유권을 다투고 있다. 1954년에 프랑스가 베트남에서 철수했는데, 베트남은 남북으로 분단되었다. 시사군도는 그 직후 월남이 그 서쪽 절반(Triton Island, 중국명: 中建島)을 점령했고, 동쪽 절반(Woody Island, 중국명: 永興島; Tree Island, 중국명: 趙述島)은 1956년에 중국이 점령했다. 월남을 지원해 1964년 무렵에 본격적으로 참전했던 미국과, 소련과 중국으로부터 지원을 받은 월맹이 싸웠던 것이 베트남 전쟁이다. 1973년에 미국이 철수해 전쟁이 끝났는데, 베트남이 통일되었던 것은 1975년의 일이었다. 그 전년인 1974년, 중국은 월남이 점령했던 서쪽 절반을 무력 침공하고 시사군도 전체를 지배하에 두었다. 그 이래 중국의 실효 지배하에 있다.

둥사군도는 타이완이 실효 지배를 계속하고 있다.

난사군도는 더욱 복잡하다. 중국, 타이완, 베트남이 각각 전역이 자신의 것이라고 주장하고 있으며 필리핀, 말레이시아, 브루나이가 그 일부에 대해서 영유권을 주장하고 있다.

난사군도의 현장에서는 커다란 섬에서 쟁탈전이 시작되었다. 1946년 중화민국(中華民國, 당시)이 타이핑다오(太平島, Itu Aba Island)를 실효 지배했다. 이 섬은 현재도 타이완이 계속해서 지배하고 있다. 1971년 필리핀이 티투섬(Thitu Island, 중국명: 中業島)을 실효 지배했다. 그 이외에도 5개의 섬과 1개의 초(礁), 1개의 사주(沙州) 및 1개의 암초를 확보했다. 1974년 베트남이 스프래틀리섬(Spratly Island, 베트남명: 長沙島, 중국명: 南威島)의 실효 지배에 착수했다. 그 이외에도 4개의 섬과 16개의 초(礁) 및 1개의 사주를 확보했다. '초(礁)'가 아니라 이른바 육지를 지닌 '섬(島)'이라고 불리는 것은 타이완, 베트남 및 필리핀이 모두 실효 지배해 버렸다. 즉 이 시점에서 중국은 '섬'을 1개도 확보하지 못했던 것이다. 1979년 말레이시아가 스왈로우섬(Swallow Island, 중국명: 彈丸礁)을 실효 지배하고, 아울러 인접해 있는 가까운 2개의 초(礁)를 확보했다.

이러한 움직임의 배경에는 유엔 해양법의 법전화(法典化) 흐름이 있었다. 1958년부터 3차례에 걸쳐 유엔 해양법 회의가 개최되었는데, 1973년에 개시된 제3차 회의 이후 1982년에 이르러 간신히 조약 채택에 도달했다(발효는 1994년에 이루어졌다). 유엔 해양법조약(정식 명칭은 '해양법에 관한 유엔 조약')이 그것으로 12해리의 영해뿐만 아니라 24해리의 접속수역, 나아가 200해리의 배타적 경제수역(EEZ)이 승인되었다. 이에 따라 근해(近海)의 광대한 수역에 대해서 연안국의 권리와 관할권이 인정되었다.

또한 이러한 바다를 향한 진출은 1960년대에 차례로 독립을 이룬 신흥국의 '권리 확대'의 지향을 보여주는 것이기도 했다. 동남아시아에서 '섬'을 점령하고 자국의 권리를 확대하는 것은 실로 시류에 편승한 움직임이었던 것이다.

1987년 늦게 진출한 중국은 "적당한 시기에 도서를 되찾을 권리를 유보한다"라고 하는 성명을 냈다. 그 이듬해 1988년 중국 해군이 난사군도의 존슨 남초(Johnson South Reef, 중국명: 赤瓜礁)에 중국 국기를 꽂았다. 이에 따라 베트남군도 달려들어 이미 상륙해 있던 중국군과 전투를 벌이게 되었는데, 중국군이 승리했다. 그 이후 중국은 그 주위에 위치한 5개의 초(礁)를 확보하고, 결국 난사군도에 군사 거점을 구축하는 데 성공했다.

중사군도는 중국, 타이완 및 필리핀이 영유권을 주장하고 있으며 주로 스카버러 초(Scarborough Shoal, 중국명: 黃岩島)를 둘러싸고 대립과 충돌이 계속되고 있다. 그 대부분이 간조 시에도 해수면 아래에 있는 암초군인데, 스카버러 초는 주위 55km의 환초로 표고 3m의 암초를 갖고 있다. 스카버러 초는 필리핀의 루손섬(Luzon) 서쪽 220km에 있으며 필리핀 측의 대륙붕이 뻗어 있는 배타적 경제수역 내에 위치하고 있다. 난사군도 및 시사군도와는 거리가 떨어져 있다.

하지만 중국과 타이완은 중국 도서의 귀속을 보여주는 남중국해에 그은 '9단선' 중에 스카버러 초가 위치해 있다고 하면서 그 귀속을 주장했다. 중국인이 가장 일찍 발견했다고 하는 것이 그 이유다. 물론 이러한 중국의 '9단선' 주장에 대해서 특히 베트남과 필리핀이 강하게 반발하며 반론을 펴고 있다.

남중국해를 둘러싼 아세안(ASEAN)과의 마찰[8]

이와 같이 남중국해에 진출이 늦었던 중국이 1980년대 말 무렵부터 증대하는 국력을 배경으로 점차 실효 지배의 영역을 확대하기 시작했다. 이러한 동향에 위기감을 느낀 아세안(ASEAN, 동남아시아국가연합)[9]은 외교적 움직임을 강화했다. 1992년 '남중국해에 관한 아세안 선언'을 발표하고 분쟁의 평화적 해결과 국제적인 행동 규범(code of conduct)

---

8) 이 항(項)은 앞의 矢吹晋(2016) 외에 森聰, "南シナ海 開放的な海洋秩序を形成できるか", ≪外交≫, Vol.4(2010)를 참조했다.

9) 아세안(ASEAN)은 1967년 '방콕 선언'으로 설립되었으며, 원년 가입국은 태국, 인도네시아, 싱가포르, 필리핀, 말레이시아 5개국이다. 1984년 브루나이, 1995년 베트남, 1997년 라오스와 미얀마, 1999년 캄보디아가 각각 가입했으며, 현재는 10개국으로 구성되어 있다.

의 책정을 호소했다. 하지만 중국의 세력 확장은 계속되었다.

1992년에 미군이 필리핀에서 철수한 이후 중국은 난사군도에서 움직였다. 필리핀은 1995년 중국이 미스치프 초(Mischief Reef, 중국명: 美濟礁)에 건축물을 세우고 있는 것을 발견했다. 아세안의 '남중국해 선언'에 위반된다고 항의하자, 중국은 "군사시설이 아니라 어민을 지키기 위한 생산 시설이다"라고 주장했다. 1998년부터 1999년에 걸쳐서 중국은 3층 건물의 철근 콘크리트 시설을 4개 동 건설하고, 해군이 이를 지켰다. 중국은 이미 점유하고 있는 존슨 남초에서 멀지 않은 미스치프 초까지 수중에 넣고 난사군도에서 더욱 확고한 기반을 확보했던 것이다.

중사군도의 스카버러 초를 둘러싼 중국과 필리핀 간의 대결도 더욱 격렬함을 더해갔다. 1980년 이래 필리핀은 스카버러 초를 자국의 배타적 경제수역 아래 두었다. 1997년 타이완의 민간 선박의 영해 침범을 필리핀군이 추격해 쫓아냈고, 같은 해에 필리핀 국회의원이 군함을 타고 도착해 필리핀 국기와 비석을 세우는 행동에 나섰다. 1998년에는 중국의 어선이 2개월이나 영해 침범을 해, 필리핀군이 어민을 나포했다(6개월간 구금했다). 1999년에는 필리핀군과 중국 어선의 충돌 사건도 일어났다. 중국은 항의와 함께 교섭을 요청했다.

이와 같은 대립과 충돌을 배경으로 1999년 중국과 아세안 사이에 함께 준수해야 할 행동 규범을 정리하는 교섭이 시작되었다. 이 교섭은 2002년 '남중국해에서의 관계국의 행동에 관한 선언'이라는 형태로 정리되었다. 유엔 헌장, 유엔 해양법조약, 평화공존 5원칙, 보편적으로 인정받고 있는 국제법의 제반 원칙 등, 이것저것 모든 것을 국가와 국가 간의 관계를 규율하는 기본적인 규범으로 삼는 것을 드높게 구가

하고 있다. 분쟁의 평화적인 해결을 지향하며 분쟁을 격화시키는 것과 같은 행동과 무인도에 새롭게 사람을 보내는 것과 같은 것은 자제한다고도 적혀 있다.

하지만 이것으로 안심할 수 있을 정도로 국제사회는 성숙되어 있지 않다. 국제사회에서는 '법의 지배'라든지 '법치'라고 하는 것 등은 시스템으로서 아직 완성되어 있지 않은 것이다.[10] 또한 국제법이라고 해도 국내법과는 본질적으로 다르다. 국내법이 법령의 적정한 실시를 확보하기 위해서 애매한 문언은 기피하는 것에 반해서, 국제법은 국가와 국가 간의 타협을 도모하기 위해서 의식적으로 모호하게 쓰여 있는 방식을 취한다. 게다가 2002년 아세안과 중국의 '선언'은 정치적 의사를 표현한 것에 불과하며 법적으로 각국이 구속받는 것은 아니다. 적용 대상이 되는 지리적 범위도 엄밀하게 특정되어 있지 않으며, 도서에 건축물을 새롭게 건조하는 것도 명시적으로 금지되어 있지 않다. 관계국의 합의를 얻는 것이 정치적으로 필요한 경우에는 의도적으로 핵심적인 사항을 애매하게 하는 일이 흔히 있다.

이 '선언'은 일보 전진에는 틀림없지만, 그 일보는 대외적으로 선전되었던 것처럼 크지는 않다. 하지만 남중국해의 긴장 상태를 다소 완화하는 효과는 있었다. 그 덕분에 잠시 조용한 상태가 계속되고 있는 것이다.

---

10) '법의 지배'는 정합성(整合性)이 있는 법률과 규칙, 누가 잘못되었는지를 강제적으로 결정하는 재판소, 그 재판소의 결정을 강제적으로 실시하는 틀을 필요로 한다. 우리에게는 당연한 이와 같은 국내적인 '법의 지배'의 틀이 국제사회에는 정비되어 있지 않다.

새로운 해양 질서에 대한 중국의 대응

이처럼 남중국해 관계국은 유엔 해양법조약으로 대표되는 새로운 해양 질서 성립의 영향을 강하게 받았다. 그것이 중국 국내법과 법집행 체제의 정비를 촉진했으며, 중국 해군의 '새로운 전략' 제정에 있어서도 커다란 영향을 미쳤다.[11] 1982년에 채택된 유엔 해양법조약은 1994년에 발표되었고, 중국은 1996년에 동 조약을 비준했으며, 같은 해에 일본도 비준했다.

그 이후 중국에서 해양법조약을 실시하기 위해 필요한 국내법 정비가 시작되었다. 국가의 영해가 확정되어 있지 않으면 접속수역도 정해지지 않는다. 1992년 중국은 그 출발점이 되는 '영해 및 접속수역법'을 제정했다. 그중에서 중국의 육지령(陸地領)으로서 "중화인민공화국의 대륙 및 그 연해 도서를 포함해 타이완 및 댜오위다오를 포함하는 부속 각 섬, 평후 열도(澎湖列島), 둥사군도, 시사군도, 중사군도, 난사군도 및 중화인민공화국에 부속된 모든 도서를 포함한다(제2조)"라고 규정했다.[12]

중국이 법률 형태로 댜오위다오를 중국령이라고 명기했던 최초의 사례다. 일본의 센카쿠 지배에 명백하게 도전했던 최초의 중요한 움직이었다. 하지만 그 주요 목적은 일본에 대한 견제라기보다는 해양

---

11) 毛利亞樹, "現代海洋法秩序の展開と中國", 『中國外交の問題領域別分析研究會報告書』, 6.法による權力政治(日本國際問題研究所, 2011).

12) 1958년 중국은 "영해에 관한 성명"을 발표하며 "타이완 및 그 주변의 섬들, 평후다오(澎湖島), 둥사군도, 시사군도, 중사군도, 난사군도는 중국에 속한다"라고 했는데, 이때는 센카쿠열도/댜오위다오는 포함되지 않았다.

법조약과 관련된 국내법 정비이며, 긴박했던 남중국해에서의 '9단선'의 보강에 있었던 것으로 보아야 할 것이다.[13] 1998년 '배타적 경제수역 및 대륙붕법'이 제정되었다.

이러한 것과 함께 병행해 해양에 관한 법 집행기관의 정비도 추진되었다.[14] 중국의 국가해양국[15]은 순찰 부대에 해당하는 중국해감총대(中國海監總隊)를 보유하고 있다. 중국 농업부 어정국(漁政局)[16]의 법 집행 부문은 '중국 어정(中國漁政)'이라고 불린다. 또한 교통운수부(交通運輸部) 직속의 해사국(海事局)도 법 집행을 담당한다. 일본의 세관에 해당하는 해관총서(海關總署)는 '중국 해관 밀수 단속 경찰'을 갖고 있다. 공안부(公安部)는 '중국 공안변방해경부대'를 갖고 있으며 근해의 안전과 치안, 영해 주권과 해양 권익을 지키는 책임을 갖고 있다.

---

13) 이 법률을 중국 내부에서 의논했을 때, 중국 외교부는 센카쿠를 포함시키는 것에 반대 의견을 냈지만, 중국 정부 차원에서 센카쿠를 포함시키는 결정을 했다고 하는 말을 필자가 들었던 적이 있다.

14) 1964년에 발족한 중국 국가해양국은 국무원(國務院) 직할이며, 당초부터 중국 해군과 밀접한 관계에 있었다. 1983년 '해양환경 보호법'이 시행되어 국가해양국은 법 집행의 임무를 부여받았다. 1988년 순시 실시 부대인 '중국 해감' 부대의 설치와 감독 관리를 맡게 되었다. 1990년대 이래 '중국 해감'의 체제 정비가 추진되어 1998년 국가해양국의 아래에 '중국 해감총대'가 정식으로 성립되었다. 1986년에 '어업법'이 제정되어 농업부 어정국의 법 집행 부문도 서서히 정비되어 갔다. 1995년에 어정국의 '어정검사 선대(漁政檢查船隊)'는 '중국 어정'의 명칭을 사용하게 되었다. 교통운수부 직속의 '중국 해사국'은 1998년에 항무감독국(港務監督局)과 선박검사국(船舶檢查局)이 합병·정리되었다. 해상 교통의 안전 확보를 목적으로 했던 법 집행기관이다. 중국 해관총서는 국무원의 직속 기관이며, 1999년에 밀수단속국(密輸取締局)의 아래에 법 집행기관인 '중국 해관 밀수 단속 경찰'이 설치되었다. 공안부 관리국(管理局)의 산하에 있는 '중국 공안변방해경부대'는 근해(近海)의 안전과 치안, 영해 주권과 해양 권익을 지키는 임무를 갖는다.

15) 중국 국가해양국은 2018년 자연자원부(自然資源部)로 통폐합되었다. _옮긴이 주

16) 어정국은 2014년 1월 20일 어업어정관리국(漁業漁政管理局)으로 통폐합되었다. _옮긴이 주

그런데 이와 같은 법 집행기관의 '난립'은 그 어떤 국가에서든지 상호 간의 조정을 어렵게 만든다. 특히 중국에서는 그러한 경향이 강하다. 그것에 대외적으로 적극적인 자기주장을 해야 한다고 하는 세상의 풍조가 더해지자, 많은 관계 부문이 서로 앞을 다투며 움직이기 시작한다. 이 5개의 법 집행기관 외에도 중국 해군, 국가여행국, 환경보호국, 지방 정부, 석유 회사 등도 관계되어 있다. 자기 조직의 이익이든, 정적에 대한 흔들기든, 그 이유는 다양하겠지만 각기 독자적으로 움직임이기 시작했던 것이다. 줄곧 관계하지 않을 수 없었던 중국 외교부를 제외하고 이러한 부문은 예외 없이 외교의 지식도 경험도 없었다. 그들의 발호가 중국과 주변 국가 간의 바다를 둘러싼 '대소동'의 한 가지 이유였던 것으로 여겨진다.[17)]

남중국해에서의 미국·중국·아세안 간 공방의 격화

중국과 관계국 간의 대결은 해양법조약에서 정하고 있는 '대륙붕한계위원회(CLCS)'의 장으로 옮겨졌다. 해양법조약은 조건부이기는 하지만 200해리를 넘어 배타적 경제수역을 설정할 수 있도록 했다. 하지만 그것이 유효하려면 '대륙붕한계위원회'에 신청할 필요가 있다. 2009

---

17) "Stirring Up the South China Sea(I)", *Asia Report*, No.223(International Crisis Group: April 23, 2012). 또한 2013년 해양 권익을 지키기 위한 법 집행을 일원화하기 위해 국가해양국을 개편했는데 그중에 중국 해경국(中國海警局)을 설치했지만, 본체인 해양국은 국토자원부(國土資源部) 아래에 두었고 그 산하의 중국 해경국은 공안부의 업무 지도를 받게 되었으며, 여전히 확실한 형태의 체제를 이루지 못하고 있다.

년 베트남과 말레이시아는 난사군도에서 공동으로 신청했다. 해양법조약에서 인정되고 있는 도서에 기초한 기선이 아니라, 각각의 본토(本土, 말레이시아는 보르네오섬)를 기선으로 삼았다. 본토에서 멀리 떨어져 있으면서 권리를 주장하는 중국의 입장을 어렵게 만들기 위해서다.

이러한 베트남 등의 행동 방식이 받아들여진다면, 각각 점유하고 있는 도서와 관계없이 해양의 경계 획정이 가능케 되는 것은 틀림없었다. 하지만 중국이 당연히 반대했다. 또한 베트남 등의 제안이 조잡했던 것도 있어서 무수한 기술적인 문제가 발생했다. 나아가 말하자면, 해양법조약에서 정해진 경계 획정의 규칙 그 자체가 상호 간에 모순되는 경우도 있다.[18] 따라서 간단하게 결론은 나지 않았다.

중국과 미국 간의 관계도 긴장되었다. 2009년 미국 해군의 비무장 해양 감시선 '임페커블(Impeccable)호'가 하이난다오의 남쪽 약 65해리 지점에서 중국 측의 방해를 받았다. 중국 측은 중국 해군의 정보수집선 1척, '어정' 소속 감시선 1척, '해감' 소속 순시선 1척 및 소형 저인망어선 2척을 임페커블호에 접근시키고, 어선으로 진로를 가로막으며 임페커블호의 직무 수행을 불가능케 했다. 미국은 중국 측에 강하게 항의했고, 그 이후 임페커블호는 유도 미사일 구축함의 호위를 받으며 직무를 계속했다.

실은 2001년에도 유사한 사건이 발생했다. 미국 해군 조사선 '바우디치(Bowditch)호'가 황해의 중국 배타적 경제수역 내에서 직무 수행 중에 중국 해군 프리깃함으로부터 퇴거 명령을 받았던 것이다. 이때에

---

18) 동중국해의 중일 간 배타적 경제수역의 경계선도 일본의 중간선론과 중국의 대륙붕 연장론이 대립하고 있다. 최근 중간선론이 힘을 얻고 있기는 하지만, 모두 해양법조약이 인정하고 있는 규칙이다.

도 미국은 항의 차원에서 무장 함선의 호위를 붙여 임무를 수행했다.

이와 같은 미중 간의 격렬한 대결은 '공해 자유의 원칙'에 대한 미중 간의 입장 차이를 원인으로 한다. 이 원칙은 17세기 이래 당시의 해양 강국에 의해 줄곧 유지되어 온 것이며 국제법상의 원칙이 되고 있다. 중국은 이것에 반대하며 자유의 범위를 축소시키는 입장을 취해왔다. 특히 군사적 행동에 대해서는 그렇다. 이것은 식민지에서 독립한 국가들을 중심으로 하는 '제3세계'에 속한다고 하는 입장에 입각한 주장이기도 했다.

미중 간의 이러한 입장 차이는 유엔 해양법조약의 심의 과정에서도 명백해졌다. 선진 해양 국가들은 '공해의 자유'라고 하는 기존의 '국제 관습법'을 기초로 하고, 현실의 요청에 응해 이것을 보충한다고 하는 입장을 취했다. 개발도상국은 '공해의 자유'의 남용에 반발해 연안국의 관할권 확대를 추구하며 전통적인 해양 질서의 근본적인 전환을 요구했다.[19] 그 타협의 산물이 해양법조약인 것이다. 아래에서 구체적으로 살펴보도록 하겠다.

전통적인 국제법은 외국 군함의 영해 무해통항권(無害通航權)을 인정하고 있다. 미국·일본은 오늘날에도 이러한 입장에 입각해 있다. 하지만 해양법조약에서는 "통항은 연안국의 평화, 질서 또는 안전을 해치지 않는 한, 무해한 것으로 간주한다. 무해통항은 이 조약 및 국제법의 기타 규칙에 따라 실행하지 않으면 안 된다(19조)"라고 하는 일반론이 적혀 있을 뿐이며, 굳이 군함을 명시하는 일은 없었다. 폭넓은 해석이 가능하게 되는 것이다. 중국은 해양법조약의 채택에 있어서 '영해

19) 毛利亞樹, "現代海洋法秩序の展開と中國", pp.66~67.

를 통항하는 외국 군함이 사전에 연안국에 통지하고, 그 허가를 얻는 것을 요구한다'라고 하는 입장을 확실히 표명하고 있다.

배타적 경제수역에 대해서도 해양법조약에 군함을 명시한 규정은 없다. 하지만 주요 해양국을 중심으로 하는 다수 국가는 관련 규정에 입각해 군사 활동을 실시할 수 있다고 해석하고 있다. 하지만 중국은 '배타적 경제수역, 기타 관할 구역에서 연안국은 외국의 군사 활동과 군사시설에 대한 관리권을 갖는다'라고 주장했다.[20] 배타적 경제수역에서 미중 양국 간의 군사적 경쟁이 일어나고 있는 커다란 원인이 바로 여기에 있는 것이다.

동중국해의 높은 파도: 센카쿠 문제의 격화

동중국해 문제의 구도는 단순하다. 일본은 국제법적으로 일본의 영토라고 하는 확신에 입각해 1895년 이래, 전후 미국에 의한 '관리의 시대'를 제외하고 그 실효 지배를 계속해 왔다.[21] 이 지역에 해저 지하자원이 있다고 하는 국제기관의 발표를 감안해, 중국은 1971년부터 자국령이라고 표명했다.[22] 일본의 실효 지배의 힘이 압도적이었던 것, 일본과 경제협력을 필요로 했던 것 등의 이유로 기본적으로 일본의 실

---

20) 같은 글, pp.69~70.

21) 일본 측의 입장에 대해서는 "日本の領土をめぐる情勢"(일본 외무성 홈페이지, http://www.mofa.go.jp/mofaj/territory)를 참조하기 바란다.

22) 중국 측의 입장에 대해서는 "『釣魚島は中國固有の領土である』白書(譯文)"(2012.9.25, http://www.china-embassy.or.jp/jpn/zrgxs/zywj/t973306.htm)을 참조하기 바란다.

효 지배를 전제로 하는 현상 유지가 계속되었다. 1978년에 덩샤오핑은 '(문제는) 뒤로 미루고, 공동 개발하자'라고 제안했다.

과거 중일 간에는 이 사태를 분규가 되지 않도록 조용히 처리한다는 '암묵적 양해(了解)'가 존재했다. 1972년의 중일 국교 정상화 시에 일본 외무성 조약과(條約科) 과장을 맡았고, 그 이후 조약국(條約局) 국장, 사무차관을 역임했던 구리야마 다카카즈(栗山尙一)는 "국교 정상화 시에 중일 간의 센카쿠 문제는 '뒤로 미룬다'라고 하는 암묵적 양해가 성립되었다(중국 측이 '뒤로 미룬다'라고 주장했는데 일본 측은 굳이 이것에 반대하지 않았음)고 이해하고 있다"라고 적었다.[23] 필자도 구리야마 다카카즈 차관 아래에서 중국과장을 맡았는데, 실로 동일한 인식이었다.

그렇지만 이 '암묵적 양해'는 1990년대 중반 무렵부터 붕괴되기 시작했다.[24] 일본 측의 등대 건설로 연결되는 움직임이나, 홍콩의 활동가를 포함한 중국 측의 움직임이 그것인데, 1992년 중국이 댜오위다오를 중국령으로 삼는 영해법을 성립시킴으로써 그러한 움직임은 결정적인 것이 되었다.

필자는 상대방 개개의 움직임에 대해서는 물리적으로 그것에 대항

---

23) 栗山尙一, 『戰後日本外交 軌跡と課題』(岩波現代全書, 2016), p.217.

24) 구리야마 다카카즈는 위의 책에서 '뒤로 미루기'가 무너진 이유로 다음과 같은 세 가지를 들고 있다. 첫째, '뒤로 미루기'가 안정적으로 유지되기 위해 지켜지지 않으면 안 되는 두 가지의 원칙적인 규칙(① 분쟁 당사자 쌍방의 입장이 손해를 입지 않고 유지되는 것, ② '뒤로 미루기'란 상황의 동결을 의미하며 '뒤로 미루기' 중에는 그 어떤 당사자도 현상을 자신에게 유리하게 만들고자 하는 일방적인 행동에 신중한 것)이 중일 쌍방에 있어서 명확하게 이해되지 못하고 정치 레벨, 실무 레벨의 쌍방에서 계승되지 못했던 것. 둘째, 중일 양국에서의 배외적(排外的)인 민족주의의 대두. 셋째, 가장 심각한 원인으로서의 중국의 해양 전략이 바로 그것이다. 栗山尙一, 『戰後日本外交 軌跡と課題』, pp.214~221.

하지 못하더라도, 정부가 그것을 공식적으로 계속 부정해 나아감으로써 일본의 국제법상의 입장은 담보된다고 생각해 왔다 [상세한 내용은 이 책의 제6장을 참조하기 바란다].

그런데 중국은 그렇게 생각하지 않는다(북방 영토 문제에서의 러시아, 독도 문제에서의 한국도 중국과 마찬가지일 것이다). 하지만 '암묵적 양해'라는 테두리가 씌어져 있었기 때문에 중국은 동중국해에서는 움직이지 않았던 것이다. 그 테두리가 벗겨지기 시작하자, 중국은 물리적으로 일본의 실효 지배에 대항하는 것을 고려하기 시작했던 듯하다. 남중국해에서는 실로 그러한 움직임을 보였다. 일본 국내에서도 정부의 신중한 자세에 대해 불만을 품고, 일본의 실효 지배를 강화하기 위한 조치를 취하라고 요구하는 목소리가 강해졌다. 이 상승효과로 인해 '암묵적 양해'라는 테두리가 서서히 벗겨지게 되었다.

중국은 동중국해와 남중국해를 서로 구분해 고려하지 않는다. 각각의 해역에서 관계되는 행위자가 다르기 때문에 중국의 국력 증대를 고려하면서 국면마다 서로 다른 전술을 사용하고 있을 뿐이다. 기본은 동일하며, 비슷한 국면이 되면 비슷한 대응이 이루어진다.

그리고 2010년 가을, 필자가 일본 외무성에서 퇴직한 직후의 일이지만, 센카쿠열도 영해 내에서 중국 어선이 일본 해상보안청 소속의 선박에 충돌하는 사건이 발생했다. 중국이 댜오위다오의 영유를 지향하며 한걸음 더 나아가기 위한 의도적인 움직임이라고 하는 설도 있지만, 그렇지는 않고 우발적이라는 설도 있다. 이 우발설의 설명은 다음과 같은 것이다. 즉 예년과 달리 이 해에 빙어가 많이 잡혀 중국과 타이완의 많은 배가 몰려들었는데, 그중에는 일본의 영해를 침범하는 어선도 있었다. 하지만 모두 일본 해상보안청의 지시에 따라 영해에서 나왔다. 유일한 예외가 문제의 해상보안청 소속 선박에 충돌했던, 술에 취한 선장이 조종했던 선박뿐이었다는 것이다. 이 선장은 중국의 매스컴에서는 '영웅'으로 다루어졌는데, 필자는 "술취한 선장에게는 곤란한 일이다"라고 하는 중국 측의 '중얼거리는 소리'도 귀로 들었던 적이 있다. 이번의 사례에 관해서 말하자면, 후자의 경우에는 우발적으로 일어난 것으로 보는 쪽이 맞는다고 여겨진다.

하지만 일본 측이 준엄하게 대응했던 측면도 있었기에 중일 양국은 외교적으로 정중앙에서 충돌했다. 일본 측의 대응이 강경했던 것은 예로 들었던 2008년에 발생한 중국 공선에 의한 최초의 공개적인 영해 침범의 결과, 강경한 자세로 임한다고 하는 방침이 형성되었기 때문이다. 또한 일본 해상보안청 소속 선박을 파손시킨 행위는 2004년의 센카쿠열도에 불법 상륙했던 중국인의 사례와는 법률 위반의 정도가 다르다. 지난번처럼 순간적으로 일본의 법률을 적용함으로써 일본령인 것을 증명한 이후에 국외로 추방시킨다고 하는, 외교 관계의 피해를 줄이는 테크닉을 구사할 이유도 없었다. 거기에서 '국내법을 엄정하게 적용한다'라고 하는 것이 되었다. 물론 선장의 신병은 구속되었고 중국으로 돌려보내지 않았다.

중국은 초초했다. 대립은 하지만 단시간에 처리한다고 하는, 다른 종류의 '암묵적 양해'가 붕괴되었던 것이다. 민족주의 고조기를 맞이했던 중국 여론도 비등했다. 대외 온건파라고 간주되었던 원자바오까지 2010년 9월 21일 유엔 총회에 출석하기 위해 미국을 방문했을 때, 화교들을 향해 일본을 강하게 비판했다.[25] 중국 국내에서 일본인이 안보상

25) "溫家寶會見紐約華人華僑並發表講話(全文)", http://news.ifeng.com/mainland

의 이유로 체포되고 희토류의 대일 수출 금지가 시끄럽게 선전되었다. 이러한 것은 실제로 일부 언론에서 언급되고 있는 것과 같이 큰 의미는 없다.[26] 하지만 중국의 대일 여론 공작으로서 과장되어 전해졌고, 일본의 매스컴도 크게 보도했다. 일본 정부는 해결을 서둘러, 선장은 부자연스러운 형태로 중국에 회송되었다. 중국의 압력이 주효했던 것이다.

필자는 중국 측에 대해서 "일본에서의 세대 교체가 진전되어 '대중속죄파'(對中贖罪派, 일본은 중일전쟁에서 중국에 막대한 피해를 입혔기 때문에 최대한 중국이 말하는 것을 들어주어야 한다고 생각하는 사람들)는 소수가 되었고, 중

/special/wenjiabao65lianda/content-2/detail_2010_09/23/2609438_0.shtml. 거기에서 원자바오는 "댜오위다오는 중국의 신성한 영토다. 일본은 최근 댜오위다오에서 물고기를 잡고 있던 중국의 선박과 선원을 체포하여 오늘날까지도 선장을 석방하지 않고 있다. 이것은 완전히 불법이며, 이유가 없다. 선원과 그 가족을 크게 상처 입히고 내외 중국인의 강한 분노를 초래했다. 우리는 수차례나 올바른 이해에 기초하고 (도리에 따라 엄격한 말로) 준엄하게 말을 하며 일본 측에 교섭을 제기했지만, 일본 측은 못 들은 척하고 있다. 이와 같은 상황에서 우리는 필요한 강제적 조치를 취하지 않을 수 없다. 여기에서 나는 일본 정부가 즉시 무조건 중국의 선장을 석방할 것을 촉구하고자 한다. 만약 오로지 자신의 의견을 관철하고자 한다면 중국 정부도 또한 한걸음 더 나아간 행동을 취하게 될 것이다"라고 말했다. 이밖에도 장민(張民)의 『중국은 두려울 것이 없다(中國不怕)』는 원자바오가 2012년 9월 21일 "국가 주권과 영토 보전 등의 중대한 문제에 있어서는 강철 같은 척추를 지닌 것처럼 추호도 양보해서는 안 된다. 민족에 있어서 존엄, 자주, 독립 이상으로 중요한 것은 없다"라고 말했다고 적었다. 상기(上記) 책이 인용한 출처(http://military.people.com.cn/n/2012/0921/c1011-19068517-2.html)를 열람하고자 하면 '금지되었음(forbidden)'이라는 표시가 나오고 열리지 않고 있다.

26) 일본인이 군사시설을 불법적으로 사진 촬영했다고 하며 체포되었다. 이 시설은 중일 양국의 공동 사업인 유기(遺棄)된 화학 무기의 처리에 관계된 시설이며, 정식으로 절차를 거쳤으면 촬영 가능한 것을 해당 일본인은 이 절차를 밟지 않아 체포되었다. 희토류에 대해서도 중국 정부는 일본 정부에 수출을 대폭 삭감하는 것을 이미 통보 완료했다. 정치적 이유로 수출을 중단시키는 것은 세계무역기구(WTO)의 규칙(rule)을 위반하는 것이 된다. 일본 정부의 조회(照會)에 대해서 중국 정부의 관계 부문은 그와 같은 사실은 없다고 계속 부정했다. 현장에서는 의식적으로 절차를 지연시키거나 수출이 중단된 듯한 인상을 만들어냈을 것으로 여겨진다.

국에 대한 강경한 견해가 강해지고 있는 가운데 일본에 대한 강경 조치를 취했기 때문에 더 이상 일본에게 양보를 얻어낼 수 없다"라고 줄곧 말해왔다. 그 당시 중국 측은 필자의 발언을 중국 측을 양보하게 하려는 기법으로 받아들였던 듯하다. 하지만 그렇지 않다. 일본 사회의 변화에 대해 필자가 관찰한 내용을 있는 그대로 중국 측에 전달했던 것이다.[27)]

하지만 2010년의 이 사례는 일본에 압력을 가한다면 문제는 해결된다고 하는 잘못된 이미지를 중국 측에 재차 심어주게 되었다. 필자는 중국 측의 이러한 잘못된 인식이 2012년 이래 중국의 대일 외교가 제대로 진행되지 못하고 있는 커다란 이유 중의 하나라고 생각한다. 동시에 위기관리의 방책으로서 정면충돌한 경우의 대처와 관련해 중일 간 조정의 필요성도 통감했다. 그 경우에는 외교적으로는 '고통을 분담'하는 수밖에 없다. 그것을 사전에 조정하는 편이 더 나았을 것이라는 것이다. 이와 같을 정도로 중일 간에는 작은 사건이 대사건이 되어버리는 환경에 처해 있는 것이다.

이와 같은 센카쿠열도에서의 충돌 사건은 중국이 공선뿐만 아니라 중국 경제가 신장되어 자금이 윤택해진 결과, 어선의 수(數)도 증가하고 외양(外洋)으로 대거 출항하는 것이 가능해졌다고 하는, 커다란 배경 가운데 발생했다고 보아야 할 것이다(중국 석유 회사의 활동이 활발해지고 있는 것도 마찬가지다).

---

27) 그러한 일본이라면 더욱 압력을 강화할 뿐이라고 큰소리치는 중국인도 있겠지만, 2012년 이래의 중일 관계는 중국의 대일 압력이 효과를 보지 못하고 있음을 보여주고 있다.

5

중국 외교의 실패

육지의 아세안과 바다의 아세안 간의 분열

남중국해에서는 실로 '선착순'의 진지전이 한창 벌어지고 있으며, 물리적으로 점유하고 실효 지배하지 않을 경우 말상대가 되지 못한다. 하지만 유엔 해양법조약에서 권리로서 인정되는 것은 '섬'뿐이며 '초(礁)'는 아니다. 난사군도에서 중국은 진출이 늦어 모든 '섬'은 이미 어느 쪽인가가 영유를 끝냈으며, 중국이 들어갈 여지는 없다. 중국이 최근 '초(礁)'를 메우고 물리적인 힘을 사용해 지배 지역을 확대하고 있는 것은, 늦은 진출을 만회하고 중국의 지배를 확립하기 위한 '어쩔 수 없는' 행동인 것이다.

하지만 중국은 그렇다고 하더라도, 국제사회는 그것 자체가 문제가 된다. 확실히 남중국해에서는 '선착순'이며, 상당수의 국가가 '암초를 메우는 것'도 하고 있다. 똑같은 일을 하는데, 뭐가 나쁜가 하는 것이 중국의 주장일 것이다. 하지만 동시에 이 지역에서 규칙을 만들고 국제법에 따라 해결하고자 하는 움직임도 결코 작지 않다. 중국도 아세안과 대화를 진행하고 있지 않은가? 물리적인 힘에 의해 기정사실화하는 것을 '로컬 룰'로 삼는 행위는 더 이상 통용되지 않는다. 그럼에도 중국이 단시간에 대규모로 기정사실로 만들어냈던 부분에 국제사회와의 커다란 마찰이 발생했던 것이다. 특히 중국의 군사화 움직임은 문제의 본질을 크게 바꾸었다.

남중국해는 계속 소란스러웠다. 2010년 봄에는 난사군도에서 중국 어선이 베트남 선박에 포위당했다. 최후에는 중국 해군이 구축함, 프리깃함 각 3척, 킬로(Kilo)급 잠수함 2척을 파견했고 베트남 측은 불리해진 현장을 이탈했다. 같은 해 6월 난사군도의 나투나제도(Natuna

Islands, 중국명: 納土納群島) 주변에서 중국 어선을 나포한 인도네시아 순시선을 중국 공선이 포로 조준하며 위협했다. 2011년 5월, 베트남 앞바다에서 중국 '해감' 소속의 선박이 베트남 '자원 탐사선'의 작업을 방해하며 예항하고 있던 케이블을 절단했다. 같은 해 6월, 난사군도의 '뱅가드 뱅크(Vanguard Bank, 중국명: 萬安灘)' 주변에서 작업 중이던 베트남 '자원 탐사선'을 중국 함선이 방해했다.

이와 같은 긴장의 고조를 배경으로 그것을 완화하기 위한 외교적인 노력도 강화되었다. 2011년 7월에 개최된 아세안·중국 외교장관회의에서 2002년에 합의된 '남중국해에서의 관계국의 행동에 관한 선언'의 실효성을 제고시키기 위해서, '남중국해에 관한 행동 선언 가이드라인'이 채택되었다. 이 '선언'은 영유권을 둘러싼 분쟁의 평화적 해결을 지향하며 적대적 행동을 자제하는 것을 확인한 부분과 군 관계자의 상호 교류와 환경 조사 협력을 실시함으로써 신뢰 양성을 높인다는 두 가지 부분으로 구성되어 있다. 이번의 '가이드라인'은 후반의 신뢰 양성을 언급하고 있을 뿐이지만,[1] 그럼에도 한걸음 전진한 것임에는 틀림없다.

아세안 국가들은 이것만으로는 충분하지 않다고 하며 더욱 구체적인 내용과 법적 구속력을 지닌 '남중국해에 관한 행동 준칙'의 책정을 지향한다는 것을 중국과 확인했다. 하지만 중국은 '행동 준칙'의 교섭이라면 몰라도, 구체적인 영유권 교섭에 대해서는 아세안과 하는 것이 아니라 양국 간에 교섭한다는 방침에 변함이 없었고, 역외 국가의

---

1) 鈴木早苗, "南シナ海をめぐるASEAN諸國の對立"(ジェトロ·アジア經濟硏究所, 2012年7月), http://www.ide.go.jp/Japanese/Research/Region/Asia/Rador/201207_suzuki.html

관여를 배제하는 방침에도 변함은 없었다.

중국 국내에서도 2011년에는 이 외교상의 성과를 토대로 여론을 더욱 온건하게 하고자 하는 노력도 이루어졌다. 하지만 민족주의가 강해지고 있는 중국 국내 여론은 강경론으로 흘렀다.2)

남중국해에서 관계국의 영유권 주장을 위한 활동은 더욱 활발해졌다. 2012년 4월 중사군도의 '스카버러 초' 주변 해역에서 필리핀의 해군 함정이 중국 어민의 '불법' 조업을 단속하고자 했다. 이에 따라 중국 공선과 대립하게 되었고, 최후에는 중국이 암초를 사실상 관할하에 두었다. 이와 같은 움직임을 당시 미국의 오바마 정권이 받아들임으로써 중국은 잘못된 교훈을 얻게 되었는데, 이러한 '스카버러 모델'을 이 지역의 모든 곳에 적용하게 되었다고 하는 견해도 있다.3)

2012년 6월 베트남이 난사군도 및 시사군도에 대한 주권을 명시한 베트남 해양법(2013년 1월 시행)을 채택했다. 중국은 난사군도, 시사군도 및 중사군도의 도서 및 그 해역을 관할하는 싼사시(三沙市)의 설치를 발표해 이에 대항했다. 2012년에는 중국과 베트남 및 필리핀 간의 외교적인 상호 비난이 계속되었다.

이 소란스러운 환경 속에서 열린 2012년 7월의 아세안 외교장관 회의에서는 그 역사상 처음으로 공동성명이 채택되지 못했다. 이것은 중국의 의향을 강하게 받아들인 캄보디아가 의장국이었던 것도 영향을 미쳤다. 하지만 아세안은 그 지리적인 위치에서 애당초 역외 대국의 영향을 받게 되는 숙명에 있다. 그것에 대해서는 과거에 싱가포르

---

2) "Stirring Up the South China Sea(I)", pp.28~37.

3) Ely Ratner, "A Plan to Counter Chinese Aggression", *Wall Street Journal* (June 6, 2014).

의 리콴유(李光耀) 총리가 말한 바 있다. 즉 중국의 영향력이 증대하면 아세안의 일체화는 어렵게 되며, 육지의 아세안(태국, 베트남, 캄보디아, 라오스, 미얀마)과 바다의 아세안(인도네시아, 싱가포르, 필리핀, 말레이시아, 브루나이)으로 분단되어 버린다고 하는 것이다. 육지는 중국의 영향을, 그리고 바다는 미국·일본의 영향을 강하게 받으며, 아세안은 분열되어 버린다. 리콴유는 그러한 사태에 빠지게 되는 것을 매우 우려했다. 중국의 부상과 함께 아세안의 단결도 커다란 시련을 겪고 있는 것이다.

그리고 2013년 1월 필리핀은 중국에 대해서 중국의 '9단선' 주장 및 남중국해에서의 불법 행위에 관한 국제적인 중재를 요구한다고 정식으로 통보했다. 중국은 중재에 참가하는 것을 거부했다. 이것이 그 이후 사태의 진전에 커다란 영향을 미치게 되었다.

센카쿠 '국유화' 문제의 거대한 파문

2012년 9월 일본 정부는 센카쿠열도를 민간인으로부터 구입해 일본 민법상의 소유권을 국가로 옮기는 각의 결정(閣議決定)을 했다. 이것이 이른바 센카쿠 '국유화' 문제라고 일컬어지는 핵심 내용이다. 일본에서의 호칭 방식 그대로 한자로 중국에 전달되어 커다란 문제가 되었다. 중국에서는 '국유화'라고 하는 말에 놀라, 일본이 무언가 본질적인 변화를 초래하고자 하는 중대한 행동에 나섰다고 받아들였다. 극단적으로 말하자면, 그때까지 그 누구의 것인지 결정되지 않았던 것을 일본이 약탈·탈취했는데, 게다가 그 섬은 중국이 청일전쟁에서 일본에게 빼앗긴 것이라고 하는 것이 되어버렸다. 중국의 국민감정이 강한 자극을 받았다.

하지만 실상은 그렇지 않았다. 청일전쟁을 운운해도 그것은 사실과 다르며 '국유화'의 해석도 잘못된 것이었다. 중국 측은 국제법상의 개념인 주권과 국내법상의 개념인 소유권의 차이를 명확하게 인식하지 못했으며, 적어도 국민에게 설명하는 것이 불가능했다. 일본에 있어서 주권은 일본에 있는 것이며, 이번에 바뀐 것은 소유권에 불과했다. 외국 정부도 일본 토지에 대한 소유권은 갖고 있다. 도쿄의 중국대사관 토지는 중국 정부에 소유권이 있다. 그것으로 중국의 영토가 되는 것은 아니다. 즉 영유권에 관해서는 일절 '현상 변경'은 되지 않는 것이다. 이 점에 입각해서 말하자면, 1992년 중국 '영해법'의 쪽이 훨씬 심각한 조치였던 것이 된다.

그런데 중국은 일본이 상황을 변경하는 중대한 조치를 취한 것으로 간주해 버렸다. 확실히 '국유화' 문제에 불을 지폈던 것은 이시하라 신타로(石原愼太郎) 도쿄도(東京都) 지사(당시)였는데, 또한 그는 2012년 4월 미국 방문 중에 보수 성향의 헤리티지 재단(Heritage Foundation)에서 강연을 했을 때 도쿄도가 구입할 것이라고 발표했다. 이것이 센카쿠 문제의 배후에 미국이 있다고 하는 중국 일부에서 제기된 '음모론'의 근거가 되는데, 그것에 더해 중국에는 또 한 가지의 '음모론'이 뿌리 깊게 존재했다.[4] 이시하라 신타로 지사와 노다 요시히코(野田佳彦) 총리(당시)가 뒤에서 손을 잡고 센카쿠에 대한 일본의 지배를 강화하고자 한다는 것이다. 이러한 견해를 취한다면 일본은 중국에 대해서 공세를

---

4) 예를 들면 장민은 『중국은 두려울 것이 없다(中國不怕)』라고 하는 책 속에서 "극우 성향의 이시하라 신타로와 노다 요시히코 총리는 우리나라의 고유 영토인 댜오위다오를 '매매'한다고 하는 얕은 꾀를 연출했다(p.6)"라고 적고 있다.

가해왔다고 비칠 수 있다.

그리고 이렇게 된 이상, 중국도 단호한 조치를 취하지 않을 수 없게 되었다. 이것은 중국이 기다리고 기다렸던 천재일우(千載一遇)의 기회이기도 했다. 이제까지 일본이 일방적으로 실효 지배를 계속해 왔던 상황이 일거에 바뀔 가능성이 생겼기 때문이다.

2010년의 제1차 센카쿠 사건을 계기로 중국은 매년 1~2회, 센카쿠 영해를 침범했다. 그렇지만 2012년의 9월 이래 영해 침범은 급증한다. 9월에는 3일(13척)이었던 것이 10월에는 5일(19척), 12월에는 8일(21척)로 증가했고, 2013년에도 높은 수준에서 추이(推移)했다. 2012년 12월 센카쿠열도 상공에서 영공을 침범한 중국 국가해양국 소속의 헬리콥터 Y-12를 일본 해상보안청 소속의 순시선이 목격했다. 항공기를 이용한 영공 침범은 한순간에 군사 충돌로 전환된다. 그 속도가 다르기 때문에, 현장에서는 '공격이 최대의 방어'라는 가르침을 받은 파일럿들은 순식간에 서로 충돌하게 된다. 어떤 일이 일어나더라도 이상하지 않은 상황이 발생하는 것이다. 이에 따라 미국도 위기감을 느끼고 중국 측에 경고했다.

2013년 1월, 중국 해군 소속의 프리깃함이 동중국해에서 일본 해상자위대(海上自衛隊)의 호위함을 향해 사격통제레이더를 조준했다. 러시아를 포함해, 이러한 사격통제레이더 조준은 공격으로 간주되는 것이 국제관례다. 일본 측이 자제를 했기 때문에 다행이었지만, 이것도 군사 충돌로 변할 수 있었다. 그리고 2013년 11월 23일 중국 국방부는 댜오위다오 상공 등을 포함하는 동중국해의 넓은 범위에 '방공식별구역(ADIZ)'을 설정했다고 발표했다. 방공식별구역의 설정 자체는 불법이 아니지만, 이제까지의 국제관례를 깨뜨리고 자국으로 향하지 않는 항공기에 대해서도 방공식별구역에 들어올 경우 사전 통보를 하도록 요구했다. 하지만 미국은 이것을 무시했다.

이처럼 중국은 동중국해에서 점차 대담한 행동을 하기 시작했다. 2013년에 접어들자, 필자는 "일본을 때려눕히면 베트남도 필리핀도 조용히 굴복할 것이다"라고 중국 국내에서 회자되고 있다는 이야기를 직접 전해 들었다. 즉 남중국해보다도 일본을 굴복시키는 것을 우선시했던 것이다. 그 때문인지는 몰라도 2013년 후반기에 중국은 베트남에 대해서 융화적인 태도로 전환했고, 리커창(李克强)도 10월 하노이를 방문했다. 남중국해의 분쟁을 억지해야 한다며 공동 개발을 호소했던 것이다. 같은 해 10월, 시진핑은 인도네시아에서 개최된 APEC 정상회의에 출석해 중국의 '평화적 발전'을 드높이 구가했다. 하지만 2014년에 들어서자, 남중국해의 풍파는 더욱 높아졌다.

'당의 분열' 위기

이처럼 중국의 해양 정책, 실지(失地) 회복책(策)이라는 시각에서 중국의 센카쿠에 대한 대응을 본다면, 힘에 의한 현상 변경은 이치가 통한다. 하지만 미시적인 중일 양국 간 외교의 현장에서 조망한다면, 거기에는 명백한 단속(斷續)이 보인다. 2006년 필자가 3번째 베이징 근무를 위해 부임한 이래, 중국 지도부는 경제의 '윈윈 관계'를 중심에 두고 세계를 조망하며 중일 관계를 정리했었다. 그 때문에 중국의 지도자는 국내의 비판을 억누르고 중일 간의 역사 인식 문제를 상당한 용기를 갖고 정리하며, 중일 간에 '전략적 호혜 관계'를 구축하는 것에 합

의했다.[5]

역시 2012년의 어느 단계에서 중국에서 어떤 일이 발생해, 방침이 변경되었을 가능성이 높다. 그것은 같은 해 11월에 열린 중국공산당 제18차 당대회와 밀접한 관계가 있다고 할 수 있을 것이다. 대일 정책도 지도자의 교체와 함께 영향을 받았던 것이 아니었을까? 게다가 2012년에는 덩샤오핑과 같은 압도적인 존재로서의 보스가 없는 가운데 정권 교체가 이루어졌다. 1989년의 장쩌민도, 2002년의 후진타오도, 당의 일인자로서의 취임은 실질적으로 덩샤오핑이 미리 결정했다. 바로 그렇기 때문에 덩샤오핑의 권위를 배경으로 정권 교체는 순조롭게 진행되었다.

그러나 이때에는 그러한 보스도 부재했었다. 종래의 관례에 따른다면 2007년 제17차 당대회에서 결정된 서열에 따라, 시진핑이 후진타오의 후계자가 되는 것으로 여겨졌지만, 그것을 승인해 줄 인물이 존재하지 않자, 도중에 다른 사고방식이 나타나게 된다. 당의 정식 규칙에 따른다면, 총서기는 어디까지나 중앙위원회가 선거로 결정하게 되어 있으며, 아직 시진핑으로 결정된 것은 아니라고 하는 주장이 그것이다.

그렇게 되자 자신도 아직 일인자가 될 기회가 있다고 생각하는 인물도 나오게 된다. 바로 충칭시(重慶市) 서기를 맡고 있었던 보시라이(薄熙來)가 그러했다. 그것을 위해 화려한 움직임을 보였지만, 2011년 2월 측근 부하가 쓰촨성(四川省) 청두(成都)의 미국 총영사관으로 난입해,

---

5) 상세한 내용은 필자의 졸저를 참고하기 바란다. 宮本雄二,『これから, 中國とどう付き合うか』(日本經濟新聞出版社, 2011).

보시라이의 부인에 의한 영국인 살해 사건이 밝혀져 실각했다. 이 사건은 중국공산당 '최고 지도부' 내부의 분열을 표면화시켰다. 시진핑 시대가 되어 정치국 상무위원회 위원까지 맡았던 저우융캉(周永康)이 반부패(反腐敗) 혐의로 체포된 배경에는, 그가 이 사건에 연루되어 있는 것으로 회자되고 있는 것과도 관계가 없지 않다.

되돌아보면 2012년 중국공산당은 당의 분열이라고 하는 대단히 심각한 사태에 직면했던 것이다. 이러한 때에 합리성에 기초한 대외 협조 노선, 즉 필요하다면 타협도 할 수밖에 없다고 하는 입장을 취하는 것은 지난한 일이다. 실로 수차례나 강조했던 바와 같이, 중국 국민의 여론도 당내 여론도 대외 강경으로 크게 경도되기 시작했던 것이다. 그렇게 되자, 당시의 후진타오·원자바오 정권에서도 대일 강경으로 전환하는 것 외에는 다른 선택지가 없었다고 말할 수 있다.

그것이 일반적인 분석이겠지만, 한편으로 2012년 9월의 시점에서 외교의 주요 결정권이 시진핑에게 이양되었다고 하는 설을 들었던 적이 있다. 즉 일본에 대한 강경 노선은 시진핑의 지시라고 하는 것이다. 이 견해를 일축할 수 없는 것은, 총서기를 승계받는 조건으로서 시진핑에게 권한을 집중시키는 것을 요구하고, 그것이 인정되었다고 하는 유력한 설이 있기 때문이다. 만약 이 설이 맞는 것이라면, 2012년 11월에 정식으로 중국공산당 총서기에 취임하기 전의 시점에서 외교에 관한 실질적인 결정권이 시진핑에게 부여되었을 가능성이 있다.[6)]

---

6) 防衛省防衛研究所 編, 『中國安全保障レポート2013』은 2012년 후반기에 '중앙해양권익영도소조(中央海洋權益領導小組)'가 설립되어 시진핑이 그 수장(首長)으로 취임했다고 일부 전하고 있는데, 그 진위를 포함해 실태는 거의 불명확한 상태 그대로 기재하고 있다.

그러나 필자 자신은 여전히 정치국 상무위원회가 총의로서 결정한 것이라고 생각한다. 물론 시진핑의 발언은 더욱 중시되었겠지만, 그럼에도 최후에는 당 차원에서 결정했을 것임이 틀림없다. 그것이 중국공산당의 조직 원리이며, 그것을 깨뜨리는 것은 거의 불가능하기 때문이다.

왜 메우기 시작했는가?

남중국해에서의 대립과 충돌은 2014년 5월, 중국이 베트남과 분쟁 중인 시사군도 주변 수역에서 심해 석유 탐사의 리그 [rig, 착정기(鑿井機)]를 설치한 것에 의해 다시 격화되었다. 중국·베트남의 공선이 대치하고 그것을 양국의 해군이 지켜보았다. 베트남에서는 반중 시위가 전역에 휘몰아쳤고, 폭동으로까지 발전했다. 그리고 5월 말에는 베트남 선박이 중국의 선박을 침몰시킨다. 7월에 중국이 리그를 철거할 때까지 위기는 계속되었으며, 중국에 대한 국제사회의 비난은 강해졌다.

이 사건은 중국이 이제까지의 행동 방식을 변경했음을 세계에 보여주었다. 이제까지는 2012년 센카쿠의 사례에서 알 수 있는 바와 같이, 상대방의 행위에 대응해 자국의 입장에서 '배(倍)로 갚아주는' 행동 방식이었다. 하지만 이번에는 상대방의 움직임과 관계없이 움직였다. 남중국해에서 자국의 주장을 관철시키고 직접 움직여서 실적을 만들어내는 것에, 중국 국내에서의 강력한 지지가 있었기 때문일 것이다.[7)]

---

7) "Stirring Up the South China Sea(I)"은 중국에 '강경파', '전략적 온건파' 및 '전술적 온

그것이 중국 사회의 '분위기'이기도 했던 것이다.

2013년 12월 중국은 난사군도에서 자국이 지배하는 장소를 메우기 시작했는데, 2014년 말까지의 약 1년간 매립한 면적은 약 2km^{2}였다. 하지만 그로부터 반년 후인 2015년 6월에는 매립한 면적이 12km^{2}로까지 급속히 확대되었다. 이것은 베트남, 말레이시아, 필리핀, 타이완이 과거 40년간 매립한 면적의 약 17배나 되며 전체 피(被)점유 면적의 95%에 해당한다.[8] 2016년 5월, 미국 국방부는 『중국의 군사력에 관한 연차 보고서』[9]를 공표했다. 그중에서 난사군도에서 매립된 면적은 과거 2년간 약 13km^{2}에 달하며, 또한 피어리 크로스 초(Fiery Cross Reef, 중국명: 永署礁)를 포함해 3개의 인공 섬에는 길이 약 3000m의 활주로가 각각 정비되어 있다고 지적했다. 그 규모의 거대함과 공사의 신속함에 미국도 놀라고 있다. 중국 전술의 명확한 전환이었다.

2017년 5월, 미국 국방부는 『중국의 군사력에 관한 연차 보고서』[10]에서 "난사군도에서의 인공 섬 건설이 2015년 말에 종료되었으며, 현재 육상 능력의 향상에 주력하고 있다"라고 했다. 또한 "주요한 전초지에 활주로뿐만 아니라 대규모의 항만 시설과 물·연료의 저장 시설이 건설되었고, 2016년 말에는 24개의 전투기용 격납고, 고정식 무기 진

건파'의 세 가지 그룹이 있는데, 그 차이는 어디까지나 전술적인 것이며, 남중국해에서 중국의 지배를 강화하는 것에 대해서는 일치를 보이고 있다고 설명하고 있다(p.6). '강경파'는 외교적인 고통은 힘(力) 관계를 중국에 유리하도록 하는 데 있어서 유효하다고 주장하고 있다.

8) US Department of Defense, *The Asia-Pacific Maritime Security Strategy*(2015).

9) US Department of Defense, *Annual Report to Congress: Military and Security Developments Involving the People's Republic of China 2015*.

10) US Department of Defense, Annual Report to Congress: Military and Security Developments Involving the People's Republic of China 2016.

지, 병사용 숙소, 관리동(棟)과 통신 시설이 정비되었다"라고도 언급했다. 모든 시설이 완성되면, 중국은 3개 연대 규모의 전투기를 배치할 수 있을 것으로 예측하고 있다.

미국 국방부는 2016년의 보고서에서 중국이 항구적인 군민(軍民) 공용의 거점으로서 이용하며 남중국해에서의 장기적인 존재감을 현저하게 제고시키는 것에 우려를 표시했다. 또한 2017년의 보고서는 중국 정부가 군민의 인프라를 정비하는 것에 의해 남중국해에서의 사실상의 통제를 강화하는 것을 노리고 있다는 것이 다수설이라고 소개하고 있다.

확실히 공사를 시작한 시점에서 난사군도에서 비행장을 갖고 있지 않았던 것은 중국(과 브루나이)뿐이었으며, 기타 국가들은 이미 건설을 마쳤다. 거기에서 현재 따라잡지 않으면 기회를 잃게 된다고 하는 초조함이 중국 측에 있었을 것이다. 이러한 매립 움직임은 일인자의 전략적 결정이라고도 말하고 있다.[11] 비행장 및 감시 활동에 종사하는 함선과 공선을 위한 보급 기지를 전방에 전개시켜, 중국의 입장을 강화하고 힘의 투사 능력을 제고시키기 위한 조치였음이 틀림없다.

그러나 이 행동에 의해 국제사회, 특히 서태평양과 강하게 연계되어 있는 국가들의 경계감을 일거에 높였던 것도 틀림없었다. 특히 아세안은 중국이 심해 석유 탐사 리그를 설치한 것을 계기로 중국에 대한 태도를 더욱 경화(硬化)시켰다. 남중국해의 문제는 두 나라 사이의 문제라고 하는 중국의 주장에 반대하며, 아세안 전체의 관심사라고 하는 입장을 강화했다. 2014년 5월의 아세안 외교장관 회의에서 공표

11) "Stirring Up the South China Sea(I)", p.8.

된 성명은 중국을 직접 지칭하는 것은 피했지만, "남중국해에서 진행 중인 사건에 대해 심각한 우려"를 표명했다. 베트남과 필리핀은 미국과의 안보 관계를 더욱 강화했다. 비교적 신중했던 말레이시아도 기존의 해군 기지를 강화하고 남중국해에서도 새로운 기지를 건설하는 것을 결정했다. 인도네시아도 '비동맹 중립'의 입장에서 벗어나 미군의 주둔을 환영했다.

중국의 매립 작업이 급속히 추진되었던 2016년 6월, 중국의 쿤밍(昆明)에서 열린 중국·아세안 특별 외교장관 회의(본래는 중국·아세안 대화 25주년을 기념하는 정상회담의 준비를 위한 것이었음)에서는 의견 대립으로 인해, 공동선언문을 내지 못하고 아세안 측이 단독으로 성명을 내는 이상 사태가 발생했다. 그 성명 중에 "현재 남중국해에서 일어나고 있는 일을 무시할 수 없다. 그것은 아세안과 중국 간의 관계 및 협력에 있어서 중요한 문제다", "우리는 최근, 그리고 현재 진행 중인 사태에 대해서 심각한 우려를 표명했다. 이 사태는 신뢰와 확신을 약화시키고 긴장을 증대시켜 남중국해에서의 평화, 안보 및 안정을 훼손할 가능성이 있다"라고 논하며, 중국에 대해서 행동을 억제하고 국제법에 따라 해결할 것을 강하게 요구했다.

이와 같이 중국의 대외 강경 자세의 강화는 아세안 국가들을 중국과 정면으로부터 대립하도록 내몰았던 것이다.

급속하게 변화하는 미국의 대중관

이러한 남중국해에서의 중국의 강경 자세로의 전환은 국제사회 전체의 중국에 대한 견해를 변화시켰다.

동중국해에서 중국의 물리적인 힘에 의해 현상 변경의 강한 압력에 노정되고 있는 일본은, 남중국해에서의 중국의 움직임을 본질적으로 힘에 의한 현상 변경의 움직임이라고 또한 인식했다. 단순히 일본의 생명선이라고도 할 수 있는 해상 수송로가 통과하고 있기 때문만은 아니다. 일본은 이것을 동아시아에서의 국제 질서의 근간에 대한 도전으로 받아들였다. 또한 유엔 헌장과 유엔 해양법 등의 국제법에 기초한 '법의 지배'가 위태로운 상황에 내몰리고 있다고 판단했던 것이다.

또한 남중국해에서 중국의 군사화 움직임은 이 지역의 군사 균형을 크게 변화시킬 수밖에 없다. 이것은 지정학상의 리스크가 된다. 따라서 일본 정부는 남중국해 문제의 당사자가 아니라고 하는 이유로 일본을 배제하고자 하는 중국의 주장을 거부했다. 이러한 일본 정부 측의 주장은 옳다고 필자도 생각한다.

아울러 중국이 군사적, 준군사적 힘으로 자신의 주장을 관계국이 인정하도록 하려는 의도가 있다는 것도 명백해졌다. 그것에 대해서 관계국이 대항 조치를 취하게 되는 것은 군사·안보상에서 자명한 일이다. 일본이 방위력을 높이고 미국과의 동맹 관계를 강화하며 관계국들에서의 법 집행기관의 능력을 키우는 협력을 강화하고 있는 것도 자연스러운 반응이다. 아세안과 인도, 호주 등이 군사비를 증가하고 있는 것도 중국의 군사력 증대에 자극을 받았기 때문이다.

그러나 이제까지의 남중국해의 역사를 살펴보면 알 수 있는 바와 같이, 이 해역에서는 대부분의 관계국이 우선 도서를 취하고 거기에 비행장과 항만 등의 시설을 만들며 경우에 따라서는 인원을 배치해 실효지배를 강화해 왔다. 따라서 분쟁의 평화적 해결과 '법의 지배'를 중국에 대해서뿐만 아니라 모든 관계국에 요구해야 한다. 물론 최근에는 중국이 부각되고 있다. 따라서 주된 비판이 중국으로 향하는 것은 어쩔 수 없지만, 남중국해에 있어서 관계국은 무엇보다도 우선 '법의 지배'를 원칙으로 삼아 문제를 해결해야 하는 것이다.

미국도 중국에 대한 견해를 크게 바꾸었다. 2012년의 센카쿠 '국유화' 문제에서 발단한 중일 간의 충돌에 대해서 미국은 냉담했다. 이 문제는 일본이 불필요하게 만들어낸 것이라고 간주했기 때문이다. 일본이 제멋대로 만들어낸 불씨이고 또한 사람도 거주하지 않는 작은 섬 때문에 미국이 나설 필요도 없으며, 실제적으로 이 때문에 미국 병사들의 목숨을 잃어야 할 이유가 없다고 하는 취지였다.

너무나 자명한 이야기다. 미국은 민주주의국가이며, 국민의 이해와 지지가 없는 일은 대통령도 의회도 실행할 수 없다. 실로 자국의 국민인 병사의 생명을 앗아가고자 하는 결정은 내릴 수 없다. 즉 일본이 항상 미국 국민의 눈으로 보았을 때에 '정의'의 측에 서 있지 않는 한, 가령 미일 안보 조약이 있다고 하더라도 미국은 도우러 오지 않는다고 하는 것이다. 이러한 문제로 일본에 의해 '농락당할 여지'는 없다. 따라서 국제사회의 지지를 얻을 수 있는 '올바른' 입장을 계속 취하는 것이 실은 일본의 안보를 최대로 보장하는 것이 된다.

그런데 중국의 강경 자세가 미국의 견해를 급속하게 변화시켰다. 중국은 동중국해에서 일본에 대한 군사적, 준군사적 압력을 강화하고 방공식별구역을 자의적으로 설정하며 일본의 실효 지배에 힘으로 도전하기 시작했다. 남중국해에서도 순식간에 거대한 암초를 매립하고 군사시설을 설치하는 움직임을 보였다. 군사력의 급속한 증대를 배경으로 했던 것처럼 보이는 중국의 움직임은 중국에 대한 미국의 견해를 급속히 준엄하게 만들었다.

그 상징적인 사건으로 데이비드 샴보(David Shambaugh) 미국 조지워싱턴대학 교수의 '변신'을 들 수 있다. 그는 2015년 3월 6일자 ≪월스트리트저널(Wall Steet Journal)≫에 게재된 "임박한, 중국의 붕괴"라는 제목의 기고문에서 중국에 대한 견해를 크게 바꾸었다.[12] 그는 우수한 연구자이며 필자 자신도 그의 분석과 견해를 때때로 살펴보며 참조하고 있다. 데이비드 샴보 교수는 중국을 편애하지는 않지만 중국의 시스템에 대한 일정한 신뢰는 계속 갖고 있었다. 그런데 "시진핑의 '독재 정치' 강화가 중국의 체제와 사회에 강한 스트레스와 균열을 가져오고 있으며 정치 개혁을 추진하지 않는 한, 중국공산당의 지배는 언젠가 종식된다"라고 하는 그의 결론은, 주로 중국이 안고 있는 정치적 문제에서 도출된 것으로, 대부분 '중국 붕괴론'이 경제를 중심으로 논해지고 있는 것과는 그 취지를 달리 한다.

하지만 중국의 시스템이 계속 유지될 수 없게 되었다고 하는 그의 판단은 필자의 판단과는 다르다. '중국이 안고 있는 문제(격차의 확대, 환경의 악화, 심각한 부패 등)가 심각해지는 속도와 중국공산당의 통치 능력이 향상되는 속도의 상관관계에 의해 중국의 장래는 결정된다'라고 하는 것이 필자의 방정식이다. 이것에 따른다면, 아직 중국 붕괴의 시점에 도달해 있지는 않다.

아무튼 데이비드 샴보 교수의 입장 전환은 그 당시 미국 '지식인 사회'의 흐름, 혹은 분위기를 반영하고 있다는 것은 아마도 틀림없을

12) David Shambaugh, "The Coming Chinese Crackup", *Wall Street Journal* (March 6, 2015).

것이다. 워싱턴에서의 대중 인식의 급격한 변화는 많은 일본인 관찰자가 주목하는 바였다. 미국에 갈 때마다 미국 내부에서 중국에 대한 비판이 강해지고 친중파(親中派, panda hugger)가 후퇴하고 반중파(反中派, dragon killer)가 증가하고 있다는 보고가 있었다. 미국은 중국이 지정학적으로 미국과 대항할 의사를 갖고 능력도 급속하게 따라잡게 되었다고 인식했다. 이리하여 미중 양국은 명확하게 전략적인 대립 관계에 진입했던 것이다.

이 무렵 필자의 미국인 친구는 "워싱턴의 기득권층은 중국을 경쟁상대, 아마도 잠재적인, 또는 현실의 적으로 결정했다. 그것은 중국의 사이버 공격과 군사적인 확장, 동아시아에서의 강경한 자세, 미국 등에 대한 경제적인 스파이 활동, 그리고 미국과 그 동맹국 및 우방의 이익을 훼손하는 일련의 조치가 성공하고 있다는 것 등에 기인한다"라고 가르쳐주었다. 그 결과, 수도 워싱턴에서의 중국에 관한 모든 논평이 부정적인 것이 되고, 중국과 의미 있는 협력이 가능한 것인가에 대해 의문시하는 견해가 강해지고 있다는 것이다.

'분위기'가 만들어낸 대외 강경 외교

필자는 2012년 9월 센카쿠 문제에 대한 대응을 계기로 중국이 해양에서 대담한 행동을 하는 경향이 강해졌다고 판단하고 있다. 일직선으로 대담하게 강경책을 돌진시켰던 것은 아니다. 또한 여러 차례 국면을 완화시키고자 하는 움직임을 보이고 있다. 그것은 시진핑 정권의 새로운 외교를 모색하는 움직임과 연동되어 있었던 것으로 보아도 좋다.

2013년 10월 '주변 외교 활동 좌담회'가 열렸다. 근린 외교에 특화된 회합이 열린 것 자체가 처음 있는 일이었고, 정치국 상무위원회 7명의 멤버 전원이 출석한 것도 이례적이었다. 당 지도부의 총의로서 추진해야 할 외교 방침을 제시하고자 했던 것으로 보아도 틀림없을 것이다. 무엇인가 하지 않으면 안 된다고 하는 분위기가 있었던 것이다. 시진핑은 '중요 강화(重要講話)'에서 근린 국가들과의 선린 우호 관계의 수립은 중국의 일관된 외교 방침이라는 것을 강조하며 '친(親, 친밀), 성(誠, 성실), 혜(惠, 호혜), 용(容, 관용)'의 새로운 이념을 제기했다.[13]

2014년 11월의 중앙외사공작회의에서 시진핑은 하나의 총괄을 행했다.[14] 거기에서 '친, 성, 혜, 용'의 이념에 기초해 선린(善隣), 육린(陸隣), 안린(安隣), 부린(富隣)의 '주변 운명 공동체'를 만든다고 하는 정책을 밝혔다. '중국 특색의 대국 외교'를 추진해야 한다고 명언하면서 협력과 '윈윈'을 핵심으로 하는 새로운 국제 관계를 만드는 것을 논하고 있다. 그중에서 "대화와 협력을 통해서 평화적인 행동 방식으로 국가 간의 대립과 분쟁을 해결한다. 무력 또는 무력에 의한 위협을 이용하는 것에 반대한다"라고 말하고 있다. 또한 "외교는 종합적인 국가의 안전관에 입각해야만 하며 '중국의 꿈'은 평화, 발전, 협력, 윈윈의 꿈이지만, 그것에 대한 세계의 이해를 증진시키는 것이 아니면 안 된다"라고도 말하고 있다.

그러나 동시에 "정당한 권익을 포기해서는 안 되며, 국가의 핵심

---

13) "習近平在周邊外交工作座談會上發表重要講話", http://news.xinhuanet.com/politics/2013-10/25/c_117878897.htm

14) "習近平出席中央外事工作會議並發表重要講話", http://news.xinhuanet.com/politics/2014-11/29/c_1113457723.htm

적 이익을 희생시켜서는 안 된다", "영토주권과 해양 권익을 단호하게 지키고 국가의 통일을 수호하며 영토 도서 문제를 적절하게 처리하지 않으면 안 된다"라고 못을 박고 있다.

여기에 중국 외교의 근본적인 모순이 집중적으로 나타나고 있다. '중국식'의 이념을 내세우며 평화와 발전을 추구하고 필사적으로 중화 문명의 후계자로서의 긍지를 유지하고자 하는 모습과, '핵심적 이익'과 관련된 사안이라면 그러한 격식을 버리고 안색을 바꾸며 어쨌든 자신의 입장을 지키고자 하는 모습을 모두 내포하고 있다.

어쩌면 중국인의 머릿속에는 이 양자는 모순적이지 않을지도 모른다. 하지만 필자도 포함해 국제사회는 이해할 수 없다. 중국 외교의 현장에서도 두 가지 흐름의 모순에 농락당했다. 이제까지의 외교 방침의 연장이라고 보는 자세와, 대국 의식에서 촉발된 자기주장이 강하게 반영된 강경 자세 등이 교착했던 것이다.

이 모순된 자세에 더해 수차례나 지적되어 온 사회의 '분위기'가 존재한다. 중국 당국이 의도적으로 만들어내고 있는 측면도 있다. 아나미 유스케(阿南友亮) 도호쿠대학(東北大學) 교수가 지적하는 바와 같이, "중국공산당에 대한 민간 사회의 불만을 국외로 전가시키는 것을 목적으로 1990년대에 진입하면서 국책으로서 '중화민족'의 민족주의를 대대적으로 발양하게 되었다"[15]라고 하는 것은 확실하지만, 그 실상은 당국의 의도를 초월해 자연스럽게 발생해 확대되고 있는 면도 강해지고 있다. 그러한 '분위기'를 주목하면서 중국의 대외 자세가 형성되어 왔다고 할 수 있다.

15) 阿南友亮, 『中國はなぜ軍擴を續けるのか』, p.57.

이 '분위기'를 배경으로 2012년 11월 시진핑이 정권을 담당하게 되었을 때에는 대외 강경 자세가 당의 방침이 되었다. 당 차원에서 치켜든 주먹을 내릴 수 있을 만한 권위는 새로 올라온 총서기에게는 아직 없다. 그것에 더해 시진핑은 기본적으로는 국내파다. 그는 외교와 안보, 혹은 국제경제와 관련해서는 2007년 중앙으로 돌아온 이후 습득한 바가 많다. 따라서 대외적으로 강한 자세를 취해야 한다는 중국 국내의 '분위기'에 그 자신이 커다란 위화감을 느끼지는 않았을 것이다.

바로 그렇기 때문에 외교 경험이 적은 시진핑이 강한 대외 자세를 주도적으로 제기하고 이끌었던 것으로는 보이지 않는다. 그 자신이 제기했다기보다는 관료 기구가 최고 지도자의 의향을 참작해 움직였던 측면 쪽이 크지 않았을까? ICG(International Crisis Group)의 보고서에는 이 사이의 사정을 중국에서의 많은 인터뷰에 입각해, 다음과 같이 그 요지를 정리하고 있다.[16]

> 시진핑은 정책의 결정 권한을 자신에게 집중시키고 (논리보다도) 이해득실을 우선시키고 비밀을 중시한다[따라서 사후(事後) 평가를 할 수 없다]. 게다가 크고 빠르게 움직이는 것을 좋아한다. 시진핑은 중국이 해양 권익의 주장을 더욱 행동에 옮겨야 한다고 생각하고 있는 것으로 일반적으로 간주되고 있다. 중국에서는 관료와 대부분의 연구자가 '황제의 의사(意思)를) 추측하는 것'을 자신의 일로 생각하고 있다. 그와 같은 시스템에서 시진핑의 생각에 관련해 이와 같은 해석이 일반적이라는 것은

16) "Stirring Up the South China Sea(I)", pp.10~11.

국민의 고조되는 민족주의를 배경으로 외교 정책을 강경하게 만들어버린다. 보수적인 강경책은 정치적인 리스크가 적기 때문이다. 과거에 온건했던 조직도 자기 검열에 내달린다. 외교부도 약체로 간주되는 것을 두려워해 자기주장이 강한 행동에 대해서 충고를 하지 않고 책임을 포기한다. 외교부의 발언이 때로는 인민해방군보다도 강경한 것이 된다.

필자 자신은 시진핑의 방침이 개별 정책에서 상호 모순되고 있다고 보았으며, 말하는 것과 행동하는 것이 다르다고 느꼈다. 그것은 '시진핑 외교'가 여전히 생성 과정에 있다는 것을 시사하고 있었다.[17] ICG의 보고서도 중국의 현장에서도 그렇게 느끼고 있었음을 보여주고 있다.

예를 들면 시진핑은 2013년 7월에 개최된 정치국 회의에서 "전체로서 대응하고 안정을 유지하는 것과 함께 권리도 수호하지 않으면 안

17) 왕이(王毅) 중국 외교부장에 따르면, '시진핑 외교사상'의 함의는 ① 중국 특색의 대국 외교가 나갈 방향을 명확히 하고, ② 인류 운명 공동체 건설이라는 목표를 확립하였으며, ③ 협력과 상생이라는 핵심 원칙을 견지하고, ④ 글로벌 파트너십 관계 구축의 새로운 길을 개척하였으며, ⑤ 정확한 의리관(義利觀)과 가치를 함양하고, ⑥ '일대일로'(一帶一路) 건설이라는 중대한 이니셔티브를 제시했다[王毅, "習近平總書記外交思想指引下開拓前進", ≪學習時報≫(2017.9.1); "王毅高度贊揚習近平外交思想: 超西方300年", 多維網(2017.9.1)]. 또한 왕이 중국 외교부장은 '중국 특색의 대국 외교'를 논하면서 "당의 영도(領導)는 중국 외교의 영혼"이고, "독립자주(獨立自主)는 중국 외교의 주춧돌"이며, "천하위공(天下爲公)은 중국 외교의 포부"이고, "공평정의(公平正義)는 중국 외교의 견수(堅守, 견지·수호)"하는 바이며, "호리공영(互利共瀛, 호혜·공생)은 중국 외교의 추구"하는 바이고, "외교위민(外交爲民)은 중국 외교의 취지"라고 천명했다[王毅, "譜寫 中國 特色大國 外交的時 代華 章", ≪人民日報≫(2019. 9.23)]. _옮긴이 주

된다"라고 논했다. 이것을 감안해 중국의 연구자는 "남중국해에서 본래 대립하고 있는 추세를 역동적으로 균형 잡히도록 하는 것"이 핵심이라고 논한다. 하지만 "이것이 어떻게 실시되어야 하는가에 대해서는 알 수 없다"라고 고백한다. 게다가 "(시진핑의) 발언이 내포하고 있는 진정한 의미를 알고 있는 자는 아무도 없다"라고도 말했다고 한다.[18)]

품격이 없어진 중국 외교

중국의 현장에서는 2014년부터 2015년에 걸쳐서 대외 강경 자세가 가져온 중국에 대한 비난이 강해졌지만 아직 결정적인 단계에는 이르지 않았다고 느꼈다. 중국의 지도자들은 오로지 미국만이 중요한 요소라고 판단하고(일본 등은 중요하지 않고), 모든 문제에서 미국이 수행하는 역할을 파악하고자 했다. 거기에서 연구자들은 반드시 미국의 역할을 논하게 되고 그것에 의해 이번에는 지도자들이 모든 사건의 배후에 미국이 있다고 확신하게 된다. 그러한 악순환에 빠졌다고 한다.[19)]

이와 같은 중국의 대외 자세는 군과 법 집행기관 등의 실력 행사를 축으로 자기주장을 강화하는 강경한 것이 되었고, 그것이 계속되었다. 본래 대외 관계를 완화시키는 임무로 하는 외교 그 자체도 군 등의 대외 강경책을 옹호하는 것이 되었다. 그러한 것은 대대적인 해군의 현대화, 타국에 압력을 행사하기 위한 법 집행기관의 준군사적인 힘

18) "Stirring Up the South China Sea(I)", p.9.
19) 같은 글, p.11.

사용 증대, 아세안 분단의 강화, 아시아인프라투자은행(AIIB)과 '일대일로' 구상 등의 새로운 질서 구축을 위한 움직임의 가속화라는 형태를 취했다.

그것과 함께 필자의 관점에서 논하자면 중국 외교에 품격이 없어지게 되었다. 후진타오 시대까지 그럭저럭 유지되었던 '풍격'이 사라져버렸던 것이다. 한국과 필리핀에 보여준 '벌주기식' 외교의 그 어디에 '대국의 풍격'이 있는가? 필자는 알 수 없다. 중국의 외교 책임자도 2013년 베이징에서 강연했을 때 필자의 눈앞에서 믿을 수 없는 발언을 했다. 중일 관계를 진전시키기 위해서 '무엇을 해야 하는가'라는 다카하라 아키오(高原明生) 도쿄대학 교수의 예의를 갖춘 질문에 대해서, "일본이 중일 양국 간의 입장이 변했다는 것에 적응하지 못하고 있는 것이 최대의 문제다"라고 막말을 쏟아냈던 것이다.

'입장의 변화'라고 하는 것은 무엇일까? 중국이 국방 예산의 액수에서 줄곧 일본을 제치고, 경제 규모에서는 2010년에 일본을 제쳤기 때문에 중일 관계가 변했다고도 말하고 있는 것일까? 그러한 물리적인 양의 많고 적음이 '입장의 변화'를 가져온다고 하는 사고방식, 즉 자신의 몸집이 커졌으므로 추월당한 쪽은 그것을 자각하고 대응하기 바란다고 하는 사고방식 자체를 필자는 이해할 수 없다.

1972년 중일 국교 정상화를 실현하고 1980년대에 일본은 대중 경제협력을 개시했다. 당시 일본 국방 예산의 액수 및 경제 규모는 모두 중국을 훨씬 상회했다. 따라서 중국은 그것을 자각하며 행동해야 한다고 생각했던 적이 필자는 한 차례도 없다. 애당초 높은 자부심을 갖고 있는 중국이 그것을 고려해 움직인다고 생각했던 적도 없다. 실제로는 중국이 그것을 고려해 '자제'했다고 한다면, 그러한 제약이 없어진 이후에는 더욱 제멋대로 하게 되며, 무슨 짓을 자행할지 알 수 없게 된다. 그것을 '자백'하고 있는 것이라고 할 수밖에 없는 발언이기도 했다.

일본도 자부심이 높은 국가다. 국가의 종합적인 힘이란 모든 것을 포함하고 있는 것이며, 물리적인 힘뿐만이 아니다. 중국이 일본을 위압하고자 했던 결과, 일본 국민의 대중 감정은 더욱 악화되고 일본은 더욱 미국에 가까워져 미일 안보 체제는 더욱 강화되고 있다. 자신들이 커졌기 때문에 상대방 측이 무조건 수용해야 한다는 등의 일은 애당초 있을 수 없는 것이다.

중국 외교는 이러한 것이 시진핑이 요구하는 '중국 특색'이라고 생각했을 것이다. 그런데 이것이 '중국의 풍격'이며 '중국의 훌륭함'이라고 말할 수 있는 것일까?[20] 이와 같은 중국 외교는 깊은 반성을 필요로 하는 것이었다.

그리고 2016년 7월 필리핀의 제소에 대한 상설중재재판소의 판단이 내려져, 사태는 일거에 크게 요동치게 되었다.

상설중재재판소의 판단이 초래한 파문

2016년 7월 12일 헤이그에 있는 상설중재재판소는 유엔 해양법 조약에 기초한 필리핀의 제소와 관련해 판결을 내렸다. 그 내용은 중

20) 시진핑은 2014년 11월 28일에 개최된 중앙외사공작회의에서 행한 '중요 강화'에서 "우리는 실천 및 경험의 총괄 기초 위에서 대외 공작(對外工作) 이념을 풍부하게 하고 발전시켜 우리나라의 외교에 확실한 중국 특색, 풍격, 그리고 훌륭함을 갖게 하지 않으면 안 된다"라고 논하고 있다.

국에 실로 준엄한 것이었다. 국제법적으로 세밀하게 음미해 보면 중국의 완전한 패배였다고 할 수는 없지만, 국제 여론과 관련지어 말하자면 완전한 패배였다고도 할 수 있다. 판결에 대해서 중국에서의 해양 문제 분야의 권위자인 우스춘(吳士存) 중국남해연구원(中國南海硏究員) 원장도 "9단선에 기초해 생물 및 비생물 자원에 대해서 역사적 권리를 갖고 있다고 하는 중국의 주장을 부정"하고, "난사군도 전역에서의 지상 고정 존재물인 '도서'의 지위를 부정"하며, "중국의 난사군도 전역에 대한 해양 권익 주장의 합법성을 부정하고, 중국과 남중국해 주변 국가들 간에 중복되는 경제수역은 존재하지 않는다고 추정"하며, "중국이 남중국해의 관계 수역에서 적용하고 있는 법 집행 활동이 필리핀의 해양 권익의 집행을 방해하고 있다"라고 하는 판단을 보였다고 적고 있다.[21] 중국의 전문가가 판결을 그렇게 이해하고 있는 것이다.

이것에 대해서 중국 외교부는 맹반발하며 해당 판결을 '휴지 조각'이라고 부르면서 판결의 권위를 깎아내리고, 그 효과를 최소화하기 위해 모든 수단을 사용해 반격했다. 미국·일본에 대한 비판을 강화하고 맹렬한 기세로 아세안을 와해시키는 것을 도모했다. 이러한 '거친' 외교를 중국은 때때로 행사한다. 2005년에 일본이 독일 등과 함께 유엔 안보리 상임이사국 진입을 시도했을 때에도 전 세계에서 이러한 반일 캠페인을 전개했다. 일본 측에는 그러한 자격이 없다는 것을 '이래도 해보겠느냐'라고 하는 식으로 시끄럽게 선전했던 것이다. 이러한 반일 운동은 미국에 거주하는 중국 젊은이들이 시작했던 것이지만, 그

21) 吳士存, "南海局勢發展的不可豫測性仍在增强", ≪世界知識期刊≫(2016.12.19), http://www.nanhai.org.cn/info-detail/22/4063.html

것이 중국 국내로 번져 대규모가 되었다.

다만 세상의 사상(事象)은 모두 다변적이다. 국내에서 반일 시위가 일어나면 중일 관계는 크게 후퇴하고 중국 사회가 불안정해지는 것은 물론인데, 이 외교적인 반일 캠페인의 처참함으로 인해 중국의 과거 '미소 외교(微笑外交)' 속에 도사리고 있던 것을 여러 국가가 잘 이해하게 되었다고 하는 부산물도 있었다.

이 판결의 효과를 무시하는 중국의 행동에 대해서 아세안의 일부 국가는 중국의 힘에 굴복하고 중국의 입장을 옹호하는 움직임을 보였다. 중국의 보복을 두려워하고 중국과 관련되어 있는 경제적 이익을 잃게 되는 것을 두려워했기 때문이다.[22] 동시에 아세안 중에 중국에 대한 강한 불만과 반발이 조성되었다. 중국의 '근린 외교'에서의 중요한 일각(一角)이 무너졌던 것이다. 미국·일본을 중심으로 중국의 행위는 '법의 지배'에 대한 부정이며, 국제법에 반하는 물리적인 힘에 의한 현상 변경이라고 하는 논진(論陳)이 펼쳐졌다. 국제 여론도 유럽을 중심으로 중국의 움직임을 비판하는 것으로 점차 변했다.

이리하여 중국은 스스로 표명했던 외교 정책의 달성에 실패했다. 근린 국가들과의 사이에 '친, 성, 혜, 용'의 새로운 이념에 기초해 '주변 운명 공동체'를 만든다고 하는 정책의 실현에 실패했다. 대국 관계를 관리하는 것에도 실패했다. 그리고 '중국의 꿈'에 대한 세계의 이해와 지지를 얻는 것[23]에도 실패했다.

---

22) 시라이시 다카시(白石隆) 리쓰메이칸대학(立命館大學) 특별초빙교수는 2017년 6월 25일 자 ≪요미우리신문(讀賣新聞)≫의 "지구를 읽는다(地球を讀む)" 칼럼 란에서 '중국 추수(中國追隨)'는 일면적인 견해라고 지적하며, 아세안 외교의 만만찮음을 정확하게 해설하고 있다.

중국은 '자신들이 그것을 실현하고자 노력했지만, 상대방이 응하지 않았다, 아니 잘못된 대응을 했다'라고 강변하는 자도 있을 것이다. 하지만 현실에서 중국 외교는 확실히 좌절했던 것이다.[24)]

23) "習近平出席中央外事工作會議並發表重要講話", http://news.xinhuanet.com/politics/2014-11/29/c_1113457723.htm

24) 중국의 아세안 외교를 실패로 규정하고 있는 마찬가지의 논의로는 다음을 참고하기 바란다. 中西輝政, 『中國外交の大失敗』(PHP新書, 2014), pp.73~74. _옮긴이 주

6

중국 외교의 무엇이 잘못되었는가

'중국 외교는 성공했다'라고 강변하기 위한 구실[1]

바둑이든 장기든 고수라고 불리는 사람들은 '최후의 최후'까지 판세를 읽어내고 최선이라고 생각되는 한 수를 둔다고 들었다. 외교도 비슷한 것이다. 물론 어떤 일이 발생해 그 대응에 휘둘리는 일도 흔히 있다. 하지만 자신이 직접 펼치는 외교는 '앞의 앞'까지 읽어내야 한다. 중국은 과연 '몇 수' 앞까지 내다보고 이러한 수를 냈던 것일까? 한편으로 필자가 그러한 앞까지 읽어내지 못했던 것은 아닐까 하는 생각이 든다.

필자는 중국의 외교가 실패했다고 생각하고 있지만, 중국의 외교가 성공했다고 생각하는 중국인이 대단히 많을 것임에 틀림없다. 그것은 국제사회로부터 어쨌든 일컬어지는 바와 같이, 중국이 불공평하다고 느꼈던 상황을 바꾸는 것에 성공했기 때문이다.

동중국해에서는 일본의 실효 지배에 커다란 구멍이 뚫리고, 중국에 크게 유리한 상황으로 변했다. 남중국해에서도 가장 기반이 취약했던 난사군도에서 타국을 크게 따돌리고 실효 지배의 현실을 만들어냈다. 게다가 미국과 군사 충돌을 하는 일 없이, 그것이 달성되었다. 이 발판은 언젠가 시기가 도래한다면 필요에 부응해 군사화할 수도 있다. 국제적인 평가에서는 마이너스였지만, 중국이 얻은 플러스는 그것을 훨씬 능가한다. 이것이 적극 외교의 승리가 아니고 무엇이란 말인가? 역시 힘을 배경으로 한 적극 자세, 대외 강경 자세는 유효한 것이다.

---

1) 이 부분의 내용은 필자의 조교이기도 한 리하오(李昊) 도쿄대학 학생과의 대화를 통해 도출된 결과이다.

아마도 이것이 그들의 논리일 것이다.

현재 중국은 이미 획득한 것을 굳히고 그것을 지키기 위한 외교로 전환하고 있다고도 말할 수 있다. 즉 중국은 자신들의 이익(이것은 단기적인 협소한 시각에 입각한 이익에 불과한 것이지만)을 실현하는 것에 최대의 관심이 있으며, 국제사회의 신뢰(필자는 바로 이것이 중장기적인 폭넓은 시각에 입각한 이익이라고 생각한다)를 상실하더라도 신경 쓰지 않는다. 중국은 애당초 서방 측이 주도하는 국제사회를 신뢰하지도 않으며 국제사회에서 신뢰받지 못하는 것에도 익숙해져 있다고 할 수 있다.

그런데 그들이 '힘'을 통한 외교가 성공했다고 생각하는 전제 중의 하나는 경제력과 군사력을 보유하게 되면 상대방은 굴복한다는 사고방식으로 생각된다. 하지만 그렇지 않은 사례는 역사상 산더미처럼 있다. 예를 들면 베트남전쟁에서 중국과 옛 소련의 지원이 있었다고 하더라도, 소국 베트남이 미국을 물리치지 않았는가?

또한 자신들은 자국의 주변에서 자신들의 '정당한' 권리에 기초한 '정당한' 이익을 실현하기 위해서 '정당한' 행동을 하고 있는 것이며, 자국을 떠나 타국 가까이에서 행동하는 미국의 패권주의와는 다르다고 하는 논리를 갖고 있다. 다시 '자기중심주의'에 빠지고 있는 것이다. 미국의 존재가 전후의 국제경제질서와, 그 전제인 평화 유지를 수행한 역할에 대한 이해는 보이지 않는다. 그런데 그러한 질서가 존재했기 때문에 오늘날 중국의 커다란 번성이 실현될 수 있었던 것으로 보아야 한다.

성공했다고 판단하는 또 하나의 전제로서 미국은 동아시아에서 중국과 전쟁은 하지 않을 것이라는 상정이 존재하고 있는 듯하다. 중국의 사고방식 중에는 '동아시아에서 중국에는 어쨌든 지키지 않으면 안 되는 '최저선(bottom line)'이 있다. 미국에는 그 정도의 것은 없을 것임에 틀림없다. 미국은 중국의 '최저선'을 존중해야 한다'라고 하는 것이 된다. 하지만 이 관점은 중국이 명확하게 미국의 도전자가 되어 군사적으로도 미국의 지위에 도전하고자 하고 있다는 것을 미국이 판단한 이후에는, 미국의 동아시아에서의 '최저선'이 변하게 된다는 것을 상정하지 못하고 있다.

군사안보의 세계는 '최악의 시나리오'를 상정해 고려하는 것이다. 중국에 있어서도 군사력으로 타이완을 소멸시키기 위해 인민해방군은 군사력을 증강시키며 밤낮으로 모든 노력을 다하고 있을 것임에 틀림없다. 미국과 일본은 모두 중국이 현재 보유한, 그리고 가까운 미래에 지니게 될 군사력을 전제로 한 '최악의 시나리오'를 고려하면서 각각 자국의 안보에 필요한 바를 만족시킬 수 있도록 대응한다. 그것은 군사안보의 책임자가 수행해야 할 자명한 일인 것이다.

즉 군사안보의 세계에서는 한 쪽의 행동은 반드시 다른 쪽의 새로운 행동을 불러들이며, 행동·반응(action-reaction)의 세계로 들어간다. 따라서 미국의 '최저선'에 대한 판단도 변한다.

중국의 지도자층은 대다수 중국인과 마찬가지로 중국 외교가 '성공'했다고 생각하고 있을까? 필자는 그렇지는 않을 것이라는 생각이 든다. 확실히 일련의 움직임을 통해 현상(現狀)을 중국에 유리하게 이끌었다. 하지만 세계를 지도하는 국가로서의 '중국의 이미지'가 커다란 상처를 입게 되었던 것 또한 사실이다. 중국의 지도자들은 일반 중국인보다는 훨씬 이것을 제대로 이해할 수 있다고 생각해야 할 것이다. 자신들이 해왔던 것이 실패였다고 인정하는 정권은 세계의 그 어디에도 없다. 하지만 중화 문명의 후계자를 자임하는 중국의 지도자가

'중국의 풍격'과 '중국의 훌륭함'을 대가로 치르며, 이 정도의 성과를 얻었던 것만큼은 '성공'이었다고 진심으로 간주할 수 있을까?

필자는 현대 중국을 이해하는 핵심은 지도자의 생각을 독해하는 것에 있다고 생각하고 있다. 왜냐하면 오늘날 중국의 시스템에서는 중국공산당 지도자의 판단과 정책이 중국의 실체에 커다란 영향을 미치기 때문이다.

물론 국민의 목소리도 영향을 미친다. 하지만 중국의 지도자가 무엇을 생각하고 있는지가 역시 핵심이라고 할 수 있을 것이다.[2] 거기에 중점을 두고 중국 외교를 점검하고 중국 외교의 재생을 위한 핵심 내용을 탐색해 보도록 하겠다.

생성·발전의 과정에 있는 중국 외교: '덩샤오핑 외교'를 어떻게 극복할 것인가

우선 확실히 인식해 두어야 할 것은 외교뿐만 아니라 중국은 모든 분야에서 생성·발전의 과정에 있다고 하는 사실이다.

중국이 엄청난 격동기에 있다는 것은 일찍부터 지적되어 왔다. 경제도 사회도 정치도 그리고 사람들의 사물에 대한 사고방식도 크게 변화해 왔다. 그러한 시대의 요청에 응해 정치도 외교도 변화할 필요가 있다. 중국은 그 산고의 한 가운데에 있다고 보아도 좋을 것이다.

회상해 보면 일본 자신도 마찬가지의 경험을 했다. 그리고 아직

2) 필자의 졸저를 참고하기 바란다. 宮本雄二, 『習近平の中國』(新潮新書, 2015).

그 변혁의 한 가운데에 있다고 필자는 생각한다. 그것은 '55년 체제'로부터의 이탈 문제이다. '55년 체제'란 1955년에 보혁 양대 정당이 확립되어 자유민주당이 정권을 담당하고, 사회당이 만년 최대 야당을 연출하는 정치체제를 지칭한다. 이 체제가 1993년의 비자민 연립 정권 발족까지 약 40년간 계속되었다. 그 결과 자민당 정권이 40년 정도 계속되어 여당과 관료 기구(정부) 및 재계와의 관계는 긴밀해져 정계·관계·재계의 '철의 삼각 관계'라고 흔히 일컬어지게 되었다. 이 커다란 틀 속에서 조정과 협조가 이루어지며 일본의 정책은 기본적으로 결정되고 실시되었다.

일본 외교도 '55년 체제'의 예외가 아니라고 필자는 생각하고 있다. 당시 요시다 시게루(吉田茂) 총리는 일본의 부흥을 경제 중시, 경무장(輕武裝), 대미 관계를 기둥으로 삼는 정책을 통해 실현하고자 했다. 이 이른바 '요시다(吉田) 외교'는 '55년 체제'의 외교 방침이기도 했다. 일본이 전후 부흥을 이루고 세계 제2위의 경제 대국이 된 이후에도 그 기본 방침은 계속되었다. 하지만 일본이 어느 정도의 방위력을 정비하고 국제 안보에 어느 정도 협력할 것인가, 미국과의 거리를 어느 정도로 둘 것인가 등의 면에서 무슨 일이 있을 때마다 모순은 드러났다. 현재도 여전히 그것을 수정하는 과정에 있다. 당시에 정계·관계·재계에서 상담하는 것만으로 끝내왔던 '계산서 처리'를 현재 국민과의 관계에서 불식시키지 않으면 안 되게 되었다.

오늘날 국민 여론이 갈수록 외교에 영향을 미치게 되어, 국민의 지지를 받지 못하는 외교는 불가능하게 되었다. 전문적인 '외교의 질'을 유지하면서, 국민에 대해서 그것을 설명하고 이해를 얻는 것이 가능한가, 아니면 불가능한가? 이것 자체가 일본 외교가 피할 수 없는 가장 중요한 과제다.

중국 외교는 일본 이상으로 크고 다양한 도전에 직면하고 있다. 그 한 가지가 '덩샤오핑 외교'를 어떻게 초월할 것인가, 혹은 발전시킬 것인가다. 일본의 '요시다 외교'에 해당하는 것이 '덩샤오핑 외교'다. 물론 덩샤오핑 한 사람이 고안해낸 것은 아니지만, 그 기본은 경제 발전을 핵심에 두고 정치, 군사, 외교 등 다양한 영역에서 이론적인 정합성을 유지하면서 덩샤오핑의 머릿속에서 짜냈던 것이다. 그 체계적인 형태의 사고방식이 이른바 '덩샤오핑 이론(鄧小平理論)'이라고 불리는 것이다. '덩샤오핑 외교'는 그 일부다. 각각의 분야가 유기적으로 결합되어 있으므로, 일부만을 떼어낸다든지 여러 군데를 모아 짜깁기 하는 것은 쉽지 않을 뿐만 아니라 또한 적절하지도 않다.

특히 덩샤오핑이 아직 말하지 않은 부분을 어떻게 발전시킬 것인가는 커다란 지적 도전이다. 예를 들면 중국이 추구해야 할 이념이나, 중국이 진정한 대국이 되었을 때의 외교는 어떠해야 할 것인가에 대해서 덩샤오핑은 생전에 많은 것을 말하지 않았다.

시진핑 지도부는 그것을 강하게 의식하며 중국이라는 국가의 존재 방식을 검토해 왔다. 중국공산당 제19차 당대회에서의 '시진핑 보고'는 그 한 가지의 결론이라고 말할 수 있다.

고매한 비전과 동떨어진 외교의 현장 자체가 문제이다

중국의 부상이 강대한 군사력과 경제력을 배경으로 적나라하게 자국의 이익을 추구할 뿐인 초강대국의 등장을 의미한다면, 그것은 19

세기 역사의 재연일 수밖에 없다. 그 본질은 패권주의라고 하는 것이 되며, 제국주의와 식민지주의와 다른 부분이 없다. 중국공산당의 원점은 제국주의 및 식민지주의와 목숨을 걸고 싸워 중국을 부흥시키는 것에 있었다. 패권주의에 대한 명확한 부정이 그 출발점에 있었던 것이다. 근대사의 총괄에 기초한 대외 자세라고 말할 수 있다. 따라서 덩샤오핑은 1978년 싱가포르에서 "중국은 현재도 패권을 제창하지 않을 것이고 장래에 강대해지더라도 영원히 패권을 제창하지 않을 것이며 침략, 간섭, 통제, 위협, 전복을 하고자 하는 초강대국은 되지 않는다. 이것은 마오쩌둥 주석과 저우언라이(周恩來) 총리가 생전에 정한 기본 국책(基本國策)이다"라고 선언했던 것이다.[3)]

중국은 세계 대국이 되었으며 지금은 미국과 나란히 초강대국을 지향하고 있다. 그럼에도 덩샤오핑의 발언으로 대표되는 이 '기본 국책'을 견지할 것인지의 여부에 대해서 중국은 다시 전 세계를 향해 명확히 할 필요가 있다.

대다수의 중국인은 자신들이 변하고 있지 않으며 변할 생각도 없다고 말할 것이다. 현재 시진핑을 포함한 역대 지도자는 그것을 강조해 왔다.[4)] 하지만 2009년부터 2016년까지의 중국 외교는 그러한 주장에 대해서 의심이 생기지 않을 수 없게 하는 것이었다.

따라서 중국은 패권주의를 부정하는 초강대국의 생활 태도를 세

---

3) 1978년 11월 12일 리콴유 싱가포르 총리가 주최한 만찬회에서의 덩샤오핑의 강화, http://book.people.com.cn/GB/69399/107429/231707/15851545.html

4) 시진핑도 2015년 9월 28일의 유엔 총회 연설에서 그것을 명언(明言)했다. "習近平在第七十屆聯合國大會一般性辯論時的講話", http://news.xinhuanet.com/world/2015-09/29/c_1116703645.htm

계에 제시하지 않으면 안 된다. 그것은 '중국은 이러한 세계를 만든다'고 하는 비전(vision), 즉 가치관과 그중에서 수행할 역할의 제시이자, 가치관을 밑받침하는 원칙과 이념을 명확히 하는 것이다. 필자는 중국이 패권주의를 부정하는 초강대국을 지향한다면 그러한 것이 필요하다고 주장해 왔다.

중국공산당 지도부는 실은 그것을 충분히 인식해 왔다고 여겨진다. 2012년 11월 8일 중국공산당 제18차 당대회에서 후진타오는 총서기로서 17기 중앙위원회를 대표해 보고를 행했다. 이 보고는 제18차 당대회에서 정식으로 채택되었다. 그중에 다음과 같은 부분이 있다.

> 인류에게는 하나의 지구밖에 없으며, 그것은 각국이 공존하고 있는 하나의 세계다. 역사가 명확히 보여주고 있는 바와 같이, 약육강식은 인류 공존의 길이 아니며 궁병독무(窮兵黷武, 제멋대로 끊임없이 전쟁을 일으키는 것)로는 아름다운 세계를 가져올 수 없다. 평화가 필요하며, 전쟁은 불필요하다. 발전이 필요하며, 빈곤은 불필요하다. 협력이 필요하며, 대항은 불필요하다. 영구적인 평화 및 함께 번영하는 '조화로운 세계'의 건설을 추진하는 것은 각국 인민이 모두 원하는 바이다.
>
> 우리는 국제 관계 중에서 평등호신(平等互信, 평등 및 상호 신뢰), 포용호감(包容互監, 관용 및 서로 돌보기), 협력 및 윈윈의 정신을 발양하고, 국제 공평과 정의를 함께 지켜나갈 것을 주장한다.
>
> 평등 및 상호 신뢰란 유엔 헌장의 취지와 원칙을 준수하고 국가의 대소, 강약, 빈부를 불문하고 일률적으로 평등하다는 것을

견지하며, 국제 관계의 민주화를 추동하고 주권을 존중하고 안전을 함께 향유하며 세계의 평화와 안정을 지키는 것을 통해 생겨난다.

관용 및 서로 돌보기란 세계 문명의 다양성과 발전 경로의 다양성을 존중하고, 각국 인민이 사회제도와 발전의 길을 스스로 선택할 권리를 존중하며, 서로 돌보면서 장단점을 서로 보완하여 인류 문명의 진보를 추진하는 것이다.

협력 및 윈윈이란 것은 '인류 운명 공동체' 의식을 제창하여 이끌고, 자국의 이익을 추구할 때에는 타국의 합리적인 관심도 함께 고려하며, 자국의 발전을 도모하는 가운데 각국과 공동으로 발전하는 것을 촉진하고, 더욱 평등하고 균형이 잡힌 신형 글로벌 발전 파트너 관계를 구축하며, 동주공제(同舟共濟, 같은 배를 타고 강을 건너듯이 한 뜻으로 어려움을 극복하는 것)하고, 권리와 책임을 함께 담당하며 인류 공통의 이익을 증진하는 것을 말한다.

훌륭하지 않은가! 그런데 필자의 관점에서 볼 때, 이러한 중국의 고매한 입장 표명과 2009년 이래 실제 외교 현장에서의 태도가 아무리 보아도 서로 일치하지 않고 있다. 이미 언급한 바와 같이, 시진핑도 이 기본 노선은 충분히 의식했었다. 바로 그렇기 때문에 국수주의가 왕성했던 2013년에 '친, 성, 혜, 용'으로 대표되는 주변국 외교의 이념을 제기했던 것이다.

2015년 9월 유엔 총회에서의 시진핑의 연설도 '후진타오 보고'를 방불케 하는 내용이었다. 거기에서 "의(義)와 리(利)를 함께 고려하지만, 의(義)는 리(利)보다 무겁다고 하는 정확한 의리관의 실천"을 주장했다. 전통문화에 대한 시진핑의 강한 관심을 보여주고 있다. 동시에 "아무리 발전하더라도 중국은 영원히 패권을 제창하지 않으며 확장하지 않고 세력 범위를 추구하지 않는다", "중국의 한 표는 영원히 개발도상국의 것이다"라고 높이 구가했다.

2017년 1월 제네바의 유엔 본부에서 열린 강연에서도 기본적으로 후진타오의 노선을 계승하며 '인류 운명 공동체'라고 하는 개념을 강하게 제기했다.[5] 시진핑도 명확하게 중국공산당 제18차 당대회의 노선을 계승하고 그것을 발전시키고자 했다고도 말할 수 있다.

이처럼 중국이 어떠한 세계를 만들 것인가에 대해서 그 가치관을 국제사회에 제시하고자 노력하고 있는 점은 긍정적으로 평가해도 좋을 것이다. 하지만 가치관을 구성하는 하나하나의 이념에 해당하는 요소가 구체적으로 무엇을 의미하고 있는지에 대한 상세한 해설은 없다. 모두 아직 추상적인 단계인 것이다.

그럼에도 우리의 상식에 비추어보면, 중국의 대외 관계 현장에서의 실제 행동과 발언은 이처럼 지도자가 표명하고 있는 고매한 비전에 해당하는 가치관과 너무나 동떨어져 있는 것이었다. 몇 가지의 사례를 살펴보도록 하겠다.

스카버러 초(礁)를 둘러싼 필리핀과의 싸움 과정에서 보여준 중국의 언동은 가장 대표적인 사례다. 중국은 모든 수단을 동원해 필리핀에 압력을 가했다. 바나나, 파인애플 등의 과일에 대한 수입을 금지했

---

5) 習近平, "共同構建人類命運共同體: 在聯合國日內瓦總部的演講", http://news.xinhuanet.com/world/2017-01/19/c_1120340081.htm

으며 외교적, 군사적 압력을 강화했다. 타이완과 한국에 대해 압력을 가하는 방식과 매우 비슷하다. 약자를 괴롭히는 것으로밖에 보이지 않는다. 만약 중국 외교의 현장에서 '중소국을 괴롭히더라도 언젠가 세계는 잊는다. 그 어떤 걱정할 것도 없다. 중국은 곧 초강대국이 될 것이며, 결국 상대방이 타협하러 올 것이다'라고 생각하는 사람이 있다면, 그것이 바로 패권주의인 것이다.

이러한 중국 지도자가 제창하는 가치관 및 이념과 외교 현장에서의 실천 사이에 나타나고 있는 간극이 실은 중국 외교가 안고 있는 본질적인 문제인 것이다.

중국 외교는 '법치'에 실패했다

중국 외교의 현장은 지도자가 제창한 이념과 자신들이 행하고 있는 것 간의 격차를 별로 느끼지 못하고 있을지도 모른다. 그런데 그렇게 생각하면 안 된다. 필리핀의 사례를 들어 논하자면, 현장의 중국인은 남중국해는 애당초 '중국의 바다'였다고 생각하며 괘씸하게도 그 장소에서 필리핀이 자주 '침범' 행위를 반복하고 있다고 느꼈을 것이다. 사드(THAAD, 종말 고고도 방어) 미사일 문제와 관련해 한국에 대한 대응에서도 중국의 신성한 안보가 위협받고 있으며, 따라서 한국이 이를 수정해야 하며, 말을 듣지 않는다면 팔목을 비틀 수밖에 없다고 생각하고 있는 것으로 보인다. 하지만 그들에게 근본적으로 결여되어 있는 것은 상대방의 입장과 사고방식을 이해하고자 하는 자세다.

필리핀에는 필리핀의 입장이 있으며, 한국에는 한국의 사고방식이 있다. 한국도 자국의 신성한 안보가 북한에 의해 위협받고 있는 것이다. 이러한 맥락에서 중국을 의지하는 형태로 베이징에서 개최된 2015년 전후 70주년 기념식전에도 당시 박근혜 대통령이 참석해 중국의 체면을 세워주었던 것이다. 그럼에도 중국은 북한의 위협을 약화시키는 것에 성공하지 못했다. 이에 따라 한국 정부는 사드 미사일을 배치하게 되었던 것이다.

국제적인 분쟁과 대립에 있어서 모든 당사국은 자체 논리를 갖고 있는 것이며, 흑백의 세계가 아니다. 따라서 분쟁의 평화적 해결, 즉 대화에 의해 문제를 해결한다는 규칙이 만들어진 것이다. 그 기본은 타협에 있다.

하지만 중국의 행태는 '자신이 말하고 있는 것은 전부 옳다. 상대방이 틀린 것이므로 그 어떤 수단을 사용해도 된다'라고 말하고 있는 것과 같다. 그런데 이러한 태도를 취한다면 '분쟁의 평화적 해결'이란 중국의 압력에 굴복해 상대방이 중국의 주장을 받아들이는 것과 같은 것이 된다.

시진핑은 2015년 유엔 총회 연설에서 "각국은 일률적으로 평등하며 대로 소를 압박하면 안 되고, 강으로 약을 학대해서는 안 되며, 부로 빈을 모욕해서는 안 된다"라고 말했다. 중국 외교의 현장에서는 이 말을 어떻게 이해하고 있을까? 자신들이 옳고 상대방이 틀린 것이라고 판단한다면, 지도자의 말은 어쨌든 훌륭하다고 하는 것일까? 그와 같은 중국 현장에서의 태도가 2012년의 후진타오 보고에 있는 "자국의 이익을 추구할 때에는 타국의 '합리적'인 관심을 고려한다"라고 하는 표현이 의미하는 것인가? 즉 현장에서 '합리적'이 아니라고 판단했으므로 상대방의 관심은 고려하지 않아도 무방하다고 말하는 것인가?

그렇다고 한다면 중국 지도자의 고매한 발언은 헛되이 울려퍼지고 사람들의 마음속에 남는 것은 아무것도 없게 될 것이다. 이로부터 중국의 지도자가 무엇을 말하더라도 세계가 따라오는 일은 없다. 물론 AIIB나 '일대일로' 구상이 성공하고 있다고 하는 사람도 있을 것이다. 하지만 그것은 중국의 돈을 보고 따라오는 것이지 중국이 말하는 가치관과 이념을 지지하고 있기 때문은 아니라고 할 수 있다.

중국 외교가 이러한 약점을 극복하는 길은 자신들의 판단 기준을 명확히 하고 그것에 대한 국제사회의 찬동을 얻기 위해 노력하는 것이다. 즉 국제사회에서 판단 기준의 작성이라는 규칙 만들기(rule making)의 면에서도 지도력을 갖는 것이다. 중국에서도 경제 분야를 중심으로 국제사회의 규칙 만들기에 대한 능력을 제고하고 적극적으로 관여하고자 하는 움직임이 강화되고 있다. 외교 분야에서도 마찬가지의 것이 추진되어야 한다.

그 경우의 철칙은 중국 외교의 전통인 '민주적인 국제사회'라고 하는 원칙에 기초해야 한다. 자국이 주장하는 규칙을 '힘'이 아니라 '논리'를 통해 많은 국가에 이해시키지 않으면 안 된다고 하는 것이다.

물론 현장에서 '힘'은 효과적인 수단이다. 하지만 '논리'가 없으면 결국 다수를 확보하지 못한다. 초강대국이더라도 자국에만 유리한 규칙을 '힘'으로 국제사회에 강제하는 것은 이미 불가능한 일이다. 미국마저도 자국의 행동을 기존의 규칙을 사용해 필사적으로 정당화하고자 하고 있다. 제2차 세계대전 이후의 국제 질서란 그러한 것이며, 지금은 그러한 시대인 것이다.[6]

---

6) 중국인의 대다수는 국제법은 서방 측이 자신에게 유리하도록 만든 규칙이며, 미국은

중국 외교의 실패는 규칙을 지키지 않았다든지, 규칙을 사용해 자국의 입장을 충분히 설명할 수 없었기 때문에 발생한 것으로 여겨진다.

중국이 이해해야 하는 것은 제2차 세계대전 이후의 국제 질서는 '법의 지배'를 향해 법치화가 진전되고 있다는 점이다. 물론 국내에 비하면 법치화의 정도는 낮다. 하지만 확실히 진전되고 있다. 왜냐하면 그렇게 되는 것이 더욱 많은 국가, 특히 대다수의 중소국에 유익하며, 그들이 법치화를 요구하기 때문이다. 국제정치의 법치화는 예측 가능성을 높이고 질서를 안정시키며 실은 모든 국가의 이익과도 합치되는 것이다.

외교는 갈수록 국민 여론의 영향을 받게 되었다. 자신의 정부가 사람을 속이고 권모술수와 음모만을 자행하는 것과 같은 그러한 외교를 한다면, 건전한 시민으로 구성되는 국민 다수가 그것을 지지하는 일은 없다. 국내에서는 정의와 준법정신을 말하면서 국외에서 정부가 그것과 완전히 반대되는 것을 한다면, 그러한 정부에 대해 국민이 자

자국에 유리하게 규칙을 이용하지만 유리하지 않을 때에는 규칙을 무시하는데, 이라크 전쟁과 남중국해를 둘러싸고 보이는 미국의 태도가 그 가장 전형적인 것이라고 생각하고 있는 것처럼 여겨진다. 하지만 첫째로 국제사회가 만들어낸 국제법은 고정된 것이 아니라 변화하는 것이며, 오늘날에는 예를 들어 해양법조약과 같이 유엔에서의 교섭 결과로 결정되고 있다. 초강대국은 유리한 입장에 서 있기는 하지만 혼자서 결정할 수는 없다. 따라서 더욱 핵심적인 것은 국제법을 준수한다고 하는 기본 규칙을 확립하는 것에 있다. 둘째로 현재의 국제법 질서를 극화(極化)해야 한다는 측면은 확실히 있다. 미국 의회는 아직 유엔 해양법을 비준하고 있지 않으며, 때때로 유엔 분담금의 지불을 멈추고 있다. 그럼에도 미국에서는 정부의 판단이 옳은지의 여부를 의회, 언론, 학회 등에서 항상 감시를 하고 있다. 이라크 공격이 그 전형적인 사례이며, 미국 국내와 국제사회에서 준엄한 비판을 받았다. 남중국해에서 미중 간의 대립은 국제법과 관련해 논하자면, 주로 유엔 해양법조약에 대한 해석상의 차이에서 기인한다는 것은 이미 논한 바대로다. 하지만 초강대국이라고 해서 규칙을 제멋대로 결정할 수 있는 시대는 이미 지나가 버린 과거의 일이다.

부심을 갖게 될까? 역시 규칙을 만들고, 규칙대로 행동하는 것이 중요한 것이다.

중국 외교가 현장에서 '법치'를 제기하지 못했던 점, 이것이 그 실패의 커다란 원인인 것이다.

중국 외교는 '힘에 의한 현상 변경'을 시도하며 국제 규범을 약화시켰다

국제법 체계가 완비되어 있지 않고, 또한 국제법을 집행하는 시스템도 취약한 오늘날의 국제사회에서 미국의 이라크 침공처럼 '힘에 의한 현상 변경'이 필요하다고 판단되는 사례도 있다. 하지만 그 행동은 기존의 국제법과 규칙에 비추어 정당했는가의 여부가 항상 엄격한 체크를 받는다.

민주주의국가라면, 정부의 행동은 의회와 여론의 감시를 받는다. 국제사회도 유엔과 각국의 여론이라는 형태로 일정하게 감독하는 역할을 수행하고 있다. 이미 국제적으로 받아들여지고 있는 것과 그렇지 않은 것이 있는 것이다. 후자의 대표적인 최근 사례가 길고 복잡한 역사적 배경이 있기는 하지만, 러시아에 의한 크림반도 병합이다. 이로 인해 러시아의 국제적 지도력은 커다란 타격을 받았다.

필자는 동중국해와 남중국해에서 물리적인 힘에 의한 현상 변경을 정책의 기본에 두었던 점이 중국 외교의 질적인 전환을 가져왔을 것으로 생각하고 있다. 그리고 2012년의 센카쿠열도 문제가 그 계기였던 것으로 여겨진다.

이미 언급했지만, 이 센카쿠열도 문제에 대한 대응은 일본의 움직임을 부정확하게 과대평가해, 그 결과 '과잉 반응'을 했던 것이 잘못이었다. 일본 측도 중국 국내정치의 원동력을 정확하게 파악하지 못했다. 그것에 더해 현장에서의 의사소통도 원활하지 못했다. 중국 측을 설득하는 논리도 지금은 한 가지뿐이다. 중국 측에서 본다면, 애당초 '영토 문제를 뒤로 미루고 공동 개발한다'라고 하는 덩샤오핑의 제안이 실현되지 못하고, 일본에 의해 센카쿠열도의 실효 지배가 계속되고 있는 것 자체를 받아들이기 어려운 분위기가 저류에 있었을 것이다. 일본의 실효 지배가 계속되는 상황을 '일본의 승리이며, 중국의 패배다'라고 말했던 중국인도 있었기 때문이다. 따라서 기회가 온다면 이 상황을 바꾸고 싶다고 생각했다고 하더라도 불가사의하지 않다. 의식적으로 '과잉 반응'을 했을 가능성도 있다. 적어도 중국 지도부의 일부에 그러한 생각은 있었던 것으로 생각된다.

그리고 중국 사회의 여론이다. 중국은 일본의 영유권 주장에 대항하는 실력 행사에 나섰다. 중국의 법 집행기관 소속 공선이 거듭 일본 영해를 침범하고, 영해에 접속수역으로 빈번하게 항행했다. 이것은 오늘날에도 계속되고 있다. 물론 중국 해군은 멀리서 지켜보고 있을 뿐이지만, 중국 국가해양국 소속의 항공기는 센카쿠열도의 영공을 침범했으며, 인민해방군은 결국 장기간 대망(待望)해 왔던 센카쿠열도를 에워싸는 방공식별구역을 설치하기에 이르렀다.

중국의 논리가 무엇이든, 이러한 일련의 중국의 행동은 일본의 중국에 대한 견해를 근본적으로 변화시켰다. 당연한 일이지만, 일본인의 중국에 대한 호감도는 더욱 떨어졌다. 중국을 위협이라고 인식하는 일본인이 급속하게 증가했던 것이다. 중국 측은 일본의 '실효 지배'라는 것에 커다란 구멍을 뚫고 유명무실하게 만들었다고 생각했을 것이다. 하지만 국제법상으로는 그렇게 되지 않았다고 충분히 주장할 수 있다.

무라세 신야(村瀨信野) 쇼지대학(上智大學, Sophia University) 명예교수(유엔 국제법위원회 위원)는 국제법에서는 분쟁 발생의 '결정적 기일(critical date)'이 대단히 중요하다고 설명한다. 국제사법재판소(ICJ)가 우선 그것을 결정한다고 한다.[7] 일본은 1885년 1월에 센카쿠열도가 그 어느 국가에도 귀속되어 있지 않다는 것을 확인한 후에 센카쿠열도를 '무주지(無主地)'의 선점 형태로 일본령에 편입시켰다. 청일전쟁이 종결되기 전의 일이다. 아마도 이날이 '결정적 기일'로 지정될 수 있을 것이다. 중국이 센카쿠열도는 청일전쟁을 통해서 타이완과 마찬가지로 일본이 탈취했다고 말한다면, 그 실현 가능성은 작지만 1895년 4월의 '시모노세키 조약(下關條約)' 체결 시가 '결정적 기일'이 되는 것도 이론상으로는 가능할 수 있다.

ICJ의 기존 판례에 따르면, 국제법상의 중요한 원칙으로서 '결정적 기일' 이전의 증거만 채택되고 있다. 그 이후 행한 행위는 영유권 주장의 근거로서의 '국가 실행(國家實行)'으로서는 그 어떤 의미도 갖고 있지 않는 것이다.[8] 즉 그 이후 상대국의 행위에 대해서는 일본 정부가 그것을 부정한다는 의사를 확실히 표시하면 그것으로 충분한 것이다. 따라서 일본은 러시아(옛 소련)가 실효 지배하고 있는 북방 영토에 대해서도, 한국이 실효 지배하고 있는 독도에 대해서도 상대방 측 하나하나의 행동에 대해서 매번 외교적으로 항의하고 부정하고 있을 뿐이다.

---

7) 村瀨信也, "領土めぐる視角と國際司法裁判所", ≪外交≫, Vol.16(2012).
8) 같은 글.

실력 행사에 나설 필요가 없는 것이다. 이것이 일본 외무성에 재직하고 있었던 시기에 필자가 이해하고 있던 바였다.

중국인은 이제까지 국제법에 대해 회의적이었으며, 기본적으로 최후에는 '힘'으로 결정된다고 생각했던 것처럼 보인다. 하지만 시진핑은 최근 "각국은 국제 법치의 권위를 수호할 책임이 있으며, 법에 따라 권리를 행사하고 선의로 이행할 의무를 갖는다"라고 논했다.[9] 이제까지의 유엔 헌장에 더해 폭넓게 국제법에 대한 인지를 진전시킨 것으로, 새로운 발전이며 크게 환영해야 할 일이다.

그러나 현장에서는 아직 그렇게 되지 않았던 것이 아닐까? 적어도 2016년까지는 그랬다. 이러한 맥락에서 중국은 국제법을 존중하는 '법의 지배'와 '법치'를 되찾을 필요가 있다는 점을 이해해야 할 것이다.

남중국해 문제로 '아세안의 마음'이 이반되고 중국의 외교적 이익이 손실을 입었다

남중국해에서 중국이 진지전(陣地戰)에서 뒤처져 있었다는 것은 사실이다. 하지만 중국은 2014년 5월의 리그 설치 사건 [중국이 베트남과 분쟁 중인 시사군도 주변 수역에서 심해 (석유 탐사·시추를 위한 해상 구조물인) 리그를 설치한 것]으로, 게임의 규칙을 바꾸고 관계국에 대해서 '채찍'과 '당근'을 구분해 사용하며 자국의 주장을 받아들이도록 하고자 했다. 직접적인

9) 習近平, "共同構建人類命運共同體"(2017年1月18日), http://news.xinhuanet.com/world/2017-01/19/c_1120340081.htm

당사국인 필리핀과 베트남에 대해서는 더욱 노골적으로 정치적, 경제적, 군사적인 압력을 계속 가했다. 그와 같은 압력의 행사에 대해서 아세안 주요국은 공개적으로 반발했다. 중국은 '아세안의 마음'을 사로잡는 데 실패했던 것이다.

중국 일부에서는 소국은 대국이 말하는 것을 듣는 것이 당연한 것이라는 발상이 여전히 뿌리 깊다. 이러한 사고방식을 갖고 있는 한, 중국의 시대는 도래하지 않는다. 미국의 '안마당'으로 일컬어졌던 중남미도 예전처럼 미국이 말하는 것을 들을 정도의 지역이 더 이상 아니지 않은가? 이반된 '아세안의 마음'을 되찾는 것은 매우 어려운 일이다. 언젠가 중국은 그 대가가 크다는 것을 배우게 될 것이다.

특히 우려해야 할 것은 중국의 움직임이 아세안의 분열 경향을 강화해 버렸다는 점이다. 그것은 중국 외교에도 실은 커다란 마이너스다.

아세안 10개국이 하나로 뭉쳐서 안정적으로 발전하는 것은 이 광대한 지역이 안정화되기 위한 대전제다. 게다가 이것 자체가 지역과 세계의 평화와 발전에 대해서 적극적 의미를 갖는다. 또한 그와 같은 통일된 아세안은 이 지역에 관여하는 대국에 대해 균형자로서의 역할을 수행할 수 있게 되며, 대국 간의 관계도 안정되는 것이다. 그것이 최근까지의 동아시아의 상황이었다. 하지만 대국이 아세안에 대한 쟁탈전을 실제로 벌인다면, 리콴유가 예언한 바대로 아세안은 '해양 그룹'과 '대륙 그룹'으로 분열하게 된다. 아세안 내부의 모순은 격화되고 이 지역은 불안정해진다. 중국은 그 '판도라의 상자'를 열려고 한다.

정치적으로 중립이며 안정되고 번영된 '통일 아세안'의 실현 자체가 실은 모든 관계국의 이익이라는 것을 중국은 재인식해야 한다. 이것은 미국·일본·인도에도 마찬가지다. 예를 들어 일시적으로 아세안을 자국의 영향하에 둔다고 하더라도 언젠가 타국이 득세해 출현하게 된다. 그렇다고 한다면 아세안의 일체성을 존중하고 중립을 존중하며 균형자로서 건설적 역할을 수행할 수 있게 하는 쪽이 좋다.

아세안이 외부로부터 위협을 느끼지 않게 된다면, 역외 대국에 의지할 필요가 없게 된다. 필리핀이 한 시기 미국과의 동맹 관계를 옅게 하고자 했던 것도 그렇게 판단했기 때문이다. 그리고 아세안의 '중립'이 가능해진다. 하지만 중국이 군사력을 배경으로 자기 의사를 강제하고자 한다면, 많은 국가를 미국 쪽으로 내몰게 된다. 아세안 국가들은 이미 중국을 위협이라고 인식하기 시작하고 있다. 중국은 이 점을 깊게 고려해야 한다.

중국 외교는 미국의 대중 인식을 바꿔버리고 전략적 이익을 상실했다

미국은 전통적으로 영유권의 문제에 대해서는 중립을 유지하고 있다. 그럼에도 미소 간의 냉전도 존재했기에 미국은 일본의 북방 영토에 대한 주장을 지지하고 있다(중국도 지지하고 있다). 사실 센카쿠열도는 1951년의 '샌프란시스코 강화조약'에 기초해 일본이 포기한 영토에는 포함되어 있지 않은 것으로 인정되어(동 조약 제2조), 서남제도(西南諸島)의 일부로서 미국의 통치하에 있었던 것이다(동 조약 제3조). 그리고 1972년 발효된 '오키나와(沖繩) 반환 협정'에서 미국은 일본에 시정권(施政權)을 반환했다. 미국이 당연히 일본의 센카쿠열도에 대한 영유권을 인정해야 했음에도 그렇게 하지 않았던 이유는, 중국과의 관계를 고려해 중립의 입장을 취했던 것에 불과하다.

미일 안보 조약은 일본의 '시정하에 있는 영역'에 대한 무력 공격이 발생했을 경우에, 미일 양국이 공동으로 일본 방위에 나서는 것을 취지로 규정하고 있다(제5조). 즉 센카쿠열도가 미일 안보 조약의 적용 범위에 있는가의 여부는 미국이 일본에 의한 센카쿠열도의 시정(施政)의 실체를 인정하는가의 여부와 관련되어 있다. 중국이 일본의 실효 지배에 도전하며 공선으로 영해 침범을 반복하고 있는 가운데, 미국이 센카쿠열도에 대한 미일 안보 조약의 적용을 인정할 것인가의 여부는 실로 중대한 의미를 갖는 것이었다.

중국이 이때 단번에 일본과 같은 레벨의 '실효 지배'를 만들어내고자 크게 움직였던 것이, 애당초 신중한 자세를 유지해 온 미국의 의식을 급속하게 바꾸게 만들었다. 미국은 중국의 '힘'에 의한 현상 변경(現狀變更)의 움직임이라고 명확하게 인식했던 것이다. 거기에서 2013년 2월 미국의 존 케리(John Kerry) 미국 국무장관은 취임 직후에, 또한 오바마 대통령은 2014년 4월의 아베 총리와의 회담에서 센카쿠열도가 미일 안보 조약의 적용 범위 안에 있다는 것을 각각 공적(公的)으로 명확하게 인정했다.[10)]

남중국해에서의 중국의 움직임도 미국의 강한 경계를 불러일으켰다. 특히 난사군도에서의 급속한 매립과 비행장 등의 건설은 그러한 것이 용이하게 군사적으로 전용될 수 있는 만큼, 미국의 강한 관심을 유발했다. 거기에서 위기감을 느낀 미국은 2015년 10월 '항행의 자유

---

10) 2014년 4월 24일, 아베 일본 총리와의 회담에서 오바마 미국 대통령은 처음으로 미일 안보 조약의 적용에 대해서 명언(明言)했다. http://www.mofa.go.jp/mofaj/na/na1/us/page3_000755.html

작전'을 개시했다.

그러나 오바마 대통령은 신중했다. 목적을 어디까지나 '항행의 자유'로 한정했다. 즉 국제법상 군함이라고 하더라도 자유롭게 항행할 수 있다는 것을 보여주는 것에 주안점을 두었던 것이다. 게다가 중국뿐만 아니라 남중국해의 관계된 모든 국가들에 대해서 영해라고 하더라도 '항행의 자유'[무해통항권]가 있다는 것을 실제의 행동으로 보여주었다. 이를테면 '영유권 등은 당신들이 직접 평화적으로 대화를 통해 결정하기 바란다. 무력 충돌이 발생한다면 간섭할 것이다. 따라서 그렇게 되기 전에 해결하라'라고 하는 것이 미국의 입장인 것이다.

이러한 미국의 대응은 어떤 의미에서는 '정해(正解)'인 것이다. 중국에 원상회복을 요구하면서 다른 모든 국가에 대해서도 그것을 요구해, 처음부터 다시 시작하도록 할 필요가 있다는 것이다.

결과적으로 오바마의 작전은 중국의 인공 섬 조성과 건축물 건설에 대해서는 굳이 도전하지 않고, 이른바 기정사실로써 실질적으로 인정했다고 하는 것이 된다. 오로지 그 군사적 이용을 자제해 줄 것을 요구했을 뿐이다. 이 방침에 대해서 미국 내부에서는 뿌리 깊은 비판이 있다.

이미 중국은 너무 지나친 행동을 했다. 애당초 만조 시에 수몰되는 암초는 유엔 해양법조약상 그 어떤 의미도 없으며 그 어떤 지배와 영유의 근거도 될 수 없다. 그럼에도 현실은 압도적으로 거대한 경제력과 군사력을 보유하게 된 중국이 파죽지세로 광대한 '인공 섬'을 만들고, 게다가 그것들의 군사적인 이용을 획책하기 시작했던 것이다. 2015년 9월 시진핑이 미국을 방문했을 때에 인공 섬 등을 '군사화하지 않는다'라고 약속했다고 미국 측은 발표했다. 하지만 '군사화'라고 추측되는 중국 측의 움직임은 계속되었다.

이러한 일련의 움직임은 중국 국내의 사상 면에서 억압 등의 좌경화 추세와 맞물려 미국 국내에서의 대중 인식을 크게 변화시켰다. 자칭궈(賈慶國) 베이징대학교 국제관계대학(國際關係學院) 학장은 미국의 정책 엘리트들의 중국에 대한 견해가 크게 부정적인 방향으로 변화했다는 것을 확실히 인식하고 있다. 즉 미국의 정책 엘리트들은 "내정 면에서는 중국의 국내 경제, 법치, 정치의 행방이 예상과 다른 방향으로 향하고 있으며, 외교 면에서는 중국이 대외적으로 '확장'하고 국제 질서를 '파괴'하는 것처럼 생각하게 되었다"[11]라고 하는 것이다. 중국 측 식자도 미국의 변화를 확실히 인식하기에 이르렀다.

물론 실제 미국의 대중 정책은 또 한 가지의 중요한 기둥인 경제 관계를 고려해 결정된다. 미중 관계가 미소 관계와 본질적으로 다른 것은 미소 간에는 경제 교류가 없었던 것에 반해서, 미중 간에는 거대한 경제 관계가 존재하고 있다는 점이다.[12] 북한 문제뿐만이 아니다. 중국이 대국이 될수록 테러와 환경 등 국경을 초월하는 로컬(local)한 문제에 대해서도 중국으로부터의 협력이 불가결해진다. 미중 양국은 서로가 서로를 필요로 하고 있는 것이다. 현재의 트럼프 정권에서는 들려오고 있지 않지만, 미국에는 전통적으로 자국이 신봉하는 가치관

---

11) 賈慶國, "特朗普制造'不確定'以從中獲利", ≪環球時報≫(2017.1.25), http://opinion.huanqiu.com/1152/2017-01/10017427.html

12) 첫째, 미중 양국 경제가 세계 전체에서 차지하는 비중은 약 40%에 달한다("世界の統計2017年", http://www.stat.go.jp/data/sekai/0116.htm#c03). 둘째, 수출입의 상호 순위는 중국의 대미 무역(2015년) 종합 1위, 수출 1위, 수입 2위(수입은 한국이 1위, 일본이 3위), 미국의 대중(對中) 무역(2016년)은 종합 1위, 수출 3위, 수입 1위였다(http://www.census.gov/foreign-trade/statistics/highlights/top/top1612yr.html).

을 세계로 확산시킨다고 하는 사명감에 입각한 외교가 있다. 이 요소도 언젠가 나타나게 된다. 이러한 것을 종합적으로 판단해 미국의 대중 정책은 결정된다.

그러나 미중 양국이 지정학적인 대립 관계에 들어선 것은 역시 미중 관계의 차원을 본질적으로 변화시킬 정도의 사건인 것이다.

워싱턴은 뭐라고 해도 세계 정치의 중심이다. 여기에서의 대중 인식의 변화는 급속하게 세계 전체로, 특히 유럽으로 확산되었다. 이리하여 세계 전체의 중국에 대한 시선은 한층 더 준엄하게 되었다.

중국 외교는 '특유의 풍격'을 잃었다

필자는 '중국 특색의 대국 외교'의 원래 모습은 중국의 건국 지도자들, 특히 마오쩌둥, 저우언라이가 만들어내고 덩샤오핑이 유지해 왔던 것 가운데 있다고 생각한다. '저우언라이 외교'에는 '대국의 풍격'이 있었다. 물론 '중국 제일'을 추구하기는 했지만, 그것이 입각해 있던 대국관(大局觀)·국익관은 폭넓고 장기적인 시각에 기반해 있는 것이었다. 게다가 그 행태에는 중국의 전통이 배양해 낸 '문화의 향(香)'이 있었다. 최근의, 특히 2009년부터 2016년까지의 중국 외교는 그것을 상실했다는 것에 주목하지 않으면 안 된다.

마오쩌둥이 일본의 침략에 '감사(感謝)'했다고 하는 이야기는 중국 국내에서도 논의가 되고 있는 듯한데,[13] '중국을 침략해서 죄송합니

13) "正確理解毛澤東'感謝日本侵略'一語", 新華網(2008.12.17), http://history.news.

다'라고 사죄하는 일본인에게 '아니 오히려 감사해야 할 것은 중국입니다'라고 하는 말을 듣게 되면, 어딘가 '대인의 풍격'을 느끼게 되지 않겠는가? 마오쩌둥의 '감사'는 일본이 중국을 침략했던 덕분에 국민이 단결하고 중국공산당이 중국국민당을 타도할 수 있었다고 하는 의미이지만, 역시 '대인'으로서의 말하기 방식이다.

1974년 1월 '중일 항공 협정'을 위한 교섭 과정에서의 '타이완 문제'를 해결하기 위해서, 당시 오히라 마사요시(大平正芳) 일본 외무대신이 방중했다. 필자도 말석의 수행원으로서 동행했다. 급히 마오쩌둥이 회견을 할 것이라는 말을 들었는데, 통역도 포함해 일본 측의 동석자 없이 한다고 하는 조건이었다. 그 때문에 일본 외무성의 역사에서 일본 외무대신이 어디에 있었는지 정확하게 파악하지 못하는 전례가 없는 사건이 발생했다. 거기에서 마오쩌둥이 저우언라이에게 "오히라 외상은 먼 길을 마다하지 않고 찾아오셨네. 중국 측이 양보하면 어떻겠는가?"라고 말했다고 한다. 그리고 저우언라이는 "내일 외교장관 회담이 있으므로 그 결과를 보도록 하시지요"라고 말하며 그 장소를 떠났던 것으로 여겨진다. 이튿날의 외교장관 회담에서 일본 측이 그 이상 양보하지 않는다는 것이 판명되자, 중국 측은 결국 일본 측의 입장을 모두 받아들였다. 이 시점에서 타이완 문제를 처리하고 협정을 체결하는 것이 중일 관계를 진전시키는 것이 되며, 오히라 외무대신을 국내에서의 난처한 상황[청람회(青嵐會, Seirankai) 등의 일본 자민당 내부의 반다나카 가쿠에이(田中角榮) 그룹의 오히라 외상에 대한 공격도 격렬했음]으로부터 구해낸다는 의미도 있었을 것이다. 마오쩌둥·저우언라이 콤비는 이러

163.com/08/1217/08/4TBQLDI200011247.html

한 결단도 가능했다.14)

마오쩌둥은 대국(大局, 전체적인 형세)을 유지한다고 하는 관점에서 영토 문제에서도 필요한 양보를 했다. 1950년 중국은 미얀마(당시에는 버마)와 외교 관계를 수립했는데, 1950년 국경 조약을 체결해 양국 간의 국경을 확정했다. 청나라가 영국과 체결한 조약(1897)에 따라 한족(漢族)이 거주하는 코캉(Kokang, 중국명: 果敢) 지역을 버마령으로서 인정했다. 하지만 이 지역은 최초의 '청영 조약'(淸英條約, 1894)에는 포함되어 있지 않았다. 그런데 프랑스가 '청불 조약'(淸佛條約, 1895)을 체결한 결과, 프랑스령 인도차이나 쪽이 영국령 버마에서 북쪽까지 뻗어버렸다. 동일한 위도(緯度)로 한다는 이유만으로 영국은 청나라와 다시 교섭을 해, 코캉 지구를 버마에 편입시켰던 것이다. 말도 안 되는 이야기다. 제국주의의 가장 전형적인 사례이며, 중국이 득의양양해 하는 역사를 꺼내 논하자면, 중국령으로서 되찾아도 좋았을 것임에 틀림없다. 하지만 마오쩌둥은 독립한 지 얼마 되지 않은 버마와의 관계를 중시해 양보했다. '대인'으로서의 풍격이 아닌가?

'저우언라이 외교'는 세계에서 존경을 받았다. 항상 '정의'의 측에서 있는 자세를 보여주었기 때문이다. '정의'라고 하는 것은 실로 성가신 문제다. '정의란 무엇인가'를 둘러싼 논쟁은 인류의 역사 그 자체인 것이다.15) 이 논쟁이 고대 그리스부터 시작되었다는 것을 듣게 되면, 그 어려움은 상상할 수 있다. 하지만 역시 '옳은 것'과 '옳지 않은 것'은

14) '중일 항공 협정'을 위한 교섭에 관한 기술(記述)은 당시 일본 외무성 중국과장으로 재직했던 구니히로 미치히코(國廣道彦) 전 주중 일본 대사의 저서 『'경제 대국' 시대의 일본 외교 회상: 미국·중국·인도네시아(回想'經濟大國'時代の日本外交: アメリカ·中國·インドネシア)』(吉田書店, 2016), pp.83~118에 상세하게 다루어지고 있으며, 해당 일화에 대해서는 pp.93~103에 기재되어 있다.

15) 日本文化會議 編, 『西歐の正義 日本の正義』(文藝春秋, 2015).

있다. 그렇지 않다면 인간 사회는 성립되지 않는다. 저우언라이는 '옳은 것'에 입각해 외교를 추진했다. 적어도 사람들이 그렇게 생각하도록 만들었다. 그것이 중국의 이익이기도 하다는 확신이 있었던 것이다.

저우언라이는 1954년 독립한 지 얼마 되지 않은 국가들과의 연대를 표명하고, 인도의 자와할랄 네루(Jawaharlal Nehru) 총리와의 사이에서 국제 관계에서 준수되어야 할 '평화공존 5원칙'[16]에 합의했다. 냉전하의 미소 대립 가운데 제3세계 국가의 존립에 있어서 기본으로 간주된 이념이었다. 그것은 또한 억압받았던 자를 위해 일어선 사회주의의 '정의'이기도 했다. 물론 그러한 것이 미국과 대립하고 소련의 압력에 노정되기 시작했던 중국에 유리하며, 효과적이기도 했다. 현실주의자이기도 했던 저우언라이가 그 정도의 계산을 하지 않았을 리가 없다. 하지만 항상 '정의'를 표명하고 도리를 말하는 자세를 일관되게 행동으로 옮겼다. 그 당시 중국의 국력은 결코 크지 않았다. 그럼에도 세계가 경의를 표하는 '대국 외교'를 이루어냈던 것이다.

단순한 실리주의자가 아니었던 덩샤오핑

1978년 10월 덩샤오핑 중국 부총리(당시)가 일본을 공식 방문했다. 그리고 그는 기자회견장에서 센카쿠열도 문제에 대해서 다음과 같이 발언했다.[17]

---

16) '평화공존 5원칙'이란 ① 영토·주권의 상호 존중, ② 상호 불가침, ③ 내정 불간섭, ④ 평등 호혜, ⑤ 평화적 공존을 지칭한다.

17) 中共中央文獻硏究室 編,『鄧小平年譜(1975~1997)』, 上, pp.411~412.

> 우리 쌍방은 이 문제에 대해 언급하지 않기로 약속했다. 일부 사람은 항상 이 문제에 대해 트집을 잡으며 중일 관계의 발전을 방해하려 하고 있다. 나는 양국 정부가 이 문제를 피하는 것이 현명하다고 생각한다. 이러한 문제는 잠시 덮어두어도 큰 문제가 되지 않는다. 10년간 덮어두어도 큰 문제가 없다. 우리의 세대는 지혜가 부족해 결말이 나지 않는다. 우리의 다음 세대는 우리보다 현명할 것임에 틀림없으며, 모두가 받아들일 수 있는 방식을 찾아내고 이 문제를 해결할 것임에 틀림없다.

이것이 '뒤로 미루기 방식'이며, 그 이후의 '뒤로 미루고 공동 발전'이라고 하는 중국 측의 정책이 된다. 그 이후 이 발언을 둘러싸고 중일 간에 말썽이 끊이지 않고 있는데, 하지만 그렇다고는 해도 이러한 '뒤로 미루기론'을 당당하게 주장할 수 있는 정치가가 오늘날 세계의 어디에 있을까? 중국의 입장에서 본다면, 일본의 실효 지배에 도전하지 않는다는 것이며, 커다란 양보라고 간주되더라도 어쩔 수 없는 제안이었던 것이나. 역시 이 문제를 옆으로 방치하더라도 일본과의 관계를 발전시키며 소련에 대한 공동 전선을 펼치는 것이 중국의 국익이라고 하는 강한 신념이 있었다고 밖에는 생각되지 않는다. 덩샤오핑은 역시 대국의 대정치가였던 것이다.

철저한 실리주의자이자 합리주의자로 여겨지고 있는 덩샤오핑도 이상을 추구하는 혁명가의 모습을 때로는 보인다. 제2차 세계대전 이후 식민지주의, 혹은 제국주의의 멍에로부터 벗어난 국가들은 대체로 개발도상국이며 중국에서는 제3세계라고도 부른다. 덩샤오핑은 1984년 브라질의 주앙 피게이레두(João Figueiredo) 대통령에게 "중국은 현재도 제3세계에 속하며, 장래에 발전해 부강한 국가가 되더라도 제3세계에 속한다. 중국과 모든 제3세계 국가들의 운명은 동일하다. 중국은 영원히 패권을 제창하지 않고, 영원히 타인을 괴롭히는 일은 하지 않을 것이며, 제3세계의 측에 설 것이다"[18]라고 논하고 있다. 현재 중국인 중의 일부에게 들려주고 싶은 말이 아닌가?

1989년의 톈안먼 사건 이후, 덩샤오핑은 동서 냉전이 종식되었지만 새로운 냉전이 시작되었다는 인식을 보였다. 새로운 냉전은 "제3세계와 사회주의에 대한 것이며, 포연이 없는 제3차 세계대전이고, 사회주의 국가를 '평화적으로 전복'시키고자 하는 것"[19]이라고 했다. 거기에서 제3세계와의 단결을 강화하고 함께 패권주의에 반대한다고 하는 전략이 생겨난다.

이것을 단순한 실리주의라고 보면 혁명가로서의 덩샤오핑의 이미지를 간과하게 된다고 필자는 생각한다. 1920년 커다란 시대의 흐름 속에서 쓰촨성의 벽촌에서 태어난 '젊은이' 덩샤오핑은 불과 16세의 나이에 프랑스로 건너간다. 거기에서 그는 공산주의, 사회주의와 조우하고 그것을 통해서 중국을 구해내고 부강한 중국을 만든다고 하는 '꿈' 또는 '이상'을 실현하고자 했다. 공산주의, 사회주의의 기본은 평등이며, 피억압자의 연대다. 따라서 "만국의 노동자여 단결하라!"(『공산당 선언』)라고 하는 것이 된다. 국제공산주의운동을 사유물처럼 다룬 소련공산당에 대해서 과감하게 논전 펼치며 도전했던 것은 중국공산당이었는데, 그 챔피언이 바로 덩샤오핑이었다. 덩샤오핑이 제3세

---

18) 『鄧小平文選』, 第3卷, p.56.

19) 같은 책, p.344. 1989년 11월 23일, 덩샤오핑이 줄리어스 니예레레(Julius Nyerere) 탄자니아 혁명당 당수(黨首)와 나누었던 회담 내용이다.

계와의 연대를 표명할 때, 단순한 실리의 추구뿐만이 아니었다는 것에 주목하지 않으면 안 된다. 따라서 개발도상국과 함께한다고 했던 것으로 생각된다. 이것도 어떤 의미에서 '정의'의 추구였다.

1979년 덩샤오핑은 베트남을 침공했다. 이것은 대국이 소국을 괴롭히는 것처럼 보인다. '덩샤오핑의 주장과 모순되지 않는가'라고 말할 수도 있다. 하지만 그 당시 소련의 지지하에 베트남 전쟁에서 승리한 기세에 편승해, 베트남은 이웃나라 캄보디아까지 군을 출동시켜 세력을 확대하고자 했다. 중국의 최대 목적은 베트남을 징벌함으로써 소련의 영향력이 확대되는 것을 저지하는 것에 있었다.

중국의 국내 여론은 반베트남으로 들끓어 올랐다. 베트남 전쟁 시기에 먹는 것도 먹지 않고 사회주의 '형제 국가'인 베트남을 원조했음에도, 전쟁에서 승리하자 손바닥을 뒤집듯이 중국이 말하는 것에 귀를 기울이지 않는 것은 '무슨 일인가!'라고 하는 격렬한 분노로 넘쳐났다. 따라서 베트남을 징벌하면 중국 국내는 다스려지고, 덩샤오핑과 중국공산당에 대한 지지는 강화된다. 이러한 국내 정치에 있어서의 측면은 확실히 존재했다. 하지만 덩샤오핑 자신이 미국과 일본에 직접 설명했던 바도 있으며, 중국의 행동에 대한 국제사회의 이해는 어느 정도 획득되었다.

이러한 대국관에 기초한 세계론과 행동이 '대국의 외교'라고 하는 것이다. 그런데 그러한 '대국의 풍격'이 한동안 중국 외교에서 사라졌던 것이다.

중국에는 힘에 의지하고 사람을 속이며 자신의 이익을 추구하는 인물과, 그들이 주역인 역사가 무수히 있다. 기원전 8세기부터 기원전 3세기까지 계속된 춘추전국 시대는 거의 동주(東周) 시대와 겹친다. 그 시대의 역사를 기록한 『동주열국지(東周列國志)』는 진(秦)나라 시황제(始皇帝)가 중국을 통일하기 이전의 이야기며, 바로 국가와 국가가 서로 대항했던 외교사 그 자체다. 거기에는 빛나는 외교의 기(技, 기교)가 있으며, 동시에 권모술수로 가득한 세계다. 『삼국지연의(三國志演義)』는 서기 1세기부터 3세기까지의 삼국 시대 역사에 입각해 원나라 말기부터 명나라 초기(14세기)에 걸쳐서 나관중(羅貫中)이 집필한 것으로 알려지고 있는 소설이다. 이 책도 음모와 사술(詐術)로 가득하다. 그 때문에 중국에는 '노인은 삼국지를 읽지 않는다(老不看三國)'라는 속담(俗語)이 있을 정도다. 즉 인생에서 그러한 경험을 많이 해온 노인은 더 이상 그러한 이야기를 듣고자 하지 않는다고 하는 의미다.

하지만 중국의 지식인이 유학의 강한 영향을 받아왔던 것도 또한 숨길 수 없는 사실이다. 예전에 중국의 '지식인'이란 과거에 합격한 사람이나 합격하지 못했어도 그것을 준비했던 사람들을 지칭한다. 유학은 뭐라고 해도 과거 시험의 필수 과목이며, 그 핵심 내용은 아동 시기부터 주입되어 왔다. 그리고 현실 세계 중에서 유학의 이념과 가치관을 실현하는 것이 얼마나 어려웠을지도 생각해 보면 곧 알 수 있다. 하지만 거기에는 마음속의 갈등이 있었다. 『장제스 일기(蔣介石日記)』를 읽었던 야마다 다쓰오(山田辰雄) 게이오대학(慶應義塾大學) 명예교수는 그 가운데 유학적 윤리관에 기초해 반성하는 말이 연달아 나오고 있다고 지적한 바가 있다. 권력투쟁을 하면서 도의적인 갈등도 있었다는 것이다.

중국국민당도 중국공산당도 모두 유학을 부정했다. 그것은 통치의 수단(이데올로기)으로서의 유학이며, 개인과 사회의 가치관으로서의 유학은 아니다. 왜냐하면 유학은 중국인의 가치관에서 중요한 구성 부분이며,

중국 혁명을 추진했던 사람들도 그것으로부터 강한 영향을 받았기 때문이다. 그리고 민간의 종교이기도 했던 도교는 유학과 불교의 강한 영향을 받으면서 일반 중국인의 가치관에 강한 영향을 미쳐왔다.

그런데 일본에서도 그렇지만, 이러한 동양의 전통적 가치관은 오늘날 물질문화와 현대 문화가 절충되면서 동요하고 있다. 단기간에 급격하게 변화한 중국은 일본과는 비교가 되지 않을 정도로 가치관이 동요하고 있는 것이다.

바로 이것이 현대 중국이 도전해야 할 최대의 과제일지도 모른다.

7

중국 외교의 재생을 위한 길

'국제 협조 노선'의 견지는 덩샤오핑의 유언

1995년 당시 외교 담당의 부총리였던 첸치천(錢其琛)은 '덩샤오핑 외교'에 대해서 다음과 같이 총괄했다.[1)]

> 중국은 영원히 제3세계에 속한다. 중국은 현재도 제3세계에 속해 있으며, 장래에 발전해 부강해지더라도 여전히 제3세계에 속한다. …… 중국은 영원히 패권을 제창하지 않고 영원히 타인을 괴롭히지 않으며 영원히 제3세계 측에 선다.
>
> 국가의 전략적 이익에서 출발해 국가와 국가 간의 관계를 처리한다. 사회제도와 이데올로기의 차이를 초월하고 역사적인 은수(恩讎)에 구애받지 않으며, 이데올로기 논쟁을 하지 않고 평화공존 5원칙에 기초해 모든 국가와 우호적인 협력 관계를 발전시킨다.
>
> 냉정함 위에 더욱 냉정함을 기하고 계속 냉정함을 유지해야 하며, 적시에 냉정하게 관찰하고 침착하게 대처하며, 진지(陣地)를 확고히 굳히고 도광양회(韜光養晦, 실력을 숨기며 때를 기다리는 것)하며, 유소작위(有所作爲, 때가 되면 일부 성과를 올리는 것)해야 한다. …… 평화공존 5원칙의 기초 위에 순조롭게 모든 국가와의 우호 관계를 발전시켜야 한다. 경계심을 갖되 그 누구도 두려워하지 않고 그 누구에게도 미움을 사는 일 없이

---

1) 1995년 12월 12일 중국 외교부에서 개최된 '덩샤오핑 외교사상 연구 토론회' 개막식에서 첸치천이 행한 강화 내용이다. "深入學習鄧小平外交思想, 進一步做好新時期外交工作", 『鄧小平外交思想學習綱要』(世界知識出版社, 2000), p.7.

> 친구와 교제하며, 심중유수(心中有數, 마음속으로 궁리하는 것)해야 한다. 실력을 숨기면서 때를 기다리고 모든 노력을 기울이며, 큰 깃발을 들지 않고 결코 선두에 서지 않으며, 지나친 말을 하지 않고 지나친 일을 하지 말아야 한다. 경제 건설을 제대로 행해야 하고, 시간을 낭비해서는 안 된다. 중국은 국제 무대에서 무족경중(無足輕重, 대수롭지 않은 것)한 존재가 아니고, 유소작위를 할 수 있으며 또한 해내야 한다.

첸치천은 동일한 강화 가운데 '덩샤오핑 외교'를 애국주의와 국제주의가 결합된 사상이라고 말하고 있다. 생각해 보면, 1928년 태어난 첸치천도 청년 시절 중국공산당 당원으로서 상하이에서 공작 활동에 종사했다. 역시 국제공산주의운동이라는 이름하에, 그리고 사회주의의 연대라는 미명하에 활동했다. 오래된 세대의 중국 혁명가는 중국의 장래를 세계 속에서 고려했다. 시대의 조류를 독해하고 세계 속에서 세계와 함께 발전한다고 하는 강한 의식을 가지고 있었다. 그 총체가 바로 '덩샤오핑 외교'였다.

덩샤오핑 외교는 중국에 있어서 최대의 과제인 경제의 지속적 발전을 위해 필요한 외부 환경을 정비하는 것을 최대의 임무로 삼아왔다. 적어도 필자는 그렇게 이해했으며, 외교의 현장에서 그 어떤 위화감도 느끼지 못했다. 이 사상을 관철했던 덩샤오핑 외교는 논리적인 정합성을 갖고 있으며 중국 외교에 커다란 안정감을 제공해 왔다. 그것은 경제를 중시하는 외교이고, 평화적인 국제 환경을 중시하는 외교이기도 하며, 이치에 맞는 외교이기도 했다. 따라서 중국 외교는 일정한 '신뢰'를 쟁취할 수 있었던 것이다.

이제까지 살펴본 바와 같이, 그러한 합리주의에 기초한 '덩샤오핑 외교'를 민족주의의 감정론이 붕괴시켰다. 민족주의가 나쁘다고 하는 것은 아니다. 자신의 국가와 민족, 역사와 문화에 자부심을 갖는 것은 결코 나쁜 것이 아니다. 오히려 건전한 일이다.

하지만 감정에 촉발되어 단기적인 협소한 시각에 빠진다면, 민족주의가 주도하는 외교는 장기적인 폭넓은 시각에 입각한 국익을 훼손한다. 따라서 그렇게 되지 않도록 중국도 애국주의라고 하는 용어를 사용해 내셔널리즘(nationalism)의 중국어 번역어에 해당하는 '민족주의' 또는 '국가주의' 등의 용어는 사용하지 않도록 하고 있다.[2)]

그러나 1990년대 이래 그 애국주의가 점차 국제주의와 떨어져 나가면서 협소한 시각의 감정론에 중독되어 버렸다. 피해자로서의 중국이 강조되고 그러한 중국의 굴욕을 씻어내며 세계의 대국, 강국인 중국을 재생시키는 것이 어쨌든 유일한 목표처럼 되었다. 그리고 그것이 애국주의라고 하는 것이 되었다.

근대 중국 시기에 중국에 가장 커다란 피해를 입혔던 것은 일본이며, 역사 및 영토 관련 문제 등 일본과 관련된 문제에 대해서 일본을 비판하고 행동하는 것 자체가 애국적 행동이 되었다. '애국 무죄'라고 하는 말까지 튀어나오고, 법치국가에서는 있을 수 없는 일이 애국적 행위라면 무엇을 해도 용납된다고 하는 느낌마저 생겨났다.

그것은 대국관(大局觀)에 기초해 세계의 평화와 발전을 실현하기 위해 중국이 건설적으로 공헌을 하고, 그것을 통해 중국 자신의 평화와

---

2) 『영한 대사전(英漢大詞典)』, 第3版(上海譯文出版社)에서 내셔널리즘(nationalism)은 "특히 과거 자기 민족의 우월함을 과도하게 강조하는" 민족주의를 지칭한다고 특별히 설명하고 있다.

발전을 구가하며, 국제사회로부터 존경을 받는다고 하는 아마도 덩샤오핑이 추구했던 방향과는 정반대의 움직임이었다. 중국이 강대해짐에 따라 자신의 바람과 이익을 경우에 따라서는 힘을 사용하더라도 실현하는 것, 즉 '패권국'과 같은 행태를 보이는 강대한 중국이 부흥하게 되었다는 증거라고 착각하고, 타자에게 그것을 받아들이도록 하는 것이 애국적인 사고이며 행동인 것처럼 간주되었다. 이것은 "중국은 영원히 패권을 제창하지 않는다"라고 하는 '덩샤오핑 외교'에서의 커다란 일탈이자, '대국의 풍격'이 있는 외교로부터의 일탈이었다.

'중국의 꿈'을 추구하며: 덩샤오핑, 장쩌민, 후진타오

덩샤오핑은 중국 현대화의 목표를 '소강지가(小康之家)'라고 하는 말로 표현했다. 그가 1979년 오히라 마사요시 일본 총리(당시)와 만났을 때 했던 말이다. '소강'이란 예로부터 있던 말인데, 애당초 정치와 그 가르침이 이치에 맞으며 사람들이 풍요롭고 풍족하며 평온하고 무사하게 지낼 수 있는 사회를 일컫는다.

덩샤오핑의 머릿속에서 점차 그 내용이 굳어지고, 1987년 그것을 3단계로 실현하는 것을 말했다.[3] 덩샤오핑의 '3보주(三步走)' 정책이라고 불렸다. 제1보는 1980년대에 1인당 국민총생산(GNP)[4]을 2배로 만

3) 鄧小平, "吸取歷史經驗, 防止錯誤傾向"(1987年4月20日), 『鄧小平文選』, 第3卷, p.226.

4) 1993년 이래 '국민총생산(GNP: Gross National Product)'의 개념이 없어지고 '국내총생산'(GDP: Gross Domestic Product)이 등장했다. 양자의 차이점에 대해서 일본 내

든다[1980년의 250달러(USD)를 500달러로 만든다]고 하는 것이다. 제2보는 20세기 말까지 다시 2배 증가시켜 1인당 GNP를 1000달러로 만든다. 이것으로 '소강 사회'에 진입하게 된다. GNP는 1조 달러를 초과하고 국가의 힘은 크게 증대할 것으로 인식했다. 제3보는 더욱 중요한데 2030년부터 2050년까지 걸쳐서 1인당 GNP를 4배로 증가시켜 4000달러로 만든다. 이 시도를 덩샤오핑은 "중국이 중급(中級)의 발달 수준에 도달하는 것이며, 우리의 용감하고 진취적인 뜻이다. 이 목표는 높지 않지만 직접 해보면 결코 쉬운 일이 아니다"라고 말했다.

여기에서 주목해야 할 것은 '소강'이라고 하는 말이 애당초 생활 수준에 한정된 개념이 아니라 더욱 광범위했던 것을, 덩샤오핑이 경제의 규모라든지 1인당 수입으로 치환시켰던 점에 있다. 일본의 이케다 하야토(池田勇人) 총리도 '소득 2배 증가'를 국책으로 삼았다. 그 당시 일본의 민심을 달래주며 이른바 '안보 투쟁'으로 분열되고 황폐해진 일본 사회를 하나로 통합해 일본은 크게 발전했다. 그러한 의미에서 덩샤오핑의 '3보주' 정책도 중국을 하나의 방향으로 나아가도록 하는데 있어서 중요한 것이었다. 하지만 경제 제일주의의 '소득 2배 증가 정책'이 한계를 맞이했던 것처럼, 덩샤오핑의 정책도 그러한 한계에 봉착하게 되는 성질의 것이기도 했다.

그런데 장쩌민 정권은 덩샤오핑 정책의 정치화(精緻化)를 도모하기만 했을 뿐, 그 이외의 요소를 부가하려고 하지는 않았다. 1992년의

각부는 "GDP는 국내에서 일정 기간 내에 생산된 물건 및 서비스의 부가가치를 합친 액수다. '국내'이기 때문에 일본 기업이 해외 지점 등에서 생산한 물건 및 서비스의 부가가치는 포함되지 않는다. GNP는 '국민'이기 때문에 국내에 한정되지 않고 일본 기업의 해외 지점 등에서의 소득도 포함된다"라고 설명하고 있다.

중국공산당 제14차 당대회에서 ① 1990년대에 덩샤오핑의 '제2보'를 실현하는 것, ② 중국공산당의 창당 100주년(2021년)에 더욱 성숙되고 투명한 제도를 만드는 것, ③ 중화인민공화국 건국 100주년(2049년) 무렵에 사회주의 현대화를 기본적으로 실현한다고 하는 '제3보'의 목표를 달성하기로 결정했다.[5)]

1980년의 1인당 GDP를 2000년에 그 4배에 해당하는 1000달러로 만든다는 목표(제2보)를 1995년에 앞당겨 달성하고, 그것을 4000달러로 만든다는 목표도 1997년에 달성했다(제3보). 거기에서 그 다음의 새로운 목표 만들기가 시작되었다. 1997년의 중국공산당 제15차 당대회에서 장쩌민은 "21세기 최초의 10년을 통해 2000년의 GNP를 2배 증가시키고, 국민의 생활을 풍요롭게 하는 것과 함께 사회주의 시장경제 체제를 더욱 완성시킨다. 창당 100주년(2021년) 무렵 경제를 더욱 발전시키고, 제도를 완비한다. 건국 100주년(2049년) 경에 현대화를 기본적으로 실현해, 부강하고 민주적이며 문명적인 사회주의 국가를 만든다"라고 논했다.[6)]

2002년의 중국공산당 제16차 당대회의 보고는 신임 후진타오가 아니라 전임 총서기였던 장쩌민이 행했다. 거기에서 21세기의 전략 목표를 더욱 상세하게 제기했다. 물론 장쩌민 보고는 내부에서 논의되어 승인된 것으로 당의 총의라고 말할 수 있다. 그중에 "2010년까지 경제 규모, 종합 국력 및 국민 생활을 더욱 높은 레벨로 끌어올린다. 2020년(창당 100주년 무렵)까지 2000년의 국내총생산(GDP)을 4배로 만들고 더욱

5) 중국공산당 제14차 당대회에서의 장쩌민 보고, 『江澤民文選』, 第1卷, p.253.
6) 중국공산당 제15차 당대회에서의 장쩌민 보고, 『江澤民文選』, 第2卷, p.4.

높은 레벨의 '소강 사회'를 실현한다. 2050년 전후(건국 100주년 무렵)에 현대화를 기본적으로 실현해, 부강하고 민주적이며 문명적인 사회주의 국가를 만들어낸다"라고 말했다.[7] 그런데 2020년까지 2001년의 GDP를 4배로 증가시킨다는 해당 목표는 2010년에 크게 앞당겨 달성되었다.

후진타오는 2007년의 중국공산당 제17차 당대회에서 '소강 사회의 전면적인 건설'을 국가 목표로 삼고, 2020년에 '전면적인 소강 사회'를 만들어낸다고 선언했다.[8] 이것을 더욱 구체화해 2008년에는 6개의 범주(① 경제 발전, ② 사회의 조화, ③ 생활의 질, ④ 민주와 법제, ⑤ 문화와 교육, ⑥ 자원과 환경) 및 23개의 측정 지표를 결정했다.[9] 그 수치가 60이 되면 '소강 사회'이고, 100이 되면 '전면적인 소강 사회'가 된다. 2010년의 달성도는 80.1이 되어 2000년보다 높았다. 이 수치에는 약간의 부풀리기가 있겠지만, 단순히 경제적인 생활수준의 향상뿐만 아니라 생활의 질을 묻는 방향으로 변화하고 있다. 국민과 사회의 관심 및 요구의 변화를 보여주고 있다. 그런데 이 범주와 지표에 '부'는 들어가 있지만 '강'이 들어가 있지 않은 점은 매우 흥미롭다.

이 사고에 따라서 후진타오는 2012년의 중국공산당 제18차 당대회 보고에서는 2010년에 비해서 GDP 및 국민의 평균 수입을 2020년에 2배 증가시키는 것을 표명했다.[10] 후진타오의 보고는 당대회에서 승인되었으며, 이 소득 배증 계획은 중국공산당의 국민에 대한 명확한

---

7) 중국공산당 제16차 당대회에서의 장쩌민 보고, 『江澤民文選』, 第3卷, pp.542~543.
8) 중국공산당 제17차 당대회에서의 후진타오 보고, 『十七大以來重要文獻選編』, 上, p.1.
9) 中國國家統計局, 『全面建設小康社會統計監測方案』(2008年6月).
10) 중국공산당 제18차 당대회에서의 후진타오 보고, 『十八大以來重要文獻選編』, 上, p.13.

약속이 되었다. 이것은 또한 시진핑이 실현해야 하는 약속이기도 한 것이다. 또한 중국의 배증 목표는 인플레 등을 가산한 명목 기준이며, 실질 기준은 아니다.

대외 강경 노선으로부터의 방향 전환

시진핑이 후계자로 등장한 2012년, 중국의 실태는 실로 어려운 국면에 있었다. 기적의 경제 성장은 중국의 모든 면에 왜곡을 발생시켜, 근본적인 개혁을 하지 않을 경우 경제를 발전시키는 것도 사회의 불만을 흡수하는 것도 모두 불가능한 단계에까지 이르렀다. 하지만 중국의 상황에 대한 불만의 일부는 이제까지의 정책, 즉 개혁개방 정책에 대한 부정으로 경도되고, 하필이면 경제·사회에 대한 심도 있는 개혁에 반대하는 목소리가 강해졌다. 그것에 더해 국민과 사회의 대국의식만은 커지게 되어, 민족주의가 흘러 넘쳐나고 있다. 개혁반대파와 과격한 민족주의 성향의 '좌' 사이의 야합은 대외적으로 강경한 자세의 주장으로 연결되었다.

2012년 11월 15일, 시진핑은 중국공산당 제18차 당대회에서 총서기에 선출되었다. 그리고 신속하게 중요 정책을 제기했다. 한 가지는 총서기 취임 2주일 이후에 제기했던 '중국의 꿈'이다. 또 한 가지는 취임한 지 2개월이 채 되지 않아 제기되었던 반부패·반오직(反汚職)의 선언이었다. 후자는 국내의 대개혁·대청소에 필요한 총서기에 대한 권력 집중과 효율적이며 청렴한 관료 기구를 만들기 위한 움직임이었다. 이 신속하고 과감한 움직임은 시진핑이 충분한 준비와 물러서지 않겠다는 결의 아래 총서기의 지위에 올랐다는 것을 보여주고 있다.

'중국의 꿈'은 시진핑이 2012년 11월 29일 '부흥의 길' 전시회를 참관했을 때의 강화 중에서 최초로 언급되었다. 시진핑은 "중화민족의 위대한 부흥을 실현하는 것 자체가 중화민족이 근대 이래 계속 품어왔던 가장 위대한 꿈이다"라고 말했다. 그리고 다음으로 '중국의 꿈'의 핵심 내용을 말하기 시작했다. 우선 '두 개의 100년의 분투 목표'의 실현을 말했다. '중국 특색의' 사회주의의 실현을 통해서 중국공산당 창당 100주년에 '소강 사회'를 완성시키고, 중화인민공화국 건국 100주년에 "부강하고 민주적이며 문명적이고 조화로운 사회주의 현대 국가"를 만들어낸다는 국가 목표를 확실하게 제시했다.11)

또한 '강국의 꿈', '강군의 꿈'을 말했다. '우주여행의 꿈'은 '강국의 꿈'의 일부이며, 친환경적 문명을 만들어 아름다운 중국을 만드는 것도 '중국의 꿈'이 되었다. 대단히 그 외연의 확대가 우려되었을 '중국의 꿈'은 '중화민족의 위대한 부흥'에 관한 것으로 집약되었고 최후에는 '국가의 부강, 민족의 흥륭(興隆), 인민의 행복 실현'이라고 하는 표현으로 결말이 났다.

시진핑이 '중국의 꿈'을 강조했던 것은 중국이 추구하는 장래의 꿈을 지칭하며 제시한 것으로, 그것을 실현하기 위해서 중국공산당의 지도가 필요하며 중국공산당이 정권을 계속 담당할 필요가 있다는 것을 국민에게 보여주기 위한 것으로 생각된다. 이것은 중국공산당에 있어서 가장 심각한 과제인 '통치의 정당성'을 담보하기 위해서 필요한,

---

11) 習近平, "緊緊圍繞堅持和發展中國特色社會主義學習宣傳貫徹黨的18大精神"(2012年11月17日).

몇 가지의 방향 전환을 했다는 것을 의미한다.

첫 번째로 역사관의 전환이다. 이제까지의 '피해자의 역사관'에서 '승자의 역사관'으로 바뀌었다(필자는 그렇게 생각한다).

마오쩌둥은 '승리했기 때문에 정권을 담당한다'라고 하는 '승자의 역사관'을 지녔다. 중국의 역사에서는 그것이 보통이다. 문화대혁명으로 중국공산당의 권위가 땅바닥에 떨어지고, 톈안먼 사건으로 개혁개방 정책도 동요하는 가운데, 장쩌민은 덩샤오핑의 지도 아래 "국토를 유린당하고 모욕을 받는 조국을 구해낸 것은 중국공산당이다"라고 하는 '피해자의 역사관'으로 변했다.[12] 이 역사적 업적으로 중국공산당은 정권을 담당할 자격이 있다는 것을 강조했던 것이다.

하지만 시진핑은 "우리는 승자이며, 자신감을 가져도 좋다. 더욱 훌륭한 미래를 열어나가지 않겠는가?"라고 하는 '승자의 역사관'으로 전환했다. 2015년의 제2차 세계대전 종전 70주년 기념과 관련된 일련의 발언 중에 시진핑의 그러한 생각이 잘 나타나고 있다. 예를 들면, 9월의 '항일 전쟁 및 반파시즘 전쟁 승리 70주년 기념 대회'에서 "이 위대한 승리는 …… 민족의 치욕을 씻어냈다. …… 중국의 세계 대국으로서의 지위를 재차 확립하고 중국 인민은 세계의 평화를 애호하는 인민의 존경을 얻었다. …… 중화민족은 위대한 부흥의 밝은 미래를 열고 …… 재생(再生)의 새로운 길을 열었다"[13]라고 논하고 있다. 중시하

12) ワン·ジョン(汪錚) 著, 伊藤眞 譯, 『中國の歷史認識はどう作られたのか』(東洋經濟新報社, 2014), 第4章.

13) 習近平, "在紀念中國人民抗日戰爭暨世界反法西斯戰爭勝利70周年大會上的講話"(2015年9月3日), http://news.xinhuanet.com/politics/2015-09/03/c_1116456504

고 있는 것은 재생과 미래다. 불평은 더 이상 없다.

그것은 자동적으로 두 번째 전환으로 유도된다. 중국공산당 통치의 정당성을 과거의 역사뿐만 아니라 이제까지의 실적과 앞으로 달성할 성과에 두고 있다는 것이다. 역사를 강조하더라도 세대교체를 거친 중국 사회는 과거에 더 이상 매달리지 않는다. 그게 아니라, 오늘날 생활수준의 향상을 가져왔으며 미래에도 훌륭한 중국을 만들 것이라고 약속하고 있는 중국공산당 자체가 정권을 담당할 자격이 있다는 것이다. 그와 같은 미래를 국민이 원한다고 하면, 중국공산당이 계속 통치하지 않을 경우 실현될 수 없다고 하는 표현 방식으로 바뀐 것이다.

따라서 '중국의 꿈'은 중요해진다. '두 개의 100년의 분투 목표'로 대표되는 '중국의 꿈'은 중국공산당의 공약 사항이며, 그렇기 때문에 중국공산당이 '중국 국민을 위해서' 통치를 계속하지 않으면 안 되는 것이다.

하지만 이 '국가의 부강'과 '민족의 흥륭'의 논리는 '위대한 중화민족'에게 '위대한 중국'의 실현과 결부되며, 중국 사회에서 강해지고 있는 민족주의 기조 속에서 필연적으로 자기주장이 강한 외교 자세가 된다. 당연히 국수주의적인 경향도 강해지고 있다. 그것이 자국 중심의 대외 강경 자세로 연동되었다. 게다가 이러한 '분위기'에 의해 이번에는 국내 정책·경제 정책까지도 보수적인 것이 되어, 전체적으로 중국은 더욱 '좌'의 방향으로 선회를 했다.

그러나 그것으로는 정권당이 될 수 없다. 객관적으로 볼 때, 현재의 중국에 필요한 것은 무엇보다도 경제의 지속적인 성장이기 때문이다. 그리고 그것을 위한 안정이다. 덩샤오핑이 말했던 것은 여전히 올바른 것이다. 그럼에도 대외 강경 자세는 경제 발전에 불가결한 평화적인 국제 환경을 훼손시키고, 보수적인 경제 정책은 개혁을 지연시키며 경제의 성장을 대폭 둔화시킬 수밖에 없다.

거기에서 시진핑 지도부는 결국 방향 전환을 도모했던 것이다. 필자는 그렇게 판단하고 있다. 그것이 언제였는지는 단언할 수 없지만, 적어도 2016년 7월에 국제중재재판소의 판결이 나온 이후, 거의 기본적인 방향 전환이 완료되었다고 필자는 느꼈다. 그것은 중국공산당 제19차 당대회에서의 시진핑 보고에 반영되어 있다.

중국의 시대는 실제로 도래할 것인가?

이러한 시진핑의 방향 전환은 올바른 것이다. 중국에서 대외 강경 정책을 주장하는 사람들, 적어도 표면적으로 나타나고 있는 사람들은 대체적으로 군 관계자이거나 국제정치 전문가다. 즉 경제에 대해서 별로 알지 못하는 사람들이 많다고 하는 것이다.[14)]

그들은 다음과 같이 생각한다.

> 시뮬레이션을 해보면 중국 경제는 엄청나게 거대해져, 간단히 미국을 추월하고 구매력 평가 기준으로 더욱 추월하게 된다. 군사비도 아직 미국에 미치지 못하고 있지만, 급속하게 따라붙고 있는 중이다. 군사적으로도 비대칭 전략으로 미국의 약점을 노린다면 진다고만은 할 수 없다. 따라서 미국에 의연하게 대항

---

14) 경제학자 중에도 '대외 강경론자'가 있기는 하다.

하고 경우에 따라서는 무력행사를 해도 좋지 않은가? 미국에 대한 최대의 억지력은 그와 같은 기개를 보여주는 것이다.

그러나 이러한 상정이 얼마나 조잡한 것인지는 일목요연하다. 중국 경제는 규모에서 머지않은 장래에 미국을 제치게 될 것이다. 하지만 그것이 언제까지 계속될 수 있을까? 중국의 인구는 결국 감소하고 고령화가 진행되고 있지만, 미국의 인구는 이민 덕분에 지금도 착실하게 계속해서 증가하고 있다.

이에 더해 경제는 양뿐만 아니라 질이 문제다. 그 핵심은 기술 혁신에 있으며, 이 분야에서 미국의 힘은 압도적이다. 그것은 미국이 열린사회로서 전 세계의 사람에게 미국에서 능력을 꽃피울 수 있는 것을 허락하며, 또한 미국에 가고 싶다고 생각하게 만드는 매력을 지니고 있기 때문이다. 이러한 미국의 시스템과 체질 그 자체가 여러 혁신(innovation)을 밑받침하고 있는 것이다.

중국 자신이 크게 변하고, 예를 들면 당(唐)나라 시대처럼 열린사회를 만들어 외국인 인재를 활용하게 되지 않는다면, 중국이 미국을 따라잡는 날은 오지 않을 것이다.

중국의 군사비는 겉으로 드러나지 않는 것도 상당수 있으므로 비교하기는 쉽지 않지만, 2015년의 군사 지출을 살펴보면 미국의 거의 1/4로 일컬어지고 있다.[15] 가령 군사비에서 미국을 따라잡는다고 해도, 중국의 총체적인 군사력이 미국을 능가하는 날은 아마도 도래하지 않을 것이다. 그 정도로 미국에는 축적된 군사력이 있으며, 미군의 시

15) IISS, *The Military Balance 2016*.

스템은 한걸음 앞서고 있는 것이다.

또한 미국과 나란히 있다고 하는 것만으로 미국을 크게 뒤처지게 하고 있다는 것은 아니다. 가까운 미래에 인도는 어떻게 되어 있을까? 상당한 군사 대국으로서 부상해 있을 것이다(인도의 군사 지출은 중국의 1/3이지만, GDP에서 차지하는 비중은 2.2%로 상당히 높다). 중국의 '군비 확장'이 계속되고 그것이 위협이라고 판단된다면, 다른 국가들도 군사비를 증가시키게 된다. 중국이 오늘날 미국이 향유하고 있는 것과 같은 군사적 우세를 얻는 날은 오지 않는 것이다.

나아가 말하자면, 세계의 지도적(指導的)인 대국이 되려면 무엇보다도 다름 아닌 '소프트 파워(soft power)'를 필요로 한다. 과거에 영국과 프랑스, 특히 영국은 그러한 힘을 갖고 있었다. 소련도 혁명이 성공한 이후의 한 시기 동안 그것을 갖고 있었다. 그것은 공산주의, 사회주의 등 이데올로기의 힘이었다.

제2차 세계대전 이후 미국의 소프트 파워도 압도적인 것이었다. 유럽의 계몽사상을 가장 발전된 형태로 체현한 것이 미국 헌법이며, 가장 진전된 보편적 가치를 체현한 사회의 건설에 성공했던 것이다. 또한 경제에서도 발군이었으며, 미국의 생활양식과 문화는 한순간에 전 세계로 전파되었다. 또한 미국은 세계를 구상하고 조직화하며 실행할 힘을 갖게 되었다.

이러한 미국의 소프트 파워를 고려해 보면, 중국의 시대가 그리 간단하게 올 것이라고는 생각되지 않는다. 중국은 인구에서는 타국을 압도하고 있다. 경제도 과학기술도 착실하게 따라오고 있으며, 추월한 분야도 있다. 하지만 아직 새로운 것을 창조해 내는 힘은 약하다. 언젠가 이러한 힘을 갖추게 될 것이다. 하지만 과연 미국을 제치는 날이 오게 될까? 이것에는 커다란 의문부호가 붙는다. 세계 사람들이 미국에 대해 갖고 있는 생각, 즉 이주해 거기에서 성공하고 싶다는 생각이 드는 국가, 자신들도 그렇게 되고 싶다고 생각이 드는 국가, 과연 중국이 그러한 국가가 될 수 있을까? 이러한 국가와 사회로서의 매력이 소프트 파워의 근원에 있다는 것에 주의하지 않으면 안 된다.

아마도 그리 간단하게 중국의 시대는 도래하지 않을 것이다. 중국은 갈수록 존재감을 강화하고 한층 더 중요한 역할을 수행하게 될 것임에 틀림없다. 하지만 어디까지나 세계 가족(family)의 중요한 일원으로서 역할을 수행하는 것이며, 그 총괄자로서는 아니다. 미국의 국력이 상대적으로 저하하고 있지만, 어떤 한 나라가 미국을 대신해 세계 질서를 만들고 유지하는 것이 아니라 미국, 그리고 중국, 나아가 일본을 포함한 다른 대국 및 EU 등의 지역 기구가 각각 세계 가족의 일원으로서 공동으로 세계의 평화와 번영을 수호하는 시대가 계속된다고 보아야 할 것이다. 즉 중국이 장기간 주장해 왔던 '다극화 세계'가 현실의 것이 된다고 하는 것이다.

중국이 역사에서 배워야 하는 것

오늘날 유럽과 미국에서 '자국 제일주의'가 횡행하고 경제의 보호주의, 그리고 다국간주의(多國間主義)에 대한 부정이 횡행하고 있다고 일컬어진다. 즉 제2차 세계대전 이후의 국제 질서가 동요하기 시작했다고 하는 견해다.

하지만 필자는 그렇게 생각하지 않는다. 외교와 국제정치는 애당초 '자국 제일주의'이며, 자국의 이익을 희생하며 타국의 이익을 증진하는 것과 같은 일은 있을 수 없다. 여기에서 검토되어야 하는 것은 국가의 이익이라고 불리는 것이 장기적이며 폭넓은 시각에 입각해 있는지의 여부다.

오늘날 '자국 제일주의'를 주장하고 있는 사람들의 국익관은 종종 협소하며 단기적인 이익을 기초로 하고 있다. 그리고 이러한 국익관은 장기적인 시각에 입각한 국익을 훼손시켜 버린다. 그것이 문제인 것이다.

하지만 중기적으로 본다면, 구미 국가들이 제2차 세계대전 이후의 국제 질서를 자신의 손으로 소멸시키는 일은 하지 않을 것이다. 부분적인 수정을 거친 이후 결국에는 그것을 옹호하는 쪽으로 되돌아갈 것이다. 왜냐하면 그것이 결국에는 그들의 진정한 국익에 도움이 되기 때문이다.

현재의 국제 질서는 두 차례의 세계대전을 거쳐 인류가 자신들이 범한 과오에 대한 깊은 반성 위에 입각해 도달한 것이다. '무엇이 인류로 하여금 이렇게 비참한 대전을 그것도 두 차례나 일으키도록 만들었단 말인가?' 하는 질문에 대한 회답이기도 하다. 그것은 대국 간의 전쟁을 회피하고 평화를 실현하기 위해서는 무엇이 필요한가 하는 물음에 답하는 것이기도 했다.

이에 대한 해답이 바로 경제적 자유주의(liberalism)와 정치적 자유민주주의(liberal democracy)라고 하는 이념이며, 그것을 실현하는 수단으로서의 '다국간주의'인 것이다. 그 실현이 결국 각각의 장기적이며 폭넓은 시각에 입각한 국익에 합치한다고 하는 합의가 이루어졌다. 그 배경에는 독일과 이탈리아의 파시즘과, 일본의 군국주의가 민주주의를 부정했던 것이 전쟁으로 연결되었다고 하는 구미 자유주의자의 판단도 있었다.

전쟁은 경제적 이익을 둘러싸고 줄곧 일어났다. 특히 경제의 보호주의와 이익의 폐쇄적 흐름이 전쟁으로 향하는 길을 열었다. 따라서 경제활동은 경제 이론에 따라 자유롭게 이루어져야 한다고 하는 사고방식, 즉 경제의 자유주의라고 하는 이념이 제창되었다. 그리고 그 이념을 실현하는 방법으로써 '다국간주의'가 취해졌다. 금융·자금 면에서는 세계 경제를 밑받침하기 위해 IMF, 세계은행이 만들어지고 자유무역을 실현하기 위해 GATT(그 이후 WTO로 발전함)가 만들어졌다. 이것이 전후의 국제경제체제가 되고, 경제 질서가 되었던 것이다.

두 차례의 세계대전은 영토와 경제권을 둘러싸고, 혹은 민족자결을 둘러싸고 일어났다. 전쟁에 의한 영토의 확대를 금지하고 민족자결을 지지하며, 분쟁의 평화적 해결을 추구한다면, 그 이념은 정치의 자유민주주의라고 하는 것이 된다. 그것을 체현하는 것이 유엔 헌장이다. 따라서 일국일표 제도를 도입하고 유엔 주도의 국제법 체계의 구축을 지향했다. 국제사법재판소 등 국제법을 중시하는 체제의 구축도 추진되었다.

물론 현실의 세계는 이러한 전후 질서를 구상했던 사람들의 이상과는 매우 멀리 떨어져 있다. 제2차 세계대전이 종식된 지 얼마 지나지 않아 미소 냉전이 시작되고, 이러한 유엔으로 대표되는 국제정치 시스템은 대국 간의 대립에는 무력하다는 것이 드러났다. 대국도 때로 자국의 독단적인 행동이 두드러진다. 러시아는 크림반도를 힘으로 되찾았고, 2003년 미국의 이라크 침공도 상당히 독단적이었다. 또한 사담 후세인(Saddam Hussein)의 이라크, 김정은(金正恩)의 북한처럼 제멋대로 행동하기 시작한 국가도 있다. 아프리카와 중동에서는 국가가 통치 능력 그 자체를 잃어버려 전란이 계속되고, 무고한 인명이 계속 상실되고 있다. 테러리즘은 여전히 힘을 잃지 않고 있으며, 지구 온난화를 비롯해 국경을 초월하는 문제는 오히려 계속 증가하고 있다.

하지만 이러한 문제에 대해 국제사회가 아무것도 하지 않고 있는 것은 아니다. 일정한 회답을 내고 행동하고 있다. 냉전 시대에도 유럽에서 나토와 바르샤바 조약기구(WTO) 간의 대화를 통해서 유럽에 안전과 안정을 가져온 많은 기제를 만들어냈다.[16] 유엔의 평화유지활동(PKO)과 인도적 지원이 없었다면 더욱 많은 사람들의 생명이 상실되었을 것이다. 이와 같은 노력 가운데 국제사회는 몇 가지의 중요한 결론을 도출해 왔다고 필자는 생각한다.

첫째, 전후 국제 질서의 기본은 동요시켜서는 안 된다고 하는 점이다. 그것은 평화를 목적으로 하며 경제의 자유주의와 정치의 자유민주주의라고 하는 이념에 기초해 그것을 실현하는 수단으로서의 다국간주의를 이용한다고 하는 기본 구조다. 미국은 애당초 고립주의의 전통을 지니고 있었으며 타국이 자국의 '자유'를 제한하는 것을 혐오한다. 초강대국으로서 미국은 중소 국가의 발언권이 강한 유엔 시스템의 대응에 대해 자주 불만을 품어왔다. 유엔 가입국 중에서 인구가 가장 적은 국가는 태평양의 투발루(Tuvalu)로서 9920명인데, 그와 같은 1표의 힘으로 미국의 의향이 통과되지 못하는 기제에 대해서는 그다지 주목하지 못했을 것이다. 그런데 이 때문에 미국이 유엔 분담금의 지불을

16) 예를 들면 1975년에 설립된 '유럽안보협력회의(Conference on Security and Cooperation in Europe: CSCE)'가 있다. 알바니아를 제외한 전체 유럽 국가에 미국·캐나다를 더한 35개국의 정상이 참가해 유럽에서의 긴장 완화를 실현하기 위해 많은 건설적인 시책을 강구해 왔다.

중단했던 일도 있다. 물론 마지막에는 미국도 돌아왔다. 아무리 힘을 쏟아부어도 미국이 모든 것을 결정하는 것은 불가능하며, 이 질서가 무너진다면 혼돈스러운 무질서가 기다리고 있을 뿐이다. 질서가 붕괴되면 득이 될 국가는 없다. 따라서 되돌아온 것이다.

둘째, 국제사회에서는 지켜야 할 규칙이 있다고 하는 인식의 정착이다. 사담 후세인과 김정은에게 그러한 인식이 있다고 말하는 것은 아니다. 또한 중동과 아프리카의 무법 지대와 같은 사안을 말하고 있는 것도 아니다. 하지만 국제사회 전반에서 이러한 인식은 확실히 정착되고 있다고 말하고 있는 것이다. 규칙을 파괴하는 국가는 있다. 규칙의 집행을 강제하는 수단도 아직 약하다. 하지만 규칙을 파괴한 국가는 그 만큼 국제사회에서 여론의 비난을 받게 되며, 해당 국가의 소프트 파워를 훼손시킨다. 그 국가가 대국이라면, 그 국가의 지도력이 그 만큼 상처를 입게 되었다는 것을 의미한다.

국제법으로 대표되는 규칙의 체계는 아직 상당히 불완전해, 보완이 필요하고 개선이 필요하다. 하지만 그것을 결정하는 것 또한 일부의 대국이 아니다. 물론 대국의 영향력은 크다. 하지만 결정하는 것은 국제사회이며, 국제기구이다. 중국은 남중국해 문제로 아세안과 '행동준칙'을 만들고자 하고 있다. 매우 좋은 일이다. 하지만 그것을 미국·일본에 강제하는 것은 불가능하다. 규칙은 그것에 참가하고 있는 국가에 적용되는 것이며, 참가하지 않는 국가에 대해서는 적용할 수 없다. 이것도 또한 규칙인 것이다.

셋째, 국제정치상의 문제를 해결하는 수단으로서 군사력의 역할은 대폭 저하되었다고 하는 점이다. 실로 군사력을 사용해 경제 문제를 해결하는 것 등은 불가능한 일이다. 하지만 제2차 세계대전 이전까지는 군사력으로 영토를 확장하고 군사력으로 그 경제권을 지켰으며, 군사와 경제는 일체(一體)였던 것이다. 그것이 근본적으로 변화했다고 하는 점이다. 정치 문제라고 해도 더 이상 군사력으로 해결할 수 있는 것은 적다. 초강대국이라고 하는 미국마저 군사력을 사용해 아프가니스탄과 이라크의 문제를 해결하고자 했지만, 잘되지 않았지 않은가?

중국에는 '타이완 문제'가 있으며, 이것을 최종적으로 해결하는 것은 군사력이라고 주장하는 경향도 있지만, 과연 그러할까? 타이완에 거주하는 사람들의 다수는 중국 대륙에서 이주해 온 사람들을 조상으로 삼고 있다. 같은 뿌리인 것이다. 중국 대륙이 '중국의 꿈'을 실현하고 그것이 많은 사람이 이민가고 싶은 국가가 된다면, 타이완 사람들 중에서도 그와 같은 '중국의 일부'가 되고 싶다고 생각하는 사람이 증가할지도 모른다. 하지만 군사력으로 대륙의 의사를 타이완에 강제한다면, 타이완 사람들의 마음은 이반하게 된다.

물론 중국은 전후 국제 질서의 배경에 미국의 압도적으로 우세한 군사력이 있으며, 그것이 평화를 담보해 오지 않았는가 하고 말할 수도 있다. 이른바 팍스 아메리카나(Paix Americana)이며, 미소 냉전 시대도 미소 양국 간 힘의 균형(balance of power)이 있었기 때문에 대국 간에 전쟁은 일어나지 않았다. 이러한 의미에서의 군사력의 역할을 부정할 생각은 없다. 하지만 정치적인 목적을 달성하는 수단으로서의 군사력에 커다란 제약이 걸리기 시작했다는 것도 또한 사실이다.

중국을 포함한 국제사회는 이러한 역사적인 총괄(總括)에서 배우고, 새로운 세계의 창조와 발전을 향해 이를 결부시키지 않으면 안 된다.

8

시진핑의 신외교와 북한

2016년에 중국 외교의 재생이 시작되었다

필자는 2009년 이래, 특히 2012년 이후의 중국 외교에 대해서 비판적이었다. 그러한 중국 외교는 일본과 세계에도 곤혹스럽지만, 중국 자신을 위해서 그렇게 되어서는 안 된다고 믿었기 때문이다.[1] 그렇지만 이미 언급한 바와 같이, 2016년 7월의 중재재판소의 판결이 나온 이후부터 중국의 대외 자세가 전환되기 시작했다고 필자는 직감했다. 물론 그 어떤 국가도 '잘못을 했기 때문에 수정합니다'라고 하는 것은 있을 수 없다. 실로 중국은 국내적으로는 자국의 영토에 대한 타국의 침범을 고치도록 만들었다고 하고 있다. 그래서 판결의 내용은 거부하고 남중국해·동중국해에 이미 획득한 것을 확실히 굳히면서, 실제로는 대외 자세에 조정을 가하기 시작했다.

이 조정은 2016년 6월, 필리핀에 로드리고 두테르테(Rodrigo Duterte) 대통령이 등장했던 것도 함께 영향을 미치고 있다. 두테르테 대통령의

---

1) 중국에서도 중국의 내외 정책에 대한 비판적 고찰은 진행되고 있었다. 예를 들면 2016년 3월에 출판된 정융넨(鄭永年)·양리쥔(楊麗君)의 『중국의 부상: 받아들일 수 없는 과오(中國崛起: 不可承受之錯)』(中信出版集團)는 내외 정책 중에서 정권을 뒤흔들 수밖에 없는 각각 10개 항목의 과오를 지적하고 있다. 지적된 외교 분야에서의 10개의 과오는 다음과 같다. ① 민족주의는 배타주의가 되었다. ② 군대의 부패에 의해 정권당은 군대를 효과적으로 통제할 수 없게 되었다. ③ 미국이 쇠퇴하고 있다는 잘못된 판단으로 '신형 대국 관계'는 중단되었다. ④ 중일 간에 중대한 충돌이 발생해 (중국의) 현대화 프로세스가 중단되었다. ⑤ 남중국해 문제가 격화되어 중국이 통제할 수 없게 되었다. ⑥ 부상하는 인도 및 그 민족주의와 (중국과의) 사이에 충돌이 일어났다. ⑦ (중앙아시아로 향하는) 서진(西進)운동은 부적절하며 중동의 충돌에 깊게 휘말려 들었다. ⑧ 서방 측을 과도하게 경시하거나 혹은 두려워해 서방 측에 의해 제약받는 국면을 만들었다. ⑨ 국제자본 제국(帝國)을 방비하는 효과적인 메커니즘을 갖고 있지 못하며 심각한 경제 위기에 이르게 되었다. ⑩ 타이완 문제와 홍콩 문제가 국제화되어 버렸다.

등장은 어떤 의미에서 중국에 구조선(救助船)을 보내준 것이라고 말할 수 있다. 중국은 남중국해의 관계 국가들과의 사이에 영유권과 경계 획정에 관련된 문제는 2국 간 교섭으로 처리하고 아세안과는 '행동 준칙'의 기제를 마련하기 위한 교섭을 추진하는 방향을 더욱 명확히 했다. 그렇게 함으로써 미국·일본 등 '역외 대국(域外大國)'의 관여를 배제한다는 전법(戰法)으로 바꾸었던 것이다.

하지만 이러한 전법의 변경도 인민해방군이 남중국해의 인공 섬 등에 대한 군사화를 추진했기 때문에 밑천도 건지지 못하게 된다. 한편으로 현장을 살펴보면 중국의 인공 섬 건설 작전은 거의 소기의 목적을 달성하고 있다. 미국과의 대립을 격화시키면서까지 더욱 군사화를 추진할 필요도 없다. 그래서 전법의 변경을 취했던 것으로 보인다. 2016년 12월, 중국에서의 남중국해 문제의 권위자 가운데 한 명인 우스춘 중국남해연구원 원장은 미국의 "과도하게 빈번한 자유 항행의 시위"를 억제하도록 요구하는 것과 함께, 중국이 "과도한 군사적인 건설을 피할 것"을 제안하고 있다.[2] 인민해방군도 그 이상으로는 움직이지 말라고 하고 있는 것이다.

때를 같이해 중국의 국제협조파가 외치는 목소리도 다시 커졌다. 베이징대학의 왕지쓰(王緝思)는 중국이 미국에 대한 올바른 이해를 하며, 미중 관계를 객관적으로 분석하는 문장을 발표했다.[3] 마찬가지로 베이징대학의 자칭궈(賈慶國)도 "미국 국내 엘리트들의 대중 정책 관련

---

2) 吳士存, "南海局勢發展的不可豫測性仍在增强".
3) Wang Jisi, "China-U.S. Relations Have Entered A 'New Normal'", *China & US Focus* (September 19, 2016), http://www.chinausfocus.com/foreign-policy/china-u-s-relations-have-entered-anew-normal

태도 변화에 대해서도 주의할 필요가 있다. 중국에 대해서 강경한 태도를 취해야 한다는 견해가 공유되고 있다. 그것은 최근 수년간 중미관계의 구조적인 변화에서 유래하고 있으며, 장기적으로 생각해 보면 이러한 변화는 트럼프의 당선에 의한 영향보다도 크다"라고 중국 국내를 향해 경고하는 발언을 하고 있다.[4)]

이 사이 '좌'의 논조는 여전히 존재했지만 예전과 같은 기세는 느껴지지 않았다. 특히 군 계통의 논객은 점차 입을 다물기 시작했다. 그러한 가운데 시진핑은 2017년 1월 17일 세계 경제포럼 연차 총회에서 "함께 시대의 책임을 담당하고, 함께 세계의 발전을 도모하자"라고 하는 강연을 행했다.[5)] 이튿날 1월 18일에는 제네바의 유엔 본부에서 "함께 인류의 운명 공동체를 구축하자"라고 하는 제목의 강연을 했다.[6)]

시진핑의 이러한 두 가지의 강연 내용을 눈으로 보고, 필자는 중국 외교가 방향 전환을 하고 있다는 필자의 생각이 틀리지 않았음을 확신하게 되었다.

---

4) 賈慶國, "特朗普制造'不確定'以從中獲利", ≪環球時報≫(2017.1.25), http://opinion.huanqiu.com/1152/2017-01/10017427.html

5) 習近平, "共擔時代責任 共促全球發展: 在世界經濟論壇2017年年會開幕式上的主旨演講"(2017年1月17日), http://www.mfa.gov.cn/web/zyxw/t1431319.shtml

6) 習近平, "共同構建人類命運共同體: 在聯合國日內瓦總部的演講(全文)"(2017年1月18日), http://www.fmprc.gov.cn/web/zyxw/t1431760.shtml

이례적인 국제법에 대한 적극적인 평가

2017년 1월 17일, 세계경제포럼 연차 총회에서 행한 강연에서 시진핑은 "경제의 세계화는 사회 생산력 발전의 객관적 수요(needs)이며 과학 기술 진보의 필연적 결과다"라고 논하며, 경제의 세계화를 전면적으로 긍정했다. 그것이 경제의 상호 의존을 더욱 심화시킨다는 것을 충분히 이해하고 있는 토대 위에서 나온 발언이다. 또한 트럼프 미국 대통령의 정책을 염두에 두며 자유무역을 강조하는 것이기도 했다. 이 주장은 열린 세계를 전제로 자유롭고 공평한 물건, 자본, 사람 및 정보의 흐름을 존중하지 않으면 실현 불가능하다. 즉 경제의 자유주의라고 하는 이념을 실질적으로 받아들였다고 말할 수 있다. 물론 이와 같은 이념을 중국이 우리와 동일하게 이해하고 있다고는 생각하지 않는다. 하지만 적어도 '동일한 씨름판'에 오르게 되었다고 할 수 있다.

이튿날 제네바의 유엔 본부에서 열린 강연에서 시진핑은 몇 가지의 관점을 더욱 명확히 했다.

우선 시진핑은 "100년 남짓의 역사를 되돌아보면 전체 인류의 공통된 바람은 평화와 발전이었다"라고 총괄한다. 승자의 역사관에 입각해 있으며, 또한 역사에 대한 불평은 들리지 않는다. 그리고 '평화', '발전' 및 '문명'을 강하게 의식한 내용으로 구성되어 있다.

다음으로 시진핑은 "공정하며 합리적인 국제 질서의 확립은 인류가 줄곧 추구해 온 목표였다"라고 논하고 '주권의 평등'을 말했다. 그리고 "국가의 대소, 강약, 빈부에 관계없이 주권과 존엄은 반드시 존중되어야 하고, 내정 간섭은 용납되지 않으며 그 누구라도 자주적으로 사회제도와 발전의 길을 선택할 권리를 갖고 있다"라고 논했다. 그런데 바로 덩샤오핑이 말했던 것이 아닌가? 그리고 "각국이 정책 결정에 평등하게 참여하는 것", "각국의 권리와 평등, 기회 균등, 규칙의 평등"한 추진을 요구했다. 이러한 것은 모두 올바르다. 즉 유엔 헌장으로 대표되는 정치에서의 자유민주주의를 시인했던 것이다.

또한 "역사와 현실은 의사소통과 대화가 언쟁의 해소에 효과적인 방책이며, 정치 협의가 분쟁 해결의 근본적인 길이라는 것을 가르쳐주고 있다"라고 했다. 시진핑이 말한 바 그대로다. 또한 시진핑이 "각국과 국제사법기관은 국제 법치의 권위를 지킬 책임이 있고, 국제법의 평등하며 일률적인 적용을 지킬 책임이 있으며, 이중 잣대를 취해서는 안 된다"라고 하는 주장도 말한 바 그대로다. "세계의 운명은 각국 공동으로 장악해야 하고, 국제 규칙은 각국 공동으로 작성해야 하며, 세계적인 사안은 각국이 공동으로 관리해야 한다"라고 하는 주장에도 찬동했다.

중국의 지도자가 '국제 법치의 권위를 지킬 책임'을 지라고 하는 조건을 붙이면서 국제법을 적극적으로 평가하고, 게다가 평등하게 함께 만들어가야 한다고 주장하는 발언이 갖는 의의는 크다. 이제까지 명확하게 단언했던 것은 아마도 최초의 일이 아닌가 한다. 자유민주주의를 밑받침하는 것으로서의 '법치'에 대한 시인이다. 이제까지 중국은 국제법은 구미가 만든 것이고, 국제사법기관은 구미에게 장악되어 있기에, 따라서 참가하지 않는다고 하며, 최대한 피하는 편이 좋다고 하는 방침이었다고 필자는 보았다. 그로부터의 전환이다.

이 방향 전환의 직접적인 계기는 국제중재재판소의 판결에 있었다는 것은 충분히 고려된다. 그렇게 하는 것이 총체적으로 중국의 이익이 된다고 판단했던 것이다. 국제 여론의 역풍을 완화할 수 있으며, 동시에 국제법이 확실히 지배하는 사회가 도래한다면 그것은 미국과 러시아 등의 대국도 성실하게 국제법을 따라야 한다는 것이기에, 중국에 나쁜 이야기는 아니다. 게다가 앞으로 만들어질 국제법 그 자체에 대해서 중국의 영향력은 확실히 증대하게 된다. 따라서 시진핑은 미국을 염두에 두고 "국제사회는 국제법의 평등하며 일률적인 적용을 지킬 책임이 있으며 이중 잣대를 취해서는 안 된다"라고 못을 박고 있는 것이다.

방향 전환은 진짜인가, 아니면 포즈에 불과한가

그런데 본질적이며 근원적인 문제가 남는다. 이미 일부 언급한 바와 같이, 그것은 중국이 현재의 국제 질서를 밑받침하는 경제의 자유주의와 정치의 자유민주주의라고 하는 것을 어떻게 이해하고 있는가 하는 문제와 직결된다. 즉 편의상 그러한 것을 지지하는 모습을 보이고 있는가, 아니면 진심으로 밑받침하고 있는가 하는 문제이기도 하다. 왜냐하면 구미와 일본은 국내외적으로도 기본적으로 경제의 자유주의와 정치의 자유민주주의를 신봉하는 데 반해서, 중국은 국내적으로는 '중국 특색의 사회주의'다. 역시 양자는 서로 다르다. 중국이 어디까지 국제사회에서 이러한 이념을 준수할 것인지, 그 진심을 그들의 행동을 통해서 확실히 확인해 나아갈 필요가 있다.

자유주의와 자유민주주의라는 것은 가치관과 이념 그 자체이며, 그러한 것을 체현하는 원칙과 규칙을 지니고 있고, 그러한 것을 실행하는 틀을 갖고 있다. 예를 들면 경제의 자유주의는 자유무역을 중요한 기둥으로 삼고 있다. 중국이 진심으로 경제의 자유주의를 신봉한다면 한·중·일 자유무역협정(FTA)은 일본이 요구하는 것처럼 더욱 고차원의 자유무역을 실현하는 것이어야 한다. 현 시점에서 국내 산업을 보호할 필요가 있다고 한다면, 보호를 위한 기간을 결정하고 그 이후에는 원칙적으로 자유롭게 해야 한다. 즉 실제의 행동이 표명된 가치관에 부합되어야 하는 것이다.

정치의 자유민주주의는 '법의 지배(rue of law)'를 중요한 구성 부분으로 한다. 그런데 중국이 말하는 '법치[의법치국(依法治國), rule by law]'란 중점이 두어져 있는 부분이 완전히 다르다. 전자는 국민의 권리를 지키는 것을 목적으로 하지만, 후자는 국가의 통치 수단 그 자체다. 중국은 다시 내외의 이중 기준에 직면하게 된다.

우선 원칙과 규칙이 있고, 그 다음에 규칙의 실시를 담보하는 시스템을 갖고 있으며, 그것이 공정하게 적용되는 것이 '법의 지배'다. 그 때문에 우선 규칙을 정비할 필요가 있다. 규칙은 국제법으로 치환해도 좋다. 국제법의 공백이 있다면 메우면 된다. 다수의 국가가 그렇다고 말하고 주요국이 동의한다면, 그것이 국제법이 된다. 유엔의 장에서 결정되어도 좋다. 이미 규칙이 존재하고 있더라도 다수의 국가가 이상하다고 생각하면 수정할 수 있다. 수정도 또한 '절차'라고 하는 규칙에 따라 실현된다. 그리고 이러한 규칙의 실효를 담보하는 일종의 기제로서 국제사법기관의 확충과 강화가 필요하다.

중국이 말하는 '각국의 권리와 평등, 기회 균등, 규칙의 평등'의 원칙에 따른다면, 이 실현의 프로세스는 시간이 오래 걸리고 뒤틀리게 될 것이다. 국제사회가 대화를 통해 어떤 사안을 결정하고자 한다면, 그렇게 되지 않을 수 없다. 하지만 그것이 민주적인 국제사회의 숙명인 것이다. 게다가 거기에는 '투명성'과 '설명 책임'이라는 기본 사항이 규칙으로써 존재한다. 이것이 없으면 '공평'과 '평등'은 담보되지 않는다. 국제 관계의 민주화는 그것을 요구한다.

이러한 '법의 지배'의 세계에서 적용되는 국제법이 존재한다고 한다면, 자국에 불리하더라도 그 법에 따를 의무가 있다.

이러한 사고방식을 남중국해·동중국해에 적용해 보도록 하자. 관계국은 영유권과 경계 획정의 규칙은 '정치 협의가 분쟁 해결의 근본적인 길', 즉 대화를 통한 평화적인 해결책에 있다는 것을 인정하지 않을 수 없을 것이다. 그리고 최후의 판단을 국제사법기관에 위임하는 것이 현명한 선택이라는 것도 알게 될 것이다. 중국이 남중국해 '중재 재판'의 판결을 거부하고 있는 것은 중국의 '법의 지배'로 대표되는 현행 국제 질서에 대한 자세에 커다란 의문을 발생시키고 있는 것이다. 중국도 국제법의 시스템 안으로 들어가 공백을 메우고 경우에 따라서는 수정하며 그렇게 함으로써 자국의 이익을 담보하는 방향으로 전환해야 한다. 강연에서의 시진핑 발언의 진의가 거기에 있었기를 희망해 본다.

그런데 그 커다란 전제는 우선 사태를 이것 이상으로 악화시키지 않기 위해서 상황을 동결시키는 것이다. 또한 현상을 변경하는 그 어떤 조치를 취해서는 안 된다. 그리고 이미 변경되었다면 현상을 원래 상태로 되돌릴 필요가 있다. 남중국해는 관계국이 보조를 맞추고 있고, 동중국해는 주로 중국이 그것을 실행할 필요가 있다.

일본은 중국이 원상을 회복시킨 이후 일본과의 대화를 요구해 온다면, 영토 문제는 존재하지 않는다고 하는 논리로 문전 박대를 하는 것은 더 이상 불가능하다. 대화에 응하는 것 자체가 '법의 지배'를 동아시아에 가져온 것이다. 힘에 의지하고 자국의 이익을 타국을 희생시켜 쟁취하는 행동 방식은 이제 멈추어야 한다. 이성에 의지하고 규칙에 따라 대화로 문제를 해결하는 것이다.

그것으로 이번에 이 지역에서의 평화와 발전의 시스템을 안정적으로 유지하면, 결국에는 모든 국가의 장기적인 국익에 보탬이 되는 것이다.

'핵심적 이익'을 어떻게 파악할 것인가

중국에서의 '도광양회' 외교를 둘러싼 논의에서 알 수 있는 것처럼, '덩샤오핑 외교'의 돌파는 특히 2009년 이래 줄곧 의식되어 왔다. 2012년 가을에 시진핑 정권이 등장하고 2013년에 들어서자, '중국 특색의 대국 외교'가 제기되었다.[7)]

시진핑도 그것을 명확하게 의식했다. 앞에서도 언급했지만, 2014년 11월의 당 중앙외사공작회의에서 시진핑은 "중국은 자신의 특색을 지닌 대국 외교"를 지니지 않으면 안 된다고 명언했다.[8)] 그리고 중국 외교가 "중국의 특색, 중국의 풍격, 중국의 기개"를 선명히 할 것을 요구했다. 또한 협력과 윈윈을 핵심으로 하는 신형 국제 관계를 언급하면서, 신의를 중히 여기고 정의를 중시하며 정의를 발양하고 도의를 수립할 것을 요구했다. 또한 근린 국가를 향해 '친', '성', '혜', '용'의 외교

---

7) 2013년 6월 27일 왕이 중국 외교부장은 제2회 세계평화포럼 오찬 모임 강연 중에 '중국 특색의 대국 외교'의 길을 적극적으로 모색하지 않으면 안 된다고 논했다. 趙可金, "解讀中國特色的大國外交", http://www.qstheory.cn/gj/zgwj/201308/t20130813_259269.htm

8) "習近平出席中央外事工作會議並發表重要講話", http://news.xinhuanet.com/politics/2014-11/29c_1113457723.htm

이념을 추진하도록 요구하고 선린, 목린, 안린, 부린의 관계를 구축할 것을 또한 언명했다.

동시에 시진핑은 "정당한 권익은 결코 방기하면 안 되고, 핵심적 이익은 결코 희생시켜서는 안 된다"라고도 말했다. "영토와 주권, 해양 권익을 굳게 지키고 국가의 통일을 지키고, 도서 영토의 분쟁을 최대한 원만하게 처리하지 않으면 안 된다"라고도 논했다. 즉 시진핑의 전통적 가치관을 의식한 고매한 이상 및 이념과, 핵심적 이익으로 대표되는 중국의 국익을 수호한다는 자세로는 현장에서 좀처럼 잘 굴러가지 않고 "최대한 원만하게 처리"할 수 없었던 것이다.

이미 언급한 바와 같이, '핵심적 이익'이란 영어의 'core interests'의 번역어인데, 미국 측에 중국의 이해관계(利害關係)를 정확하게 이해할 수 있도록 하기 위해 만들어낸 용어다. 그런데 그것이 홀로 중국 외교를 점령해 버렸다. 즉 '핵심적 이익'을 지키기 위해서는 전쟁도 불사할 정도의 국가이익으로 그것을 격상시키고 또한 그 범위를 확대해 버린 결과, 이곳저곳에서 부딪히고 그 대외 정책은 파탄났던 것이다. '핵심적 이익'의 규정은 중국 외교의 장래를 좌우하게 될 정도까지 되었다.

이미 언급한 스위스에서의 두 차례 연설에서는 시진핑은 '핵심적 이익'에 대해 언급하지 않았다. 주의해서 살펴보면, 2017년 1월 16일 양제츠(楊潔篪) 국무위원은 "시진핑 총서기 외교사상의 지도하에 대외 공작의 새 국면을 끊임없이 창출하자"라고 하는 제목의 논문을 발표했다.[9] '시진핑 외교'를 '사상'[10]이라고 부르고 있는데, 이것은 그 이후

---

9) 楊潔篪, "在習近平總書記外交思想指引下不斷開創對外工作新局面", http://

부상하게 되는 '시진핑 사상(習近平思想)'을 만들어내는 움직임과 연동되고 있다.[11] 가장 미묘한 '핵심적 이익' 관계의 부분은 기본적으로 변화는 없고, 거래의 대상이 되지 않는다고 하며 다음과 같이 적고 있다.

> (중국은) 국가의 주권과 영토의 보전을 지키고 국가의 핵심적인 중대 이익을 수호한다. 중국은 상응되지 않게 타국의 권익을 바라는 일은 하지 않으며, 타국의 발전을 질투하는 일도 하지 않는다. 하지만 우리의 정당한 권익을 포기하는 것은 결코 하지 않는다. 그 어떤 국가도 우리가 자신의 핵심적 이익을 거

---

www.guancha.cn/politics/2017_01_16_389662.shtml

10) '시진핑 외교사상(習近平外交思想)'은 '시진핑 신시대 중국 특색 사회주의 외교사상'(習近平新時代中國特色社會主義外交思想)을 일컫는 말이다(楊洁篪, "以習近平外交思想爲指導深入推進新時代對外工作", http://www.qstheory.cn/dukan/qs/2018-08/01/c_1123209510.htm). _옮긴이 주

11) 양제츠에 의하면, '시진핑 외교사상'은 다음과 같은 '10개 견지(十個堅持)'를 그 총체적 틀과 핵심 내용으로 하고 있다. 구체적으로 ① 당 중앙(黨中央) 권위의 통령(統領, 통수)을 수호하고 당의 대외 공작에서의 집중 통일 영도(領導)를 강화하는 것의 견지, ② 중화민족의 위대한 부흥을 실현하는 것을 사명으로 삼고 중국 특색의 대국 외교를 추진하는 것의 견지, ③ 세계 평화를 수호하고 공동 발전을 촉진하는 것을 취지로 삼아 '인류 운명 공동체'의 구축을 추진하는 것의 견지, ④ 중국 특색의 사회주의를 근본으로 삼아 전략적 자신감을 증강하는 것의 견지, ⑤ 공상(共商, 공동 상의)·공건(共建, 공동 건설)·공형(共亨, 공동 향유)을 원칙으로 삼아 '일대일로(一帶一路)' 건설을 추동하는 것의 견지, ⑥ 상호 존중, 협력 윈윈(win-win)을 기초로 하여 평화 발전의 길로 나아가는 것의 견지, ⑦ 외교 포국(布局)의 심화를 토대로 하여 글로벌 파트너십 관계를 형성하는 것의 견지, ⑧ 공평·정의를 이념으로 삼아 글로벌 거버넌스 시스템의 개혁을 이끄는 것의 견지, ⑨ 국가 핵심이익을 저선(底線)으로 삼아 국가 주권, 안전, 발전 이익(發展利益)을 수호하는 것의 견지, ⑩ 대외 공작의 우량(優良)한 전통과 시대 특징을 서로 결합하는 것을 방향으로 삼아 중국 외교의 독특한 풍격과 모범을 형성하는 것의 견지 등이다(楊洁篪, "以習近平外交思想爲指導深入推進新時代對外工作", http://www.qstheory.cn/dukan/qs/2018-08/01/c_1123209510.htm). _옮긴이 주

래의 대상으로 삼는 것을 바라서는 안 된다. 우리나라의 주권, 안전, 발전의 이익을 훼손하는 결과를 우리가 감수할 것이라고 기대해서는 안 된다. 우리는 계속해서 자신감을 갖고 국가의 영토주권과 해양 권익을 수호해 나간다.

2017년 2월 시진핑의 측근인 당 중앙판공청(中央辦公廳) 주임 리잔수(栗戰書)[12]가 시진핑 사고방식의 중점을 제시했다고 하는 보도가 있었다.[13] 그런데 그중에 '인류 운명 공동체의 건설'은 있지만 '핵심적 이익'은 들어가 있지 않다.

이것이 시진핑의 사고방식인가 하고 기대했는데, 권위 있는 중앙당교(중국공산당의 간부 양성 학교)의 2017년 3월 20일 자 ≪학습시보(學習時報)≫의 논문[14]은 기필코 지켜야 할 '최저선(bottom line)'으로써 "국가의 주권, 안전 및 발전의 이익에 대한 적극적 옹호"를 제기했다.

특히 시진핑이 "평화 발전의 길을 견지함에 있어서 중국의 정당한 권익을 포기해서는 안 되며, 국가의 핵심적 이익을 희생시켜서는 안 된다. 중국이 핵심적 이익을 거래(deal)의 대상으로 삼는 일은 없으며 주권, 안전 및 발전의 이익을 훼손시키는 결과를 받아들이는 일은 없다"라고 하는 것을 강조했고, 나아가 "중국만이 무조건 평화 발전의 길을 걷는 것은 아니며, 다른 국가들도 평화 발전의 길을 걷는 것이 조

12) 2018년 3월 17일 전국인민대표대회(전국인대) 상무위원회 위원장에 임명되었다. _옮긴이 주

13) 中辦主任, "習近平系列講話已初步形成完整理論體系", http://news.qq.com/a/20170430/029121.htm

14) 羅建波, "中國特色大國外交的新氣象與新特色", http://www.studytimes.cn/zydx/DDSJ/GUOJZZ/2017-03-19/8736.html

건이다"라고 하는 취지를 논했다고도 일컬어진다. 또한 이 문장은 동중국해에서 방공식별구역을 설정하고 댜오위다오에서 순항을 계속하며 남중국해에서는 도서 건설을 했던 것은, 중국의 강한 결의를 보여주는 것으로 이제까지 장기간 계속되어 온 피동적인 국면을 역전시켰다고 자화자찬하고 있다.

그렇지만 2017년 5월의 '일대일로 국제협력 정상포럼' 개막식 강연 중에서 시진핑은 "핵심적 이익과 중대한 관심을 서로 존중해야 한다"라고 짧게 언급했을 뿐이다.[15] 하지만 그 언급의 방식은 후진타오 시대로 돌아가 '핵심적 이익'과 함께 '중대한 관심'이 병기되고 있다(그만큼 핵심적 이익의 범위는 좁아지게 된다). 해명하고 있는 수준에서 언급되고 있을 뿐이기는 하지만, 언급되지 않을 수 없는 국내 사정도 있었을 것이다.

2017년 7월 16일 양제츠 국무위원은 "시진핑 총서기의 외교사상을 깊게 학습하고 중국 특색의 대국 외교에 새로운 장을 쓰자"라고 하는 제목의 문장을 발표했다.[16] 여전히 종래의 선을 그대로 답습하는 것이었다. 즉 '최저선의 사고방식을 효과적으로 강화하고 국가 주권, 안전 및 발전의 이익을 옹호한다. 국가의 핵심적 이익의 수호는 중국 외교의 신성한 사명이다. 국가이익의 수호를 대외 공작의 기본적 출발점으로 삼고 자국의 영토주권과 정당한 해양 권익을 단호하게 지켜내지 않으면 안 된다'라고 하는 주장이다.

---

15) "習近平在'一帶一路'國際合作高峰論壇開幕式上的演講"(2017年5月14日), http://news.xinhuanet.com/politics/2017-05/14/c_1120969677.htm

16) 楊潔篪, "深入學習貫徹習近平總書記外交思想 不斷譜寫中國特色大國外交新篇章", http://www.fmprc.gov.cn/web/wjbxw_673019/t1478237.shtml

그리고 중국공산당 제19차 당대회에서의 시진핑 보고에서 하나의 결론이 나온 것으로 여겨진다. 그것은 '핵심적 이익'에 대한 언급이 없다는 것이다.

필자는 2013년 이래 시진핑 중국 국가주석이 제기해 온 이념과 가치관의 대부분에 찬동하고 있다. 이념과 가치관에 관한 필자의 이해와 중국 측의 그것 사이에는 아마도 일정한 간극이 존재할 것이다. 하지만 함께 겨루는 '씨름판' 위에 올라오게 된 것은 틀림없다.

문제는 이미 지적한 바와 같이, 그 이념과 가치관을 어떻게 구체화할 것인가에 있다. 이념과 가치관은 원칙과 규칙으로 정하고 실행해야 함에도 그것은 아직 미완성이다. 필자는 특히 중국이 주장해 온 '핵심적 이익'을 전체적인 가치 체계 중에서 어떻게 규정할 것인지가 최대의 과제가 된다고 생각해 왔다. 즉 자신이 절대로 올바르며 상대방이 틀렸다고 하는 세계를 만들고, 상대방은 자신이 말하는 것을 들어야 한다고 하는 입장으로 일관한다면 이처럼 강대해진 중국의 행동은 다름 아닌 패도(霸道)인 것이다. 그렇게 되면, 반드시 타국의 '핵심적 이익'과 충돌하며 평화와 발전의 길은 닫히게 될 것이다.

그 핵심은 수차례나 강조해 온 것처럼, '핵심적 이익'이라고 불리는 것에 외교로써 어떻게 대처할 것인가의 문제였다. 외교는 '타협의 예술'이며, 예를 들어 '핵심적 이익'의 세계라고 해도 상대방에게는 상대방의 입장이 있다는 것을 서로 인정하는 것에서부터 시작된다. 중국은 더욱 성숙해져 이와 같은 외교 세계에서 타협의 의미를 이해해야 한다.

필자는 '중국 특색의 대국 외교'도 결국에는 이 문제를 어떻게 처리할 것인가에 의해, 중국이 진정으로 중국의 전통적 가치관을 체현한 세계 대국으로서의 외교가 가능할 것인지의 여부가 결정된다고 생각해 왔다. 중국공산당 제19차 당대회의 보고 중에서 '핵심적 이익'에 대해 언급하지 않았던 사실은, 시진핑이 외교상 다루기가 현저하게 어려운 '핵심적 이익'의 개념을 옆으로 제쳐두고 외교에 대한 재검토를 도모했을 가능성도 있는 것이다.

그렇다고 해서 중국이 온순한 국가가 되고 있다고 말하고 있는 것은 아니다. 국력과 영향력의 증대에 따라 갈수록 자신의 의견은 확실히 말하고 행동하게 될 것이다. 하지만 그 발언과 행동은 그들이 주장하는 가치관과 이념으로 귀결되지 않으면 언행 불일치가 된다. 말과 행동은 일치해야 한다고 그들도 생각할 것이다. 유학의 중요한 경전인 『중용(中庸)』 제13장에 "삼가함이 지극하면 말이 행실을 돌아볼 것이요, 행하는 데 힘을 쓰면 행실이 말을 돌아볼 것이다"(謹之至則言顧行矣, 行之力則行顧言矣)라고 하는 한 구절이 있다. 언행일치는 중국에서 '군자의 도'이기도 한 것이다.

중국 외교의 반성

필자가 그렇게 기대하는 것은 최근의 중국 외교를 깊게 자성하는 문장도 출현하고 있기 때문이다. 2017년 7월 13일 중앙당교가 발간하는 ≪중국당정간부논단(中國黨政幹部論壇)≫이라고 하는 월간지에 게재된 천지민(陳積敏) 중앙당교 국제전략연구소 부연구원의 "중국 특색의 대국 외교의 전략적 사고방식을 구축하자"라고 하는 제목의 문장이 그것이다.[17] 동일한 제목인 그의 저작을 기초로 한 논고로 보인다.

천지민의 핵심 논지는 필자의 사고방식에 상당히 가깝다. 2012년 이래의 외교 성과를 일정하게 평가하면서도 아래와 같은 몇 가지의 문제점과 대응책을 제기하고 있다.

첫째, 중국 외교는 확실한 경제적 기초를 필요로 하고 있다는 점이다. 앞으로의 중국 경제는 커다란 도전과 압력을 받아 불확실성을 수반하는 단계에 진입한 이상, 중국의 외교 전략은 신중에 신중을 기하지 않는다면 (외교를 밑받침하는) 경제력의 축적 부족이라는 사태가 발생해, 외교 전략을 밑받침하지 못하게 되는 위험에 직면하게 된다고 지적하고 있다.

둘째, 전략적인 준비 부족의 위험을 지적하고 있다. 세계 대국이 될 것인지의 여부는 중국의 노력뿐만 아니라 세계가 그렇게 인정하는가의 여부에 의해 결정된다. 그 때문에 중국이 모든 분야 및 레벨에서 글로벌한 영향력을 행사할 수 있는가의 여부가 중요한 판단 기준이 된다. 그것은 더욱 많은 '공공재'를 제공할 수 있는가의 여부와 관계되며, 이에 따라 막대한 비용이 소요된다. 중국이 보유하고 있는 경제 자원은 풍부하지만 그럼에도 한계는 있다. 그것을 어떻게 올바르게 사용할 것인가는 중국 외교에 있어서 일종의 시련이다.

셋째, 국가이익을 명확하게 정의할 것을 요구하고 있다. 왜냐하면 국가이익은 복잡한 종합체이기 때문이다. 거기에서 국가이익을 핵심적 이익, 중요 이익, 일반 이익으로 구분해 대응하는 것을 권하고 있다. 그리고 일국의 생존과 발전을 위한 필요조건인 국토, 인구, 주권,

---

17) 陳積敏, "構建中國特色大國外交的戰略思考", http://www.zgdzgblt.com/index.php/manage/showmagcontent/mid/253/newsid/60

독립 등 국가의 생존에 관계된 이익에 관해서는 군사적 수단을 포함한 모든 수단을 사용해서 지켜야 한다고 한다. 하지만 '핵심적 이익'에 관한 정의는 없다. 문제는 '핵심적 이익'은 보통 영토, 주권과 나란히 발전의 이익이 포함되어 있는데, 영토와 발전의 이익이 서로 모순될 때에 어떠한 우선순위를 취할 것인지가 결정되어 있지 않다는 점에 있다. 여기에 중국 외교가 안고 있는 가장 심각한 문제가 있는데, 이에 대해서는 다루고 있지 않다.

넷째, 외교의 중점을 돌출시킬 것을 주문하고 있다. 중국 외교는 안정의 유지를 위주로 해야 하며, 안정을 유지하면서 권리의 수호를 고려할 것을 권고하고 있다. 2012년 이래 중국 외교는 권리의 수호라고 하는 관점에서는 현저한 성과를 올렸다. 예를 들면 센카쿠열도에 대한 입체적인 순항을 상시화하고 동중국해의 방공식별구역을 설정했으며, 남중국해의 도서 건설에 실질적인 진전이 있었던 것 등이 그것이다.

그러나 동시에 중국은 세계에서 '공격적'이라고 하는 딱지가 붙여졌으며 일련의 연쇄적인 반응을 유발했다. 미국은 중국의 지역 차원에서의 전략적 의도와 목표에 대해 의심을 하면서 중국에 대한 방어적 자세와 견제를 강화했다. 아시아·태평양에서의 재균형(rebalance) 전략이 그 돌출된 반영이다. 중국과 주변 국가들의 관계, 특히 일본 및 남중국해의 분쟁 관계국 간의 관계가 긴장되어 주변 국가들은 중국의 부상에 대해 '전략적 두려움'을 지니게 되었다. 이것은 미국이 낮은 비용으로 효율이 좋은 아시아·태평양 전략을 실시하는 데 중요한 계기를 제공해 주었다.

미국의 재균형 전략은 '허가 많고 실이 적은 것'이다. 하지만 그 정책 효과는 크며 중국 외교에 대한 견제 효과는 현저하다. 그 중요한 원인은 미국이 중국과 주변 국가 간의 모순을 이용해 '쐐기'를 박는 전략을 취했기 때문이다. 따라서 중국이 현재 및 향후의 일정한 기간 동안 관심을 갖고 고려해야 할 문제는 어떻게 하면 이미 얻은 전략적 이익을 유지할 것인가이며, 그것은 즉 외교에서 안정의 유지를 중심에 두어야 한다는 것을 보여주고 있다.

천지민은 위와 같이 주장하고 있다. 중국 외교도 '반성'의 시기에 진입하고 있다는 것이다.

새로운 외교를 향한 출발점에 선 중국

다음으로 중국공산당 제19차 당대회에서 시진핑 보고의 외교 부분을 살펴보도록 하겠다. 거기에는 이제까지의 방침과 사고방식을 계승하는 부분과 수정된 부분이 함께 보인다. 여전히 생성되고 발전하는 과정에 있는 것이다.

우선 시진핑은 이제까지의 5년간의 외교를 "전방위 외교 배치를 깊게 전개했다"라고 하는 표현으로 결말을 짓고, "중국 특색의 대국 외교를 전면적으로 추진하고 전방위, 다면적, 입체적인 외교 배치를 형성하며, 우리나라의 발전을 위해 양호한 외부 조건을 만들어냈다"라고 논하고 있다.

즉 외교는 중국의 경제 발전을 위해 외부 환경을 정비하는 것을 임무로 한다는 '덩샤오핑 노선'의 기본적 틀을 답습했다고 하는 것이다. 그것은 중국의 전체 국정 중에서 경제의 위상을 재확인했다고 하는 것이며, 합리적인 외교로 돌아갈 기초가 다시 굳건해졌다는 것이기도 하다. 다시 핑계처럼 들릴 수도 있겠지만, 이것은 시진핑 보고에서 오늘날의 중국 사회에서의 주요 모순이 "날이 갈수록 높아지고 있는 보다 좋은 생활에 대한 인민의 요구와 불균형적이며 불충분한 발전 간의 모순"에 있다고 지적하고 있는 점에서도 알 수 있다. 이를 해결하기 위해서는 경제의 발전과 그것을 기초로 하는 국민 생활의 향상이 불가결한 것이다.

또한 '중국 특색의 대국 외교'라고 하는 호칭 방식 자체는 여기에서 단지 1회 나타나고 있을 뿐이다. '시진핑 사상'에 해당하는 것은 "신시대 중국 특색의 사회주의 사상"으로 귀결된 것처럼 보인다. 시진핑은 '보고' 중에서 그것을 구현하는 14개의 기본 방침 가운데 한 가지로 외교 분야의 방침으로서 '인류 운명 공동체의 구축'을 들며, 다음과 같이 총괄하고 있다.

> 중국 인민의 꿈은 각국 인민의 꿈과 깊게 연계되어 있으며, '중국의 꿈'의 실현은 평화적인 국제 환경 및 안정된 국제 질서와 결부되어 있다. 국내와 국제의 두 가지 대국(大局)을 통일적으로 파악하고, 시종일관 평화적 발전의 길을 걸으며, 윈윈의 개방 전략을 실행하고, 정확한 '의리관(義利觀)'을 견지하며, 공동·종합·협력·지속 가능한 신안전관(新安全觀)을 수립하고, 개방적인 혁신과 관용적인 호혜적 발전의 길을 만들어내며, 화이부동(和而不同, 화합하면서도 부화뇌동하지 않는 것)하고, 겸수병축(兼收並蓄, 내용 또는 성질이 다른 것을 전부 받아들이는 것)하며, 겸수병축한 문명의 교류를 촉진하고, 자연을 존중하며 친환경 발전의 생태 시스템을 구축하여, 시종일관 세계 평화의 건

설자, 전체 지구 발전의 공헌자, 국제 질서의 옹호자가 되지 않으면 안 된다.

다시 평화적 발전을 강조하며, 중국은 현행 국제 질서의 파괴자가 아니라 옹호자라는 것을 강조하고 있다. 즉 현행 질서의 부분적인 수정과 보완을 하는 일이 있더라도 전면적으로 부정하지는 않는다고 하는 장기 방침을 정했다. 2009년 이래 중국이 대외 강경 자세로 전환하며 미국을 대신할 것과 같은 자세를 보였던 만큼, 이 방침은 국제사회에 있어서 잠시 숨을 고를 수 있게 만드는 것이었다.

시진핑 보고는 외교에 대해서 하나의 항(項)을 할애해 "평화적 발전의 길을 견지하고 인류 운명 공동체의 건설을 추진하자"라고 하는 제목 아래 상세하게 논하고 있다.[18] 이 책의 부록에 해당 전체 내용에 대한 번역을 실어두었는데, 읽어보면 2012년의 후진타오 보고의 논조(제6장 참조)와 유사하다는 것에 놀라게 될 것이다.

이처럼 시진핑의 신외교는 큰 부분에 있어서 이제까지의 외교의 기본으로 돌아가고 있다. 하지만 이제까지의 그것과는 다르다는 것을 곧 알 수 있다. 그것은 시진핑이 '중화민족의 위대한 부흥'에 집착하고 있는 것에서 기원하고 있다.

그런데 양제츠 국무위원이 중앙위원(中央委員)에서 정치국원(政治局員)으로 승격되었다. 언젠가는 외교 담당의 부총리가 될 것이다.[19]

---

18) 중국공산당 제19차 당대회에서의 시진핑 보고 중의 "12. 평화적 발전의 길을 견지하고 인류 운명 공동체의 건설을 추진하자."

19) 2013년 8월부터 중국공산당 중앙외사공작위원회(中央外事工作委員會) 비서장(秘書長) 및 중앙외사공작위원회판공실 주임을 맡고 있다. _옮긴이 주

외교 체제의 강화에도 뜻을 두고 있음을 알 수 있다.

시진핑 신외교의 과제

다소 예전이기는 하지만, 중국공산당 중앙당교의 2013년 7월 8일자 ≪학습시보≫에 게재된 「중국 특색의 대국 외교 해설」이라는 제목의 논문[20]을 살펴보도록 하겠다. 거기에서는 대국으로서 중국의 역할에 커다란 관심이 있으며, 중국의 국제적 지위에 걸맞는 적극적이고 강한 외교를 지향해야 한다고 말하고 있다. 그리고 '중국 특색의 대국 외교'란 덩샤오핑의 경제 건설을 요체로 현대화 건설에 기여해야 한다고 하는 외교가 아니라고 설명한다. 1949년부터 1979년까지가 마오쩌둥의 '혁명 외교', 1979년부터 2009년까지가 덩샤오핑의 '경제 발전 외교'였는데, 애당초 '시진핑 외교'는 그것과는 다른 것을 하려는 생각을 갖고 있었다.[21] 최근 5년간은 그것을 모색하는 것이었다.[22]

시진핑은 중국을 이끌 수 있는 것은 중국공산당밖에 없으며 그것

---

20) 趙可金, 「解讀中國特色的大國外交」.

21) '시진핑 외교'의 새로운 4대 이념으로 ① 신형 대국 관계, ② 중국 특색의 대국 외교, ③ 인류 운명 공동체, ④ 신형 국제 관계를 들 수 있다("中國外事'密碼' 習近平'精心'重構世界地緣政治", http://news.dwnews.com/china/big5/news/2019-04-30/60131830.html). _옮긴이 주

22) 2018년 6월 개최된 중국공산당 중앙외사공작회의에서 '시진핑 외교사상'의 지도적 지위가 확정되었다. "習近平在中央外事工作會議上强調堅持以新時代中國特色社會主義外交思想爲指導努力開創中國特色大國外交新局面", ≪人民日報≫(2018.6.24), "王毅: 習近平外交思想爲新時代中國外交提供根本遵循", http://world.people.com.cn/n1/2019/0308/c1002-30964929.html. _옮긴이 주

을 철저하게 재검토하고 '위대한 중화민족의 위대한 부흥을 실현한다', '적어도 목표를 세우고 싶다'라고 하는 강한 바람을 지니고 있다. 단순히 10년간 중국의 '최고 지도자' 자리를 역임하고자 할 뿐이라면 사람들의 원한을 사는 반부패·반오직 운동을 그처럼 철저하게 할 필요는 없다. 일단 했다라고 하는 형태를 취하기만 해도 정치적으로는 살아남을 수 있다. 하지만 이것을 하지 않으면 중국공산당은 국민에게 버림받게 되고, 청렴하고 효율적인 관료 기구를 갖게 될 수도 없으며, 중국을 다음 단계로 끌어올리는 것이 불가능하기 때문에 여기에까지 이르게 되었던 것이다. 2017년의 중국공산당 제19차 당대회 보고에서는 더욱 추진하겠다고 말하고 있다.

동시에 국가 전체의 일상적 운영에 책임을 지지 않으면 안 된다. 거기에서 경제의 운영이 각별한 중요성을 갖고 다가온다. 따라서 중국공산당 제19차 당대회에서의 시진핑 보고에서 경제 발전에 필요한 외적 환경을 정비할 필요성에서 '협조적이며 건설적인 외교'를 제기했던 것이다.

경제 발전을 외교의 핵심에 둔 것, 세계를 운명 공동체로 파악한 것, 평화와 발전이 세계의 조류라고 간주하며 국제 질서의 옹호를 선명히 했던 것, 영토 확장은 하지 않는다고 명언한 것(영토라고 주장하지 않은 곳에는 손을 대지 않는 것) 등은 환영해도 좋다.

시진핑 보고는 주변 국가들과 분쟁 상태에 있는 동중국해·남중국해에 대해서도 남중국해의 인공 섬 건설을 '경제 건설의 성과'의 항목(項)에 넣고 있을 뿐이다. 물론 중국은 "자신의 정당한 권익을 결코 포기하지도 않을 것이며, 그 누구라도 중국이 자신의 이익을 손해보는 고과(苦果, 고통스러운 결과)를 묵묵히 수용할 것이라는 환상을 품어서는 안 된다"라고 말하고 있다. 하지만 이 문장에는 "중국은 결코 타국의 이익을 희생시키고 그것을 대가로 하여 자국을 발전시키는 일은 하지 않는다"라고 기술되어 있기도 하다. 이것은 국제 여론을 배려했다고 할 수 있다.

동시에 시진핑 신외교는 세계 대국이 되었다고 하는 자각을 배경으로 한 '중국의 꿈' 추구에서 수반되는 '주장하는 외교'를 함께 지니고 있다. 그 결과 중국 외교가 안고 있는 본질적인 문제점, 즉 '핵심적 이익'을 유지할 것인가, 유지한다고 한다면 어떻게 정의하고 외교 속에 규정할 것인가, 즉 구체적으로 무엇이 레드 라인(red line)이며 어디에서부터 다시 맹렬한 강경 자세로 전환할 것인가, 국제 법치를 어느 정도까지 진지하게 추구하고자 하는가, 시진핑의 이념과 가치관은 어떻게 구체화될 것인가 등의 문제는 여전히 해결되지 않고 있다.

특히 시진핑 보고는 미중 간의 지정학적 대립의 격화를 예상케 하는 것이 되고 있다. 그것은 중국공산당이 미국이라는 국명을 언급하고 있지 않지만, 2050년경에는 총체 국력에서 실질적으로 미국과 나란히 하거나 제치는 것을 국가 목표로서 처음으로 선언했던 점에 있다.

중국공산당은 '두 개의 100년'의 국가 목표를 말해왔다. 즉 중국공산당 창당 100주년(2020년)[23]에 "전면적인 소강 사회(2007년 후진타오 보고)"를 만들고, 건국 100주년(2050년, 정확하게는 2049년) 경에는 "현대화를 기본적으로 실현하고 부강하고 민주적이며 문명적인 사회주의 국가를 만들어낸다(2002년 장쩌민 보고)"라고 말해왔다. 시진핑은 첫 번째

23) 이제까지 2019년, 2020년 등으로 알려져 왔는데 2017년 10월 25일의 기자회견에서 시진핑은 2021년이 중국공산당 창당 100주년이라는 것을 밝혔다.

100년 목표의 달성을 자명한 것으로 삼고 두 번째 100년 목표를 더욱 구체적으로 표명했던 것이다.

즉 2050년경에는 "사회주의 현대 국가를 전면적으로 만든다"라고 하는 것이다. 그리고 2020년부터 2050년까지의 기간을 두 개로 나누어 계획한다. 제1기의 2035년까지 사회주의 현대화를 기본적으로 실현한다. 그리고 2035년부터 2050년경까지 중국을 "부강하고 민주적이며 문명적이고 조화로우며 아름다운 사회주의의 현대화된 강국"으로 만든다고 한다. 국내의 각종 제도를 완비하고 국민이 만족할 수 있는 사회를 만드는 것과 함께, "종합 국력 및 국제 영향력에 있어서 (세계의) 선두를 달리는 국가가 된다"라고 한다.

인민해방군도 2020년에 이제까지의 목표였던 "군의 기계화를 기본적으로 실현하고 정보화 건설을 크게 추진하며 전략 능력을 대폭 향상시킨다." 그리고 2035년까지 "국방 및 군대의 현대화를 기본적으로 실현"하고, 2050년경까지는 "세계 일류 군대를 전면적으로 건설"한다고 말한다.

중국은 2050년경까지 1인당 GDP를 선진국 수준으로 제고시키려 하고 있다. 그것이 '사회주의 현대화 국가'의 지표 중 하나다. 국제통화기금(IMF)에 따르면, 2016년 중국 1인당 GDP는 세계 75위의 약 8000달러였다.[24] 그것을 28위 이탈리아 수준의 약 3만 달러로 끌어올리고자 하면, 인구의 증감은 크지 않을 것이므로 2050년경까지 경제 규모를 3~4배로 하지 않으면 안 된다.

---

24) 국제통화기금(IMF)의 발표에 따르면, 2018년 중국의 1인당 GDP는 9608달러로 세계 67위였다. _옮긴이 주

2016년 중국의 명목 GDP는 미국의 60%에 달하고 있다. 당연히 일찍 미국의 경제 규모를 제치는 것을 상정하고 있다. 기술 혁신에 있어서도 2035년까지 세계의 '톱 그룹(top group)'에 진입할 계획이다. 또한 인민해방군의 조직과 전략 및 무기의 현대화를 지향한다고 밝히고 있다. 어떤 의미에서 이번의 중국공산당 제19차 당대회에서의 시진핑 보고는 세계의 리더가 누구인가라고 하는 것에 대해 미국 측에 내민 일종의 도전장인 것이다.

물론 그렇게 되지 않기 위해서 냉전 사고와 권력 정치(power politics)의 낡은 사고를 버리고, 새로운 세계 통치의 이념과 방법을 함께 생각하고 고락을 함께 하는 '운명 공동체'를 함께 만들어 나가자고 하는 메시지를 보내고 있다.

훨씬 이전에 정비젠은 '평화적 부상'을 제기하며 선행 대국과 후발 대국 간의 충돌을 피하고자 했다. 하지만 중국 국내의 민족주의는 그것을 깨뜨려버렸다. 그것을 대신해 미국을 포함한 세계를 안심시키는 논리를 중국은 아직 제기하지 못하고 있다. 물론 진지하게 생각하며 노력은 하고 있다. 그것이 시진핑이 표명해 온 외교 이념이며, 가치관이라고 말할 수도 있다. 하지만 시진핑의 보고에서 보이는 사고방식은 이 책에서 수차례나 강조했던 것처럼, 구체적인 형태로 실행되고 그것이 국제사회를 안심시키는 것이 아니라면 이 문제에 대해서 해결 방안을 제시했다고 할 수 없다. 특히 구미가 좌절하고 있는 가운데 중국은 '중국 모델'에 대한 자신감을 강화하고 있다. 자국 모델이 세계, 특히 개발도상국의 발전 모델이 될 수 있다고 생각하고 있다. 그러할 정도로 중국과 구미 간에는 일종의 이데올로기 대립이 일어날 가능성도 배제할 수 없다.

스노하라 쓰요시[春原剛, 니혼게이자이신문사(日本經濟新聞社)의 도쿄 본사 편집국 국제부 편집위원]는 그의 저서 『미중 100년 전쟁』에서 "이것은 긴 전쟁이 될 것이다"라고 하는 미국 측 관계자의 발언을 인용하고 있다.[25] 그러한 미중 간의 지정학적 대결이 앞으로도 계속될 것이라는 것이다. 과연 '투키디데스의 함정'을 회피할 수 있을 것인가? 인류의 예지가 시험받고 있다.

대(對)북한 정책의 조정

중국의 국익을 첫 번째로 고려하고 동시에 세계 대국으로서 세계 평화와 발전에 책임을 진다는 '시진핑 외교'[26]를 보면, 중국의 북한 정책에 수정이 가해지는 것은 시간 문제였다. 시진핑이 확실하게 국내 기반을 강화하고 외교에서도 독자적인 색깔을 내는 환경이 정비되었던 것이 그 배경에 있다. '중국 특색의 대국 외교'를 밑받침하는 것으로서 동중국해·남중국해와 나란히 북한의 핵문제에 대해서도 이제까지의 피동적인 외교에서 능동적인 외교로 전환했다고 하는 견해[27]가

---

25) 春原剛,『米中百年戰爭: 新·冷戰構造と日本の命運』(新潮社, 2012), p.319.

26) '시진핑 외교사상'은 다음과 같은 다섯 가지 차원, 즉 ① 계승과 혁신, ② 중국과 세계, ③ 현대 특징과 중국 특색, ④ 세계관과 방법론, ⑤ 당의 영도와 입체(立體) 외교로 구성되어 있으며, 시진핑은 중국과 세계의 관계와 관련하여 "세계가 잘 돼야 중국도 잘 될 수 있고, 중국이 잘 돼야 세계도 더욱 잘 될 수 있다(世界好, 中國才能好; 中國好, 世界才更好)"라고 표명한 바 있다(欒建章, "深入理解習近平外交思想的五个維度", http://theory.people.com.cn/n1/2018/0815/c40531-30230108.html). _옮긴이 주

27) 陳向陽, "中國特色大國外交是對'實務王道'的返本開新", http://opinion.china.

2017년 5월에 제기되었다.

애당초 중국에는 두 가지의 사고방식이 있었다. 중국의 안보 전문가는 일관되게 북한의 핵 보유가 중국의 안보에 중대한 위협이 된다고 생각해 왔다. 하지만 동시에 한국전쟁을 통해 생겨난 중국과 북한의 '피로 맺어진 유대'라는 신화도 뿌리 깊은 영향력을 갖고 있었다. 북한이 붕괴하면 미국의 영향력이 중국의 국경까지 직접 미치게 되고, 또한 불안정해진 북한에서 대량의 난민이 몰려들어올 수도 있다는 불안감도 있었다. 그리고 북한 정책은 대일 정책과 마찬가지로 중국의 국내 정치가 밀접하게 결부되는 민감한 문제인 것이다. 따라서 한반도의 '비핵화'와 나란히 '평화'와 '안정'이 강조되고 그러한 것을 '동시에' 달성하는 외교 정책이 제기되었다.

하지만 북한은 일관되게 핵무기 개발에 매진해 왔다. 주젠룽은 "2016년 1월 북한의 제4차 핵실험 이래 중국 내부에서는 북한 정책을 둘러싸고 대논쟁이 벌어졌다"라고 지적하고 있다.[28] 거기에서 '비핵', '평화', '안정'을 동시에 달성하는 것의 어려움이 더욱 많은 사람들에게 이해되었음에는 틀림없다. 또한 세 가지의 목표 사이에 우선순위를 정해야 할 필요성이 있었다. '비핵'을 우선할 경우 '평화'와 '안정'에 심각한 영향을 미칠 사태도 상정된다. 그 최종 결론이 시진핑의 트럼프 신임 미국 대통령과의 회담을 준비하는 작업 중에 도모되었던 것으로 충분히 생각된다.

중국의 대외 관계 중에서 미국과의 관계가 압도적으로 중요한 것

com.cn/opinion_40_165440.html

28) 朱建榮, "中朝'血の同盟'という幻想: 大轉換した中國外交", ≪外交≫, Vol. 45(September/October 2017), p.37.

은 두말할 나위도 없다. 특히 2017년 10월의 중국공산당 제19차 당대회를 앞두고 있던 당시 시진핑에게 미국과의 협조를 연출하는 것은 국내적으로도 필요했다. 미국과의 관계를 기본적으로 안정시키지 않으면 중국의 내외 정책에 대단히 불리한 일들이 초래된다. 그렇다고 해서 중국이 미국의 주장에 대해 항상 동조하는 것 등은 있을 수 없지만, 기본은 미국과 보조를 맞추는 것으로 했던 듯하다. 미국과 협상하지 않으면 안 되는 사항은 많이 있으며, '북한 카드'는 충분히 사용할 수 있다고 판세를 읽었던 것으로 보인다.

북한의 핵 문제에 대해서 2017년 4월 6일에서 4월 7일까지 열린 미중 정상 회담 이후, 중국은 구체적으로 북한에 대해 강한 자세를 취하기 시작했다. 국내의 북한에 대한 냉담한 견해가 강화되었던 것을 배경으로 하여,[29] 시진핑의 방미 준비를 준비하는 일환으로써 정책 조정이 이루어졌다고 볼 수 있다. 당시 방미 직전의 4월 5일, ≪인민일보≫ 계열의 ≪환구시보≫가 그 논평에서 북한 정책의 전환을 제기했기 때문이다.[30] 이 논평은 북한뿐만 아니라 미국에 보낸 중요한 메시지이기도 했다고 볼 수 있다.

이 논평은 북한에 대해서 중국의 최저선(bottom line), 즉 어떤 일이 있어도 지켜야 할 선을 제시했던 것이다. 첫째, 중국의 동북 지방의 안전과 안정은 그 어떤 희생을 치르더라도 반드시 지킨다는 것을 명확히 했다. 이것은 '중조(中朝) 상호원조조약'의 약속을 희생시키더라도 중국의 동북 지방을 지킨다는 것을 보여주었던 것이며, 북한에 대해 친

29) 같은 글.
30) "中國對朝核問題有一條底線: 東北的安全與穩定", ≪環球時報≫(2017.4.5), http://mil.huanqiu.com/observaton/2017-04/10425899.html

밀한 감정을 갖고 있는 중국의 원로 및 고참 군인들에게 그 뇌리 속에서 이를 정리하도록 요구한 것이기도 했다.

둘째, 북한의 핵 활동이 중국의 동북 지방에 그 어떤 오염을 가져오는 것도 용납할 수 없으며, 북한이 혼란해져 대량의 난민이 발생하는 사태도 용납할 수 없다는 것을 보여주었다. 그리고 이것은 미국에 대해서이지만 셋째, (중국과 북한 간의 국경선이기도 한) 압록강을 마주한 곳에 중국을 적대하는 정권의 출현을 용납하지 않으며 미군이 압록강까지 오는 것도 용납하지 않는다고 명언했다.

미중 정상 회담의 종료 이후인 4월 10일 ≪환구시보≫는 사설을 게재하고 "북한이 제6차 핵실험에 나선다면 미중의 반응은 전례가 없는 '전환점'을 의미하는 것이 될 것이다"라고 경고했다.[31] 또한 4월 12일 ≪환구시보≫는 사설을 게재하고 구체적인 경고를 보냈다. 중국 사회의 북한에 대한 비판이 강해지고 있다는 것에 주의를 환기시키며 핵실험을 강행한다면 석유 수출을 중단하는 등, 전례가 없는 강력한 대응을 하지 않을 수 없다고 큰소리쳤다.[32]

이것에 대해서 4월 21일 북한의 '조선중앙통신'이 이름을 직접 거론하는 것은 피했지만, 처음으로 중국을 강하게 비판하며 "파국적인 결과에 중국은 각오하라"라고 경고했다. 4월 23일 ≪환구시보≫는 사설에서 "제6차 핵실험을 한다면 중국은 석유 수출의 제한을 포함하는 준엄한 내용의 안보리 결의를 지지"하며, "북한의 핵 보유는 동북아시

31) "朝鮮會不會成爲'下一個敍利亞'", ≪環球時報≫(2017.4.10), http://opinion.huanqiu.com/editorial/2017-04/10447683.html
32) "朝核問題面臨攤牌, 平壤刹車爲安", ≪環球時報≫(2017.4.21), http://opinion.huanqiu.com/editorial/2017-04/10460570.html

아의 평화와 안정에 타격을 입히고 중국의 중대한 국익을 훼손시키며, 북한의 핵 보유를 저지하는 것은 …… 중국의 우선 사항이 되었다"라고 반격했다.[33] 4월 28일의 ≪환구시보≫ 사설은 한걸음 더 나아가 "중북 관계는 더욱 악화될지도 모르며, 중국은 이에 대해 준비해야 할 것이다"라고 주장했다.[34]

5월 3일 북한의 '조선중앙통신'은 논평을 게재하고 중국을 직접 거론하며 비판하는 것과 함께, "북한의 생존과 발전을 위한 핵무기의 보유는 중국과의 관계보다 중요하다"라고 하는 취지의 주장을 했다. 역시 그 이상의 공개적인 논쟁은 득책이 되지 못한다고 판단했는지는 몰라도, 표출된 논생은 일난 멈추었다. 하지만 중국의 북한 정책에 대한 기본은 정해졌다고 보아도 좋다. 즉 중국의 '안전'이라는 '핵심적 이익'은 북한에 대해서도 단호하게 수호한다고 하는 것이 '중국 특색의 대국 외교'라고 하는 것이 된다.

그러나 그 이후에도 북한의 도발은 계속되었다. 7월 4일과 7월 28일에 탄도미사일을 발사하고 미국 본토를 공격할 수 있는 능력을 보유하고 있다는 것을 선보였다. 이것에 대해서 8월 5일 유엔 안보리는 북한에 대한 추가 재제를 결의했다. 하지만 북한은 이 국제사회의 움직임을 조소하는 듯이 미사일의 발사를 계속했고 9월 3일 결국 제6차 핵실험을 실시했다. 어떤 의미에서 중국이 설정한 '레드 라인'을 넘었던 것으로 중국의 대응이 주목되었는데, 중국 외교부는 변함없이 대화를

---

33) "對朝中社文章, 中國官方應繼續漠視", ≪環球時報≫, http://opinion.huanqiu.com/editorial/2017-04/10526080.html

34) "中朝關係或更糟糕, 中國應有所準備", ≪環球時報≫(2017.4.28), http://opinion.huanqiu.com/editorial/2017-04/10555325.html

강조하는 미지근한 자세로 시종일관했다. 하지만 9월 6일의 트럼프·시진핑 전화 회담에서의 조정을 거쳐 9월 11일 유엔 안보리는 제재 대상을 북한에 대한 수출의 90%까지 확대하기로 결의했다. 중국·러시아도 이에 찬성했다.

중국은 미국이 경솔하게 군사 행동을 일으켜 한반도의 평화와 안정이 붕괴되는 것은 곤혹스러운 일이지만, 북한의 핵을 허락할 생각은 없으며 미국과의 협력 관계의 구축은 긴급한 과제인 것이다. 유엔 안보리 제재 결의의 엄격한 이행을 중국의 국가주석인 시진핑이 국제사회에 약속한 이상, 실시하지 않으면 중국, 이어서는 시진핑의 체면이 상실된다. 게다가 트럼프로부터 빈번하게 전화가 걸려오므로 시진핑으로서도 그때마다 상황을 검토할 수밖에 없다. 실로 중국 기업의 이행 상황까지 화제가 되면 될수록 시진핑도 현장의 상황을 체크할 수밖에 없다.

이리하여 아마도 최초일 것으로 생각되는데, 중국의 현장에서 유엔 안보리 결의에 대한 엄격한 실시가 실현되고 있는 것이다. 이것은 북한에 대해 확실히 효과를 발휘한다. 그 이후에도 한 차례 더 미사일을 발사하기는 했지만, 북한의 움직임은 한동안 멈추었다. 앞으로 북한이 도발을 해올지도 모른다. 하지만 북한에 대한 제재를 더욱 강화해 경제적, 외교적 압력을 가하고 핵의 포기를 약속하도록 만들고 대화에 나오도록 해야 한다. 대화의 프로세스에 들어오더라도 북한이 시간 벌기를 하려고 한다면 더욱 압력을 가한다. 이를 통해 '평화적'으로 해결하는 것 외에 다른 선택지는 없다고 여겨진다. 물론 예상 밖의 충돌 가능성은 항상 있다. 하지만 그것을 두려워해 압력을 적당히 처리하는 시기는 훨씬 예전에 지나갔다. 사태는 거기에 이르렀을 정도로 심각한 것이다.[35]

미중 관계의 새로운 발전과 알력

트럼프 정권의 등장 이래 최대의 불확정(不確定) 요소는 미국이 되었다. 필자는 현 시점에서 중국이 트럼프 정권의 북한 정책에 협력하지 않는 것처럼 보이는 경우가 있는 것은 트럼프 정권이 종합적인 프로그램이 부족하기 때문이라고 생각한다. 북한에 대해서는 '대화'와 '압력'이 기본인데, 압력의 강화는 그것에 앞서 미리 생각해 두는 '사전 결론', 즉 북한의 출구(도망칠 곳)를 보여주고 시행할 필요가 있다. 그것이 외교의 지혜라고 생각한다. 북한이 핵을 포기한다면 무엇이 기다리고 있는가를 보여준다고 하는 것이다. 북한이 이에 따르는 것과 같은 일은 애당초 불가능하지만, 압력을 강화함으로써 북한이 받아들이지 않을 수 없도록 대하는 수밖에 없다. 치밀하게 그러한 것을 만들어두는 것이다.

그러한 주도면밀한 출구를 준비해 두지 않을 경우, 북한이 폭발할 가능성이 있다. 하지만 미국은 그것을 만들려고 하지 않는다. 중국은 그것을 우려하고 있는 것으로 여겨진다. 우려하고 있는 한편으로 중국도 그것을 만들려고 하지 않기 때문에, 바로 일본이 지혜를 내서 국제사회를 하나로 모으기 위해 노력해야 한다고 필자는 생각한다.

2017년 4월 최초의 트럼프·시진핑 회담의 결과는 상상했던 대로

---

35) 시진핑 중국 국가주석은 2019년 6월 19일 북한의 ≪노동신문≫에 기고문을 게재하여 대화를 통한 한반도 문제의 평화적 해결을 지지한다는 의사를 공개적으로 밝혔고, 6월 20일 평양을 방문하여 북한의 김정은 국무위원장과 정상회담을 거행했다. "米朝協議の継續呼びかけ 習氏が初訪朝", ≪日本經濟新聞≫(2019年6月20日). _옮긴이 주

되었다고 말할 수 있을지 모르지만, 트럼프 특유의 '불확실성'이 높은 회담이 되었다. 하지만 몇 가지의 중요한 합의를 했으며, 미중 간의 대화 메커니즘은 더욱 강화되었다.

첫째, 4개의 부문에서 고위 레벨의 대화 메커니즘을 형성하고 있다.[36] 오바마 정권 시기에 1년에 1회 개최되어 왔던 '미중 전략·경제 대화'를 대신하는 것이며, 그것을 대폭 확대하고 강화한 것이다. 6월에 제1차 외교·안보 대화가 개최되어 '합동참모 부문 대화 메커니즘'을 설치하기로 합의하고, 직접 군을 지휘·명령하는 중추 인사들 간의 대화가 시작되었다.

둘째, 미국의 대중 무역 적자를 삭감시키기 위한 '100일 계획'의 책정에 합의했다. 앞으로 미중 간에 격렬한 절충이 시작된다고 하는 것이다.

셋째, 이미 다루었던 북한 정세에 관한 대화가 이어지고 있다. 문제는 트럼프 정권에 정교하고 치밀한 전략도 전술도 없다고 하는 점에 있는데, 미국 측이 진지하게 하는 한, 중국도 어느 정도는 행동을 함께 할 것이다.

중국공산당 중앙당교의 천지민은 앞에서 언급한 논문 중에서 미중 관계에 대해서 매우 흥미로운 견해를 논하고 있다. 중국의 급속한 발전이 미치는 지정학적 영향은 우선 주변 국가 및 국제 시스템을 주도하는 미국에 파급된다고 지적한다. 그리고 아시아·태평양에서 중국이 주도하는 지정학적·경제적 구조와, 미국이 주도하는 지정학적·정

36) ① 외교·안보 대화, ② 경제 대화, ③ 사이버 안보(cyber security) 대화(법 집행을 포함), ④ 사회·인문 대화(교육, 문화, 민간 교류 등을 포함)를 지칭한다.

치적 구조 간에 구조적인 모순과 충돌이 발생하고 있다는 것이 본질적인 문제라고 강조하고 있다. 따라서 중국은 미중 양국 관계뿐만 아니라 미국의 동맹국 및 파트너 국가와의 관계도 주의하며 대처할 필요가 있다고 강조한다. 왜냐하면 이러한 두 가지 종류의 관계는 상호 간에 서로 영향을 주고받으며 공명하기 때문이다.

즉 복안적으로 미중 관계를 살펴봐야 한다고 말하고 있는데, 중국의 '평화적 부상'이 얼마나 어려운지를 시사하고 있다. 수차례나 언급한 바와 같이, 중국의 군사력이 급속하게 증대하고 또한 미국의 군사 전략을 제약하는 움직임을 시작한 이상, 미중 간의 지정학적인 대립은 계속된다. 동시에 미중 간의 경제 관계는 깊게 결합되어 평화와 협력을 요구한다. 미중 간의 새로운 균형은 생기지 않으며 양국 관계는 파란을 일으키며 움직여 나가게 될 것이다. 하지만 미중 양국 간에는 중일 양국을 초월하는 넓고 깊은 대화의 채널이 있다는 것도 부정할 수 없는 사실이다. 미중 대립을 당연한 전제로 하는 것이 아니라, 미중 간에는 그러한 확실한 연계가 있다는 것을 자각하고 우리의 외교 자세를 책정해 나가야 할 것이다.

그렇더라도 중국공산당 제19차 당대회에서 시진핑이 '신시대의 중국 특색의 사회주의 사상'을 근간으로 중국을 '강하게' 하는 것을 전면에 내세운 장기 목표를 제기했을 때, 미국의 대통령이 트럼프였다는 것이 갖는 의미를 깊이 생각하도록 만든다. 왜냐하면 트럼프 대통령처럼 미국의 전통적 가치관 및 이념에서 멀리 떨어져 있는 인물도 없기 때문이다. 지금 우리는 세계가 크게 변화하고 있는 새로운 단계에 진입해 있는지도 모른다.

새로운 시대의 바람직한 중일 관계

필자는 세계에 보편적 가치가 확실히 있다고 생각한다. 그것은 오늘날에는 그리스·로마에서 발단한 서양 문명이 육성한 것이라고 생각한다. 자유, 평등, 민주 등의 가치관은 인류로서 당연히 지녀야 할 것이며, 따라서 '보편적'인 것이다. 하지만 완전한 것도 아니다. 그 때문에 세계는 오늘날에도 많은 문제로 번뇌하고 있으며 악전고투하고 있다. 즉 이른바 현행의 보편적 가치라는 것은 핵심도 체계도 아직 개선되고 보강되어야 할 필요가 있는 것으로 여겨진다. 그 부분을 인도와 중국 등 비서양에서 기원하는 가치관을 채워도 좋다. 아니 오히려 채워야 한다고 생각한다. 따라서 중국이 전통적 가치관에 기초한 외교 이념을 말하기 시작한 것은 결코 나쁜 일이 아니다.

국제사회는 앞으로 그 이념과 비전을 더욱 충실히 하고 구체화하는 단계에 들어간다. 이제까지의 노력은 아직 최종 목표에 도달하지 못한 채 도중에 있는 것이다. 중국도 단순히 아름다운 말을 나열하는 것이 아니라 그 이념을 구현하는 원칙과 규칙을 만드는 단계에 진입하지 않으면 안 되며, 그것을 실행하고 그 이념이 기대하는 결과를 보장하는 시스템을 만들지 않으면 안 된다. 거기에 국제사회의 예지가 주입되지 않으면 안 된다. 그것을 위한 공동 작업은 지금 바로 시작할 필요가 있다.

중국은 군사력을 계속 증강하는 것의 정합성을 세계에 설명하지 않으면 안 된다. 이것이 가장 중요하며, 현 시점에서 중국이 가장 설명하지 못하고 있는 부분이다. 한 가지 행동 방식으로 구미식의 설명 방식이 있다. 우선 자국에서의 구체적인 위협 인식이 있으며, 그 위협에 대처하기 위해 필요한 전략과 그 전략을 실현하기 위해 필요한 군사력을 육·해·공 등으로 분류해 상세하게 설명한다.

무엇보다도 실로 민주주의 국가에서는 국민의 세금이 사용되며 국민에게 무엇을 하고 있는지를 설명할 의무가 있다. 이것은 관계국에 자국의 의도가 오해받지 않도록 하기 위해서 필요한 설명이기도 하다. 이것을 우리는 '투명성'이라고 부른다.

또 한 가지의 행동 방식은 중국이 현재 하고 있는 것이기도 하다. 즉 우선 중국의 국가 목표를 설명하고 전후 국제 질서의 기본적인 틀 속에서 그것을 실현시킬 세계 비전 또는 이념을 설명한다. 이것은 거의 할 수 있다. 그 다음에 그것을 실현시키는 원칙과 규칙, 나아가서는 국제 시스템을 말하고 그러한 것과 중국의 군사력은 어떠한 관계에 있는가를 설명하지 않으면 안 된다. 중국의 군사력은 그러한 것을 수호하기 위해 존재한다고 하는 것이겠지만, 어떠한 기제 또는 방식으로 그렇게 되는가에 대해 구체적이고 현실적이며 상세한 설명이 필요하다.

그것이 이루어지지 않는 한, 세계는 중국의 군사력 증대에 대해 시의심(猜疑心)을 갖고 경계하게 될 것이다. 중국 위협론은 중국의 경제에서 유래하는 것이 아니라, 중국의 군사력에 대한 설명 부족에서 초래된다는 점을 심각하게 받아들여야 할 것이다.

환언하자면, 중국이 생각하고 있는 새로운 세계 질서와 그것을 위한 비전, 즉 전후 국제 질서를 기본으로 하면서 더욱 민주적인 세계를 만든다고 하는 구상은, 그중에서의 중국 군사력의 위상을 명확히 하고 그것을 세계에 설명하며 세계의 이해를 얻지 못하는 한, 세계가 받아들이지 않는다는 것이다. '조화로운 세계'도 '세계 운명 공동체'도 실현되지 않는 것이다. 왜냐하면 타국에 위협을 주는 군사력은 반드시 타국의 군사적 반응을 유발하며, 게다가 중국이 일국 차원에서 세계를 좌우할 군사력을 갖는 날은 아마도 도래하지 않을 것이기 때문이다. 이와 같은 군사 요소(factor)를 어떻게 극복할 것인지가 중국의 시련이며 세계의 시련이기도 하다.[37)]

이러한 중국에 일본은 어떻게 대응해야 할 것인가? 결론은 명쾌하다. 중일 양국 모두에게 대립과 항쟁은 그 어떤 이익도 가져오지 않으며, 거대한 불이익을 초래한다. 평화적인 공존과 협력 관계를 구축하는 것이 남겨진 유일한 선택지다. 이것이 이치에 맞는 결론이다. 일본이 직면한 도전은 그것을 어떻게 실현할 것인가에 있다. 인간은 감정의 동물이며 모든 것을 이치에 부합되게 추진하는 것은 불가능하다. 하지만 이치에 맞는 결론을 실현하기 위해 노력하는 것은 가능하다. 필자는 그 요점은 다음과 같은 것이라고 생각한다.

첫째, 고대 중국의 병법가 손자(孫子)가 말하는 "자신과 상대방의 상황에 대해 잘 알고 있으면, 백번 싸워도 위태로울 것이 없다"(知彼知己, 百戰不殆)라고 하는 것이다. 손자는 상대방을 알고 자신을 알면서 대응한다면 지는 일은 없다고 말하고 있다. 그것은 등신대(等身大)의 상대방을 찾아내는 것이며 실제의 자신을 아는 것이다. 그것을 위해서는 공평하고 객관적으로 사안을 바라볼 필요가 있으며, 상대방의 입장에서서 고려할 필요가 있다. '말하는 것은 쉽지만, 행하는 것은 어렵다'라

37) 시진핑 중국 국가주석은 "세계 전환의 과도기(過渡期)에 국제 형세의 변환 규율을 심도 있게 분석하고, 역사 교차기(交差期)에서의 우리나라 외부 환경의 기본 특징을 정확하게 파악하며, 대외 공작(對外工作)을 전면적으로 도모하고 계획하며 추진해야 한다"라고 언급한 바 있다. 宋濤, "不斷推進黨的對外工作理論和實踐創新", ≪人民日報≫(2019.9.28). _옮긴이 주

고 하지만, 이것을 할 수밖에 없다.

둘째, 세계의 조류와 역사의 흐름을 정확하게 이해하는 것이다. 이미 수차례나 언급한 전후 세계 질서는 그러한 것에 입각해 만들어지고 있으며, 이것을 수호하고 발전시킨다고 하는 공통의 목표를 중일 양국은 지녀야 한다. 그것을 위해서 이념과 가치관을 서로 말하고, 원칙과 규칙을 서로 확인하며, 새로운 틀에 대해 서로 대화하는 시대가 되었다.

셋째, 한 가지의 문제가 중일 양국의 관계를 차지해 버리는 것은 외교의 관점에서 논하자면 '하책'이며, 항상 대화와 협력의 길이 열려 있어야 한다. 문제가 있다면 대화하는 것이 외교이며, 대화의 문은 항상 열려 있지 않으면 안 된다. 민감하며 어려운 과제는 서로 심각한 문제가 되지 않도록 대응하고 잠시 옆으로 제쳐 두어야 한다.

넷째, 중일 간에 군사·안보 문제가 새로운 가장 중요한 과제로써 등장하고 있다. 미국도 깊게 관여하는 문제이며, 미중일 간의 안보 문제에 관련된 의사소통 메커니즘을 서둘러 정립하고 안정적인 동아시아의 안보 환경을 구축할 필요가 있다. 물론 중국이 군사력 증강을 계속하는 한, 일본이 자국의 안전을 지키기 위해 필요한 대응을 취하고 그것을 강화하게 되리라는 것은 자명한 일이다.

다섯째, 경제 분야에서의 중일 양국 간의 협력은 여전히 상당히 상호 보완 관계에 있고, 일본의 발전 전략에 중국 경제의 활력은 필수 불가결하며, 중국 경제의 구조 전환을 위해서도 일본의 협력은 갈수록 불가결해지고 있다. 중일 양국의 경제 관계를 서로 전략적으로 파악하고 협력을 강화해야 한다.

여섯째, 중일 양국의 상대방에 대한 국민감정은 여전히 좋지 않다.

상호 교류의 규칙을 확실히 정비해야 한다. 역사 문제에 대해 가해자는 망각하고, 피해자는 잊지 않는다. 일본인은 '이웃과 교제'하는 매너로 상대방의 입장을 헤아리고 상대방의 아픔을 알기 위해 노력해야 한다. 행동을 함께하는 매너로 역사를 배워보면 어떻겠는가? 외교 관계에서 행동을 함께하는 매너로 역사를 배우고 상대방의 고통을 이해한다면, 중국인과 마음으로 교류하는 것은 충분히 가능하다고 필자는 생각한다. 그리고 우리는 '중국의 부상'을 냉정하게 받아들이고, 영향력을 증가시키고 있는 중국과 당당하게 교류하는 풍격과 지력을 갖추어야 한다.

중국인이 지켜야 할 규칙은 오만해져서는 안 된다고 하는 것이다. 버블 경제의 절정기 무렵 일본인도 상당히 오만했다고 하는 비판을 귀로 들었던 적이 있는데, 오늘날의 중국인에게는 그러한 경향이 있다. 그것을 경계하는 중국의 옛 격언은 산더미처럼 있다. 유학의 중요한 경전 『춘추좌씨전(春秋左氏傳)』의 '정공(定公) 13년' 항목에 "교만하면서 망하지 않는 자가 아직 없었다(驕而不亡者, 未之有也)"라고 되어 있다. 그리고 중일 국교 정상화 이후, 많은 일본인이 중국에 대한 미안함을 지니며 성실하게 중국의 현대화 건설을 위해 진력(盡力)했던 사실을 잊어서는 안 된다. 망각은 의(義)에 반하는 것이다. 중국은 일본의 중요성과 종합적인 힘을 냉정하고 정확하게 인식하며 대일 관계에 대처해야 한다.

맺음말

이 책의 집필에 약 2년이 소요되었다. 그 사이 필자의 중국 외교에 대한 견해는 상당히 바뀌었다. '시진핑 외교'가 확실히 변화했다고 인식했기 때문이다.

필자는 중국이 발전하고 중국이 직면하고 있는 과제와 도전이 시대와 함께 변해 아무리 복잡해진다고 해도, 중국의 최대 과제가 경제의 지속적 성장에 있다는 것에는 변함이 없다고 판단한다. 중국이 직면한 심각한 과제의 대부분은 여전히 경제의 발전이 없으면 해결될 수 없기 때문이다.

따라서 필자는 중국 지도부가 그것을 위해 평화적인 국제 환경을 필요로 하며 그것을 실현하는 외교를 할 것임에 틀림없다는 확신을 갖고 있었다. 그것이 '덩샤오핑 외교'의 핵심이었기 때문이다. 하지만 2010년 이래 필자의 그러한 확신이 흔들리지 않았다고 한다면 헛소리이다. 그러할 정도로 중국은 자국의 협소한 국익을 전면에 내세운 대외 강경 외교를 전개했고, 중국 국내에서도 그러한 논조로 가득했던 것이다.

강경 외교의 어디가 나쁘단 말인가! 중국 측에 '불공평'한 상황을 수정하고 자국에 유리한 상황을 만들어 기반을 강화하는 것뿐이 아닌가? 게다가 전쟁을 하지 않고 그것을 실현했던 것이다. 이미 취해야 할 것은 취했으므로 전술적 차원에서 잠시 협조 자세로 전환하는 것이다. 중국 외교의 대성공이 아닌가? 그것은 중국이 강해졌기 때문에 가능한 일이므로, 역시 강해지지 않으면 안 된다. 더욱 강해져서 언젠가 다시 '기회'가 오면 다시 한 차례 그렇게 하면 된다.

만약 중국이 위와 같은 생각을 하고 있다면, 그러한 외교는 '성공'이 아니라 '실패'였다고 말하지 않을 수 없다. 왜냐하면 단기적으로는 '이익'을 얻은 것처럼 보이지만, 그것은 결국 중국의 장기적인 넓은 시각에 입각한 국익을 훼손하게 되기 때문이다. 게다가 현재의 급선무인 '경제의 지속적 성장'마저도 위협한다. 중국의 지도자에게 경제의 지속적 성장이 절대적으로 요구된다는 것에는 그 어떤 변화도 없다. 그 때문에 '덩샤오핑 외교'의 기본으로 돌아갈 수밖에 없는 것이다. 그리고 필자는 시진핑이 거기로 돌아왔다고 생각한다.

물론 덩샤오핑의 시대와 비교해 볼 때, 객관적인 상황의 변화는 역력하다. 중국의 국제적인 영향력은 압도적으로 강해졌으며, 중국도 세계의 조류를 많이 배우고 거의 따라잡았다. 거기에서 중국이 현재의 상황에 불만을 느끼고 국제적인 틀과 규칙에 대해서 적극적으로 관여하며 발언하는 것은 자연스러운 일이고 당연한 것이다. 게다가 국가를 운영하는 행동 방식으로서 중국의 방식이 가장 좋았다고 하는 자신감을 강화하고 있다. 이것이 중국 경제 등에서의 국내 운영과 대외 자세에 때로 얼굴을 내미는 것은 상정해 둘 필요가 있을 것이다. 세계는 그러한 중국을 전제로 앞으로의 일을 고려하지 않으면 안 된다.

중국의 서방 국가들에 대한 경계감은 줄어들지 않고 있다. 또한 인민해방군의 지지를 얻기 위해서도 군사력의 증강은 당분간 계속될 것이다. 하지만 군사를 지나치게 중시하면 미국과의 대립은 불가피하며, 중국 경제에 대한 부담도 너무 커지게 된다. 중국 경제는 틀림없이 계속 둔화하게 될 것이다. '대포인가, 버터(butter)인가'라고 하는 영원한 선택지에 직면하게 되어 '버터', 즉 민생을 선택할 수밖에 없는 날이 머지않아 곧 도래하게 될 것이다. 중국의 '군비 확장' 노선도 미래에 영원히 계속되지는 않을 것으로 전망된다.

마지막으로 이 책의 출판을 위해 힘을 보태준 PHP연구소 제1제작부의 가와카미 다쓰시(川上達史) 편집장과 니시무라 겐(西村健) 부편집장, 그리고 도쿄대학 대학원 법학정치학연구과(法學政治學研究科) 박사과정의 리하오(李昊) 군에게 마음으로부터 사의를 표하고자 한다.

[부록] 중국공산당 제19차 당대회에서의 시진핑 보고 (일부 발췌)

12. 평화적 발전의 길을 견지하고, 인류 운명 공동체의 건설을 추진하자[1](十二, 堅持和平發展道路, 推動構建人類命運共同體)

중국공산당은 중국 인민의 행복을 도모하는 정당이며, 또한 인류의 진보를 위해 분투하는 정당이다. 중국공산당은 시종일관 인류를 위해 새롭고 더욱 커다란 공헌을 하는 것을 자신의 사명으로 삼아왔다.

중국은 평화·발전·협력·윈윈의 기치를 높이 들고 세계 평화를 유지·수호하며, 공동 발전의 '외교 정책' 취지를 촉진하고 확고부동하게 평화공존 5원칙의 기초 위에서 각국과의 우호 협력을 발전시키며, 상호 존중·공평과 정의·협력과 윈윈의 '신형 국제 관계'의 건설을 추동해 나갈 것이다.

세계는 바야흐로 대발전·대변혁·대조정 시기에 처해 있으며 평화와 발전은 여전히 시대 주제다. 세계의 다극화·경제의 세계화·사회의 정보화·문화의 다양화는 심도 있게 발전하고 있고, 글로벌 거버넌스 시스템과 국제 질서 변혁은 더욱 신속하게 추진되고 있으며, 각국의 상호 연계와 상호 의존은 나날이 심화되고 있고, 세계의 세력 균형은 더욱 길항하고 있으며, 평화 발전의 대세는 역전될 수 없게 되고 있다. 동시에 세계가 직면하고 있는 불안정성·불확정성은 두드러지고, 세계 경제 성장의 동력이 부족하며, 빈부 격차의 확대는 나날이 심각

---

1) 習近平, "決勝全面建成小康社會 奪取新時代中國特色社會主義偉大勝利"(2017年10月18日), http://www.12371.cn/2017/10/27/ARTI15091036 56574313.shtml

해지고 있고, 지역의 쟁점 및 문제는 이곳저곳에서 일어나고 있으며, 테러·사이버 안보·중대한 전염병·기후 변화 등의 비전통적 안보 위협은 지속적으로 만연되고 있고, 인류는 수많은 공동 도전에 직면하고 있다.

우리가 생활하고 있는 세계는 희망으로 넘치고 있고, 또한 도전으로 충만해 있기도 하다. 우리는 현실이 복잡하다고 해서 꿈을 포기할 수 없으며, 이상이 요원하다고 해서 추구하는 것을 포기할 수 없다. 그 어떤 국가도 독자적으로 인류가 직면하고 있는 각종 도전에 대처할 수 없으며, 또한 그 어떤 국가도 스스로 폐쇄적인 외딴 섬으로 물러날 수도 없다.

우리는 각국 인민이 한마음으로 협력해 '인류 운명 공동체'를 구축하고, 영구적 평화·보편적 안전·공동의 번영·개방적 포용·깨끗하고 아름다운 세계를 건설할 것을 호소한다. 상호 존중·평등 협상을 해야 하고, 냉전 사고와 강권 정치를 결연히 포기하고 대항이 아닌 대화를 지향하며 파트너십·비동맹의 국가와 국가 간의 교류에 새로운 길로 나아가야 한다. 대화로 분쟁을 해결하고 협상으로 의견 차이를 해결하며, 전통적 및 비전통적 안보 위협에 대해 체계적으로 계획을 세워 대응하고, 모든 형식의 테러주의에 결연하게 반대해야 한다. 동주공제(同舟共濟, 같은 배를 타고 함께 강을 건너듯이, 어려움 속에서 한마음으로 협력)하고, 무역과 투자의 자유화·편리화를 촉진하며 경제 세계화가 더욱 개방적·포용적·호혜적·수평적·윈윈하는 방향을 향해 발전하도록 추동해야 한다. 세계 문명의 다양성을 존중하고, 문명 교류를 통해 문명 갈등을 초월하며, 문명 간의 서로 돌보기를 통해 문명 충돌을 초월하고, 문명 공존을 통해 문명 우월을 초월해야 한다. 친환경을 견지하고, 협력을 통해 기후 변화에 대응하며, 인류가 생존을 위해 의존하고 있는 우리의 보금자리 지구를 잘 보호해야 한다.

중국은 독립 자주의 평화 외교 정책을 확고하게 받들어 행하고 있고, 각국 인민이 발전 노선을 자주적으로 선택할 권리를 존중하며, 국제 공평·정의를 수호하고, 자신의 의지를 타인에게 강제하는 것을 반대하며, 타국의 내정에 간섭하는 것을 반대하고, 이강능약(以强凌弱, 강자가 자신의 힘을 믿고 약자를 깔보고 괴롭히는 것)을 반대한다. 중국은 결코 타국의 이익을 희생시키는 대가로 스스로 발전하고자 하지 않을 것이고, 또한 자신의 정당한 권익을 결코 포기하지도 않을 것이며, 그 누구라도 중국이 자신의 이익을 손해보는 고과(苦果, 고통스러운 결과)를 묵묵히 수용할 것이라는 환상을 품어서는 안 된다. 중국은 방어적인 국방 정책을 받들어 수행하고 있다. 중국의 발전은 그 어떤 국가에도 위협이 되지 않는다. 중국은 어느 정도로까지 발전하는가에 관계없이 영원히 패권을 제창하지 않을 것이며, 영원히 확장을 일삼지 않을 것이다.

중국은 적극적으로 글로벌 파트너십 관계를 발전시키고 있으며, 각국과의 이익 교차점을 확대하고 있고, 대국 간의 협조·협력을 추진하고 있으며, 총체적 안정·균형적 발전의 '대국 관계(大國關係)' 틀을 구축하고 있고, 친·성·혜·용의 이념과 여린위선(與隣爲善, 이웃나라와 사이좋게 지내기)·이린위반(以隣爲伴, 이웃나라와 파트너가 되기)의 '주변 외교 방침'에 따라 주변 국가와의 관계를 심화시키고 있으며, 정확한 의리관과 진실되고 성실한 이념을 아울러 견지하면서 발전도상국과의 단결·협력을 강화하고 있다. 각국 정당 및 정치 조직과의 교류·협력을 강화하고 인대(人大), 정협(政協), 군대, 지방, 인민 단체 등의 대외 교류를 추진하고 있다.

중국은 대외 개방의 기본 국책을 견지하고 있으며, 국문(國門)을 열고 건설을 진행하는 것을 견지하고 있고, '일대일로' 국제 협력을 적극적으로 촉진하고 있으며, 정책의 소통·시설의 연대·무역의 원활한 움직임·자금의 융통·민심의 상호 교류를 실현하기 위해 노력하고 있고, 국제 협력의 새로운 플랫폼을 만들어내 공동 발전의 새로운 동력을 증진시키고 있다. 발전도상국, 그중에서도 특히 가장 발전하지 못한 국가들에 대한 원조의 비중을 늘리고, 남북 간의 발전 차이를 축소시키는 것을 촉진하고 있다. 중국은 다국간 무역 체제를 지지하며, 자유 무역구 건설을 촉진시키고, 개방형 세계 경제의 건설을 추동하고 있다.

중국은 함께 상의하고, 함께 건설하고, 함께 누리는 글로벌 거버넌스관을 아울러 견지하며, 국제 관계의 민주화를 창도하고, 국가의 대소·강약·빈부를 불문하고 일률적으로 평등하다는 것을 견지하고 있으며, 유엔이 적극적 역할을 발휘하는 것을 지지하고 있고, 발전도상국의 국제 사무 중에서의 대표성과 발언권의 확대를 지지하고 있다. 중국은 장차 책임 있는 대국으로서의 역할을 계속해서 발휘하고, 글로벌 거버넌스 시스템의 개혁과 건설에 적극적으로 참여하며, 중국의 지혜와 역량을 부단히 공헌할 것이다.

동지 여러분! 세계의 운명은 각국 인민의 수중에 놓여 있으며, 인류의 앞날은 각국 인민의 결정·선택에 의해 좌우된다. 중국 인민이 각국 인민과 함께 '인류 운명 공동체의 건설'을 추진하고, 인류의 아름답고 훌륭한 미래를 함께 창조해 나가기를 바란다!

동중국해 및 남중국해 관련 '중국 외교' 연표

<table>
<tr><th rowspan="2">연월</th><th rowspan="2">동중국해</th><th colspan="4">남중국해</th><th rowspan="2">관련 사항</th></tr>
<tr><th>파라셀제도
(시사군도)</th><th>스프래틀리군도
(난사군도)</th><th>메이클즈필드 제도
(중사군도)</th><th>프라타스군도
(둥사군도)</th></tr>
<tr><td>1895. 1</td><td>일본이 센카쿠열도(尖閣列島)를 영토로 편입</td><td></td><td></td><td></td><td></td><td></td></tr>
<tr><td rowspan="2">1945</td><td></td><td colspan="4">제2차 세계대전에서 일본이 패전. 남중국해에 대한 실효 지배권 상실(샌프란시스코 강화조약에 의해 이러한 도서에 대한 권리를 포기)</td><td></td></tr>
<tr><td></td><td></td><td></td><td></td><td>중화민국이 둥사군도를 접수. 그 이후 중화민국 정부가 타이완으로 이주한 후에도 오늘날까지 실효 지배를 계속</td><td></td></tr>
<tr><td>1946</td><td></td><td></td><td>중화민국이 난사군도의 타이핑다오를 점령. 현재까지 실효 지배</td><td></td><td></td><td></td></tr>
<tr><td>1954</td><td></td><td>프랑스의 철수에 따라, 시사군도의 서쪽 반, 즉 중젠다오를 월남이 점령</td><td></td><td></td><td></td><td></td></tr>
<tr><td>1956</td><td></td><td>서시군도의 등쪽 반, 즉 융싱다오, 자오수다오를 중국이 점령</td><td></td><td></td><td></td><td></td></tr>
<tr><td>1968</td><td>유엔 기관에 의한 조사 결과, 동중국해에 석유 매장의 가능성이 지적됨</td><td></td><td></td><td></td><td></td><td></td></tr>
</table>

1971	타이완과 중국이 센카쿠열도에 대한 영유권을 주장		필리핀이 중예다오(中業島)를 실효 지배			
1972. 9	중일 국교 정상화에서 저우언라이 총리가 다나카 가쿠에이 총리에게 “센카쿠열도 문제에 대해서는 말하고 싶지 않다”, “석유가 나오기 때문에 문제가 되었다”라고 말함					
1974. 1		베트남 전쟁의 종결로 미국이 철수한 이후, 주 이 시사군도의 서반분을 무력 침공. 시사제도 전역을 오늘날까지 실효 지배				
			베트남이 창사다오(長沙島)의 실효 지배를 개시			
1978. 4	약 100척의 중국 어선이 센카쿠열도에 접근하여 영해 침범 및 영해 내 조업 등을 행함					
1978. 10	덩샤오핑이 ‘중일 평화우호조약’의 체결 시에 센카쿠 문제를 일단 유보하고 공동개발할 것을 제안					
1979			말레이시아가 탄환 초(彈丸礁)에 더하여 2개의 초(礁)를 실효 지배			

1980				필리핀이 황옌다오(黃岩島)를 자국의 배타적 경제수역에 포함시킴		
1987. 4			중국이 "적당한 시기에 난사군도의 도서를 되찾는 권리를 유보한다"라는 성명을 발표			
1988. 3			츠과 초(赤瓜礁)에 중국 국기를 게양하고, 베트남군과 전투 발생. 중국이 승리하여 그 주변에 위치하는 5개의 초(礁)를 추가로 확보하고, 난사군도에 군사 거점을 구축하는 데 성공함			
1992. 2	중국 '영해 및 접속 수역법'을 제정. "중화인민공화국의 대륙 및 그 연해 도서를 포함하고 타이완 및 댜오위다오를 포함하는 부속 각 섬, 펑후열도, 둥사군도, 시사군도, 중사군도, 난사군도 및 중화인민공화국에 소속하는 모든 도서를 포함한다"라고 규정					
1992		아세안(ASEAN)이 '남중국해에 관한 아세안 선언'을 발표 미군이 필리핀에서 철수				
1994						유엔 해양법 조약의 발효(1982년 채택, 중국과 일본은 1996년 비준)

1995. 2			중국이 메이지 초(美濟礁)에 건축물을 세우고 있는 것을 필리핀이 발견. 중국은 그것을 어민을 지키기 위한 생산 시설이라고 주장. 그 이후 1998년부터 1999년까지에 걸쳐 3층 철골 콘크리트 시설을 4개 동(棟) 건설하고 그것을 해군이 지키고 있음			
1997				타이완의 민간 선박이 황옌다오에 영해 침범하여, 필리핀군이 쫓아냄		
1997. 4				필리핀의 국회의원이 군함에 승선하여 황옌다오에 상륙		
1998. 1				중국의 어선이 2개월에 걸쳐 황옌다오에 영해 침범. 필리핀은 어민을 나포하고 6개월간 구류		
1998. 6						중국이 '배타적 경제수역 및 대륙붕법'을 제정
1999. 5				필리핀 어선과 중국 어선이 충돌하는 사건이 발생		

1999		중국과 아세안 간에 함께 준수해야 할 행동준칙을 마련하기 위한 교섭이 시작됨				
2002. 11		'남중국해에서의 관계국의 행동에 관한 선언'이 채택됨				
2004. 3	중국인 활동가 그룹이 센카쿠열도에 불법 상륙					
2008. 12	중국 국가해양국의 공선이 센카쿠열도의 영해를 침범					
2009. 3		미국 해군의 비무장 해양감시선 '임페커블 호'가 하이난다오의 남쪽을 항행 중에 중국의 방해를 받음				
2009. 5			말레이시아와 베트남이 난사군도에서 배타적 경제수역의 설정을 '대륙붕 한계위원회'에 신청. 중국은 반대			
2009. 7						중국의 외교 사절회의에서 '견지 도광양회, 적극 유소작위'의 방침이 제기됨
2010. 봄			중국 어선이 베트남 선박에 포위되어 중국이 해군을 파견			
2010. 6			나투나제도 주변에서 중국 어선을 나포한 인도네시아 순시선에 대해 중국 공선이 포를 조준하며 위협			

2010. 9	센카쿠열도 영해 내에서 중국 어선이 해상보안청의 선박에 부딪히는 사건이 발생. 일본은 국내법을 적용하여 선장의 신병을 구속					
2010		중국 외교부의 유력자가 "남중국해는 중국의 핵심적 이익이다"라고 말했다고 알려짐				
2011. 5		베트남 앞바다에서 중국의 '해감' 선박이 베트남 자원탐사선의 작업을 방해하고 예항했던 케이블을 절단				
2011. 6			완안탄(萬安灘) 주변에서 작업 중이던 베트남 자원탐사선을 중국 함선이 방해			
2011. 7		아세안-중국 외교장관 회담에서 '남중국해에 관한 행동선언 가이드라인'이 채택됨				
2012. 4	이시하라 신타로 도쿄도 지사가 미국 방문 중에 도쿄도에 의한 센카쿠열도 구입 방안을 발표			황옌다오 주변 해역에서 필리핀 해군 함정이 중국 어민의 '불법' 조업을 단속하고자 하여, 중국 공선이 출동하여 견제함. 결과적으로 중국이 황옌다오를 사실상 관할하에 둠		
2012. 6		베트남이 난사군도 및 시사군도에 대한 주권을 명시한 베트남 해양법(2013년 1월 시행)을 채택				

2012. 7		중국은 난사군도, 시사군도, 중사군도의 도서 및 그 해역을 관할하는 싼사시[하이난성(海南省)]을 설치				
2012. 9	일본 정부가 센카쿠열도를 민간인으로부터 구입하여 소유권을 국가로 이전함(이른바 센카쿠 '국유화'). 중국은 강경하게 반발하고 중국 전역에서 반일 시위가 발생. 그 이후 센카쿠열도에 대한 영해 침범이 급증					
2013. 1	중국 해군의 구축함이 일본 해상자위대 호위함을 향해 사격관제 레이더를 조준		필리핀이 중국의 '9단선' 주장 및 남중국해에서의 불법 행위에 관하여 국제적인 중재를 요구할 것임을 정식으로 통보. 중국은 참가를 거부함			
2013. 10						중국이 '주변 외교 활동 좌담회'를 개최. 정치국 상무위원이 모두 출석하여 '친, 성, 혜, 용'의 이념을 제기함
2013. 11	중국 국방부가 센카쿠열도 상공 등을 포함하는 동국해의 넓은 범위에 '방공식별구역(ADIZ)'을 설정					

2013. 12			중국이 난사군도에서 자신이 실효 지배하는 장소를 메우는 작업을 실시. 융수 초를 포함한 3개의 인공섬에 3000m의 활주로가 정비됨			
2014. 4	미국의 버락 오바마 대통령이 아베 신조 총리와의 회담에서 센카쿠열도가 '미일 안보조약'의 적용 범위 안에 들어간다는 것을 공개적으로 인정함					
2014. 5		중국이 시사군도 주변 수역에서 심해 석유 탐사 리그를 설치. 중국과 베트남의 공선이 서로 대치하고 양국의 해군이 그것을 지켜봄. 베트남에서는 반중 시위가 발생. 5월 말에 베트남 선박이 중국 선박을 침몰시킴. 7월 말에 중국은 리그를 철거				
2015. 10			미국이 '항행의 자유' 작전을 실행하며 중국이 메운 인공섬의 12해리 안에 진입함			
2016. 7			헤이그 상설중재재판소가 유엔 해양법 조약에 기초한 필리핀의 제소에 대해서 판결을 행함. 난사군도에 대한 '중국의 주장'의 합법성을 거의 전면적으로 부정함			

지은이

미야모토 유지(宮本雄二)

일본 후쿠오카현(福岡県) 출생(1946)
교토대학(京都大学) 법학부 졸업 및 외무성 입성(1969)
유엔 일본 대표부 1등 서기관(1978)
주중 일본대사관 1등 서기관(1981)
외무성 구아국(欧亜局) 소련과 수석사무관(1983)
외무성 국제연합국 군축과장(1985)
외무대신관방 외무대신 비서관 사무대우(1987)
외무성 정보조사국 기획과장(1989)
외무성 아시아국 중국과장(1990)
영국 국제전략문제연구소(IISS) 연구원(1991)
외무성 연수소(研修所) 총괄지도관 부소장(1992)
주미 애틀랜타 일본 총영사(1994)
주중 일본 공사(1997)
군비관리·과학심의관(대사급, 2001)
주미얀마 일본 대사(2002~2004)
오키나와 담당 대사(2004)
주중 일본 대사(2006~2010)
외무성 고문(2010~2011)
일본 중일관계학회(日中関係学会) 회장(2010~)
공익재단법인 중일우호회관(日中友好会館) 부회장(2012~)
미야모토 아시아연구소(宮本アジア研究所) 대표

저서: 『앞으로 중국에 어떻게 대처할 것인가(これから中国とどう付き合うか)』(2011), 『시진핑의 중국 (習近平の中国)』(2015) 외

옮긴이

이용빈

인도 국방연구원(IDSA) 객원연구원 역임
일본 국립 오사카대학 '팔레스타인 아랍어' 연수과정 수료
이스라엘 크네세트(국회), 미국 국무부, 일본 게이오대학 초청 방문
중국 시베이대학(西北大學, 陝西省西安市) 중동연구소(中東研究所) 초청 강연
중국공산당 중앙당교(中央黨校), 타이완 국립정치대학, 홍콩중문대학 학술 방문
중국 '시진핑 모델'(習近平模式) 전문가위원회 위원(2014.11~)
홍콩국제문제연구소(香港國際問題研究所) 연구원

논문: 「請君三思還是請君入瓮」(2010) 외
저서: *China's Quiet Rise: Peace through Integration* (공저, 2011) 외
역서: 『시진핑』(2011, 2012년도 아시아·태평양출판협회 APPA 출판상 수상), 『중국의 당과 국가: 정치체제의 궤적』(2012), 『중국 외교 150년사: 글로벌 중국으로의 도정』(2012), 『현대 중국 정치: 글로벌 강대국의 초상』(제3판, 2013), 『중국법의 역사와 현재: 통치의 도구에서 시민의 권리로』(2013), 『중국의 사회보장과 의료: 변화하는 사회와 증가하는 리스크』(2014), 『마오쩌둥과 덩샤오핑의 백년대계: 중국군의 핵·우주·해양 전략을 독해한다』(편역, 2014), 『중국인민해방군의 실력: 구조와 현실』(2015), 『중국을 움직이는 100인: 시진핑 정권의 주요 인물들』(공역, 2015), 『중난하이: 중국 정치와 권력의 심장부』(2016), 『현대 중국의 정치와 관료제』(2016), 『시진핑의 중국: 100년의 꿈과 현실』(2019), 『홍콩의 정치와 민주주의』(2019), 『미국과 중국』(근간) 외

한울아카데미 2183

강경한 외교를 반성하는 중국

지은이 | 미야모토 유지
옮긴이 | 이용빈
펴낸이 | 김종수
펴낸곳 | 한울엠플러스(주)
편집책임 | 조수임
편집 | 전성준

초판 1쇄 인쇄 | 2019년 10월 25일
초판 1쇄 발행 | 2019년 11월 10일

주소 | 10881 경기도 파주시 광인사길 153 한울시소빌딩 3층
전화 | 031-955-0655
팩스 | 031-955-0656
홈페이지 | www.hanulmplus.kr
등록번호 | 제406-2015-000143호

Printed in Korea.
ISBN 978-89-460-7183-4 93340 (양장)
978-89-460-6692-2 93340 (무선)

※ 책값은 겉표지에 표시되어 있습니다.